Liderança Consciente

Liderança Consciente
Peregrinação rumo à conquista de si mesmo

DEBASHIS CHATTERJEE

Tradução
PAULO MAURÍCIO VERUSSA
ANÍBAL MARI

Prefácio
PETER M. SENGE

EDITORA CULTRIX
São Paulo

Título do original: *Leading Consciously.*

Copyright © 1998 Butterworth-Heinemann.

Publicado originalmente por Butterworth-Heinemann, uma divisão da Reed Educational & Professional Publishing Ltd.

Todos os direitos reservados. Nenhuma parte deste livro pode ser reproduzida ou usada de qualquer forma ou por qualquer meio, eletrônico ou mecânico, inclusive fotocópias, gravações ou sistema de armazenamento em banco de dados, sem permissão por escrito, exceto nos casos de trechos curtos citados em resenhas críticas ou artigos de revistas.

O primeiro número à esquerda indica a edição, ou reedição, desta obra. A primeira dezena à direita indica o ano em que esta edição, ou reedição, foi publicada.

Edição	Ano
1-2-3-4-5-6-7-8-9-10	01-02-03-04-05-06-07

Direitos de tradução para o Brasil
adquiridos com exclusividade pela
EDITORA PENSAMENTO-CULTRIX LTDA.
Rua Dr. Mário Vicente, 368 – 04270-000 – São Paulo, SP
Fone: 272-1399 – Fax: 272-4770
E-mail: pensamento@cultrix.com.br
http://www.pensamento-cultrix.com.br
que se reserva a propriedade literária desta tradução.

Impresso em nossas oficinas gráficas.

Dedicatória

Acredito sinceramente que o fogo será descoberto pela segunda vez na história da civilização humana. Só que desta vez a centelha surgirá do Eu interior.

Líderes conscientes do novo milênio serão os arautos dessa centelha interior. A eles eu dedico este trabalho de amor.

Sumário

Prefácio 11
Prólogo 15
Agradecimentos 19

Capítulo 1. Liderança e Autodomínio 21
    A Arte de Ver 21
    O Jogo de Energia 24
    Da Capacidade à Confrontabilidade 26
    Da Auto-imagem ao Verdadeiro Eu 28
    O Corpo: Alicerce do Ser 29
    Os Sentidos: Domando Cavalos Selvagens 34
    A Mente: Instrumento Interior 37
    Rumo à Pessoa Integral: O Perfil da Liderança 46

Capítulo 2. Liderança e Consciência 49
    A Natureza da Consciência 49
    A Evolução da Consciência 52
    Consciência como o Campo da Inteligência 54
    Quatro Estados de Autoconsciência 57
    O Líder como Herói: A Transformação da Consciência 60
    O Caminho do Meio: A Trilha da Percepção Correta 62
    Liderança e Consciência Cosmocêntrica 65
    Liderança como Estado de Consciência 68

Capítulo 3. Liderança e Trabalho 71
    Três Regras de Trabalho 71

8   Liderança Consciente

Equívocos Modernos sobre o Trabalho 73
O Elo Perdido: O Espírito em Ação 76
Entrega: O Trabalho como Devoção 77
Trabalho de Liderança: Uma Aventura da Consciência 79
As Quatro Trilhas da Entrega 81
A Entrega É Viável? 86
Rumo ao Esforço Espontâneo 88

Capítulo 4. Liderança e Organização 93
Organização: A Alquimia da Colaboração 93
Organização como uma Comunidade 95
Organizações: da Construção à Criação 98
Liderança numa Organização Aprendiz 101
Valores Organizacionais e Auto-aprendizado 104

Capítulo 5. Liderança e Comunicação 111
O Silêncio como Linguagem 111
Liderança e a Arte de Ouvir 116
Palavras: Como Elas Moldam o nosso Mundo 118
Resolução de Problemas: Inteirando-se das Questões 121
Comunicação: Um Encontro com a Verdade 124

Capítulo 6. Liderança e Valores Humanos 127
Tradição e Transformação: Da Metáfora à Metamorfose 127
Valores Humanos: A Profunda Estrutura da Liderança 130
Hierarquia e a Nova Ordem nas Organizações 133
Valores Compartilhados: Liderança como Relacionamento 135
Motivação da Liderança: A Lei da Doação 137
O Papel da Liderança: Promover a Unidade na Diversidade 139
Valores Humanos e Gerenciamento da Mudança 143
Identidade e Mudança: Uma Perspectiva dos Valores Humanos 146

Capítulo 7. Liderança e Amor 149
Liderança: Amor na Ação 149
A Natureza do Amor: Três Hábitos do Coração 152
Da Liderança *High-Tech* à Liderança *High-Touch* 155
Liderança e Intimidade: A Consciência Feminina 158
Liderança: O Caminho do Amor Incondicional 163

Capítulo 8. Manuscrito da Natureza: O Manual da Liderança 167
    A Consciência na Natureza 167
    Três Leis da Liderança Consciente 170
    Respiração: Ponte para a Transcendência 177
    O Trabalho da Natureza: Inércia, Dinamismo e Conhecimento ... 181
    O Ciclo da Natureza: Encontro com o Tempo 183
    Manuscrito da Natureza: Meditações para Líderes 186

Capítulo 9. Epílogo: O Caminho Sagrado da Liderança 193
    Realidade Virtuosa: A Peregrinação da Liderança 193
    Buda: Apenas Despertei 196
    Gandhi: Minha Vida É a Minha Mensagem 198
    Madre Teresa: Um Trabalho Pequeno Feito com Grande Amor .. 200
    Lao-tsé: O Tao da Liderança 202
    Confúcio: O Líder Moral 204
    Swami Vivekananda: Liderança Servil 206

Referências Bibliográficas 211

Prefácio

Há aproximadamente dois anos um jovem e gentil professor de administração na Índia visitou-me no MIT (Massachusetts Institute of Technology) e comentou: "Aquilo que é mais antigo é freqüentemente mais valioso. Quando uma idéia permanece por milhares de anos, nós podemos manter alguma confiança sobre sua verdade."

Aquele amável jovem, Debashis Chatterjee, terminou agora um livro, e é um privilégio muito grande poder prefaciá-lo.

Neste livro, Debashis Chatterjee apresenta e explica diferentes linhas de antigos e sábios ensinamentos, relacionando tais revelações com os desafios de se liderar organizações contemporâneas. Ele o faz com admirável clareza, simplicidade e persuasão. Idéias que poderiam, de outro modo, ser consideradas desesperadamente esotéricas ou impraticáveis, aparecem como noções fundamentais do que significa liderar e trabalhar eficientemente em conjunto. Perspectivas filosóficas dignificadas pelo tempo esclarecem por que trabalhar em um determinado cenário evoca paixão, imaginação e autêntico compromisso, enquanto cada uma das três características estiver ausente.

Desse modo, percebo que este livro fala mais diretamente aos problemas cruciais que afligem organizações contemporâneas do que as usuais panacéias administrativas que falam sobre "como fazer".

"Se uma pessoa alcança um nível de autoridade que excede seu virtuosismo, todos irão sofrer", escreveu Guanzi, antecessor de Confúcio, há 2.500 anos. Há alguma razão para considerar esse conselho menos relevante hoje do que quando foi escrito, especialmente numa época de empreendimentos que influenciam a vida de pessoas em todo o mundo? Quantos sofrem, tanto dentro quanto fora de organizações, de abuso de poder, de lideranças desprovidas de sabedoria e profunda compreensão, de decisões baseadas em pensamentos superficiais e frenéticos que, entretanto, afetam milhares de pessoas? Este foi um problema somente 2.500 anos atrás? Ou nós estamos, de qualquer modo, mais necessitados agora do que em qualquer época de um conjunto de preceitos condutores para nos auxiliar na formação de líderes, de modo que essa influência esteja em harmonia com a virtude?

Sendo assim, por que esse problema é virtualmente ignorado quando se dá atenção à alta performance, em competições mundiais e na direção de empreendimentos globais?

Acredito que há duas razões para isso. Primeiro, este não é realmente o ponto de vista que estamos adotando. Forças em harmonia com a virtude, na verdade, são contrárias às nossas suposições mais aceitas, de que as pessoas se elevam a posições de autoridade dada sua competência, sua habilidade técnica ou sua comprovada capacidade para produzir resultados. De fato, esta é ainda uma imagem otimista. Na realidade, muitos chegam a cargos de poder porque essa é a sua ambição, porque sabem como causar impressão, porque são mestres no jogo político interno que domina a maioria das empresas. Segundo, mesmo que aceitássemos a visão de que o poder e a virtude devem andar juntos, temos pouco entendimento sobre como perseguir essa visão. Nós não concordamos sobre o conjunto de idéias condutoras com relação ao que constitui a virtude. Nós não compartilhamos a compreensão de como a virtude e a sabedoria desenvolvem-se integralmente numa pessoa em sua vida. Nós todos reconhecemos as diferenças entre adotar valores louváveis e praticar esses valores. Mas pouco compartilhamos da percepção do porquê de uma pessoa ter desenvolvido integridade e outra não.

O resultado é que muitos em posições de autoridade carecem de aptidão para liderar verdadeiramente. Eles não são confiáveis. Não demonstram um autêntico respeito. Não estão comprometidos em servir. Não estão aprendendo e crescendo continuamente. Não são prudentes.

Como Debashis Chatterjee mostra, antigas tradições como as da Índia e da China têm algo importante a oferecer em contribuição à compreensão do desenvolvimento da verdadeira liderança. O cultivo da virtude, acreditavam, surgia do desenvolvimento da consciência. *Desenvolvimento*, Chatterjee aponta, tem a mesma raiz de *envolvimento*. Desenvolvimento significa literalmente "des-envolvendo", ou revelando-se. Enquanto o ser humano se revela, sua consciência se expande para envolver mais e mais as complexidades da vida, as realidades de sua organização e os princípios da Natureza. Virtudes superiores são, num certo nível elementar, nada mais do que a apreciação profunda das leis da Natureza, que permitem a harmonia e o funcionamento da vida: ver a realidade como ela é (em compromisso com a verdade) exige não mais do que aquilo de que você precisa (não desperdiçar, não querer), não controlar desnecessariamente (a influência hierárquica deveria ser usada apenas quando soluções locais não são possíveis, o que os filósofos do século XVII chamaram de o princípio da "subsidiaridade") e equilibrar ações com não-ações (a força da presença, verdadeira atenção ao escutar e não-intervenção).

A internalização dessas virtudes não vem da "imposição externa", ditadas para nós como códigos morais que devem ser seguidos cegamente. Essas são virtudes que experimentamos e às quais seguimos naturalmente, à medida que nossa consciência se revela, se des-envolve. Isto consiste numa abordagem do desenvolvimento da liderança muito diferente daquela praticada na maioria das organizações contemporâneas. Não é nem rápida nem mesmo simples. Demanda profundo comprometimento e prática disciplinada. Não é a coqueluche administrativa da moda; seus méritos têm sido provados, literalmente, durante milhares de anos.

As implicações deste livro estendem-se além do desenvolvimento de líderes hierárquicos. Os próximos empreendimentos bem-sucedidos deverão descobrir que a liderança é muito importante para ser reservada a poucos. A liderança aparece em muitas formas e dimensões, sendo que apenas um de seus tipos diz respeito às pessoas em posições de autoridade. Não é exagero pensar em "organizações de liderança", organizações de líderes, pois os princípios e as práticas de des-envolvimento se aplicam a todas as pessoas.

À medida que mais e mais administradores passam a entender a importância do crescimento das pessoas para o aperfeiçoamento de uma empresa, haverá um interesse crescente por teorias e métodos mais poderosos de desenvolvimento pessoal. Em vez de ser um periférico "assunto de RH (relações humanas)", o crescimento das pessoas e o alinhamento de suas capacidades criativas é agora um imperativo estratégico – talvez *o* imperativo estratégico para muitas empresas. O que quer que se faça em empresas é feito por pessoas. A maturidade e a felicidade dessas pessoas dão o tom e determinam as capacidades ou limitações da empresa. Estamos vivendo numa época em que grandes passos foram dados através do desenvolvimento e da aplicação de conhecimentos avançados em manufatura, vendas e finanças.

Agora esse é o preço da inserção em mercados globais. Eles não mais propiciam vantagens competitivas. Estamos entrando numa era, acredito, em que as empresas mundiais irão construir sofisticações comparáveis à compreensão e pesquisa da inteligência e do espírito dos seres humanos. Por isso, espero que este livro seja um marco divisório na jornada rumo ao cultivo do aspecto humano da empresa. No crescente ambiente global de negócios, é apenas uma questão de tempo para que os administradores ocidentais reconheçam a incrível fonte de conhecimentos práticos sobre a consciência que reside nas culturas orientais; e antes que seus concorrentes do Oriente a redescubram. O ponto de vista de Debashis Chatterjee, que oferece revelações antigas de uma maneira compreensível aos administradores contemporâneos, não poderia chegar em tempo mais propício.

Em uma época encantada com o "novo", nossa maior esperança reside ironicamente na redescoberta do "antigo". Ninguém ainda foi capaz de se aperfeiçoar além do amor, nem de encontrar um substituto tecnológico para a felicidade ou para a serenidade. Não que essa seja uma sabedoria sacrossanta, nem significa que todas as respostas aos mistérios da vida foram reveladas pelos sábios védicos da Índia. No entanto, eu realmente vejo a mensagem central de Debashis como um convite. Nós queremos encontrar antigos caminhos de pesquisa? Desejamos mais uma vez focar nossas energias para compreender o que significa estar vivo, estar consciente, compreender as fontes da saúde e do bem-estar, da produtividade, da felicidade? Se a resposta é sim, então seria verdadeiramente imprudente ignorar as bases nas quais fomos criados. Elas estão presentes em todas as grandes tradições espirituais do mundo. Mas, de muitas maneiras, estão especialmente acessíveis em culturas como a da Índia e da China, onde houve alguma continuidade de desenvolvimento, uma preservação não apenas de sistemas de intuição espiritual, mas também de suas práticas.

Este é um livro precioso. Eu espero que encontre seu caminho na mão de leitores que estejam tão comprometidos com o futuro quanto o seu autor.

Peter M. Senge
Cambridge, Massachusetts

Prólogo

Este livro não é meu. Ele apenas veio através de mim. Comecei a escrevê-lo numa manhã de primavera nas margens do Mississippi, em St. Paul, Minnesota. As primeiras páginas foram escritas em estado de transe. Era como se eu estivesse possuído pela própria primavera. As palavras floresceram espontaneamente; o manuscrito fluiu sem esforço como o curso do rio por um labirinto de idéias. E então a escritura parou por um momento. As palavras tornaram-se congeladas. Esforcei-me e desisti, esperando pela próxima explosão de inspiração. Ela veio, desta vez no meio do verão nas montanhas do Himalaia, na Índia. Ao rio e à montanha eu dedico a minha jornada como escritor.

Este livro é verdadeiramente uma aventura da consciência. Sugiro então que você o leia da mesma maneira como foi escrito: em silêncio e em retiro solitário. Ele contém uma rica fonte de sabedoria de importantes tradições espirituais do mundo. Uma certa receptividade e quietude da mente são requeridas para se sintonizar com o que os grandes mestres da Antigüidade e do presente estão tentando nos transmitir por suas vidas vividas e suas palavras proferidas.

Palavras são metáforas para a experiência real. Por si mesmas nada significam, mas, se você puder conectar as palavras às suas experiências, elas podem pôr você no rumo de uma jornada transformadora. Nessa jornada, as palavras tornam-se canais vivos para a transmissão de experiência. Elas servem como guias espirituais para o progresso de nossa consciência. Recomendo que você leia as palavras deste livro à luz de sua própria experiência. Somente então, provavelmente, você verá como as metáforas estimulam uma metamorfose em sua consciência.

Devo deixar claro que este trabalho não pretende satisfazer a curiosidade intelectual de eruditos em filosofia, religião ou administração. É um livro de informações para sua prática. Acredito que um princípio, por mais exaltado que seja, está quase morto se não for comprovado na prática. O mundo da consciência de que estou falando não é um mundo teórico, de idéias abstratas. É um mundo tão real quanto qualquer coisa que você já tenha encontrado até então.

Para aqueles de nós que estão procurando por uma profunda conexão consigo mesmos na vida ou no trabalho, este livro será de valor. Tentei incorporar minha experiência em primeira mão do que chamo *espiritualidade acionável*. Em muitos lugares pelo mundo onde falei sobre consciência, as pessoas me perguntaram: É esta a sabedoria da Nova Era? Em réplica, tenho dito sempre: "Não, o que vocês ouvem está no fio da navalha da antiga era." Nunca antes a sabedoria dos antigos se tornou tão relevante quanto o é hoje.

Todos nós vivemos em um tempo do mundo em que a mente encontra conforto em classificar experiências, designadas como novas ou antigas. Deixemo-nos uma vez ter a experiência daquilo que é atemporal; todas as questões relacionadas com a cronologia irão desaparecer. O que permanecerá será a experiência.

Este livro é um convite a uma peregrinação rumo ao domínio de si mesmo. Acredito sinceramente que o ser é o início e o fim de todas as nossas viagens, de todas as nossas experiências. Podemos imaginar um só momento em nossa vida em que o nosso ser não estivesse conosco? Grandes homens e mulheres de importantes civilizações percorreram a mesma jornada na qual você e eu nos encontramos. Eles deixaram suas pegadas, memoráveis marcos de pensamentos e ações, para nos ajudar a viajar. Tudo o que fiz para você foi coletar essas pegadas atemporais nas areias do tempo.

A liderança não é um privilégio de um punhado dos mais altos e poderosos. É um estado de relacionamento entre o líder e o seguidor. Um relacionamento não pode ser propriedade de uma pessoa; ele deixa, então, de ser um relacionamento. Nós poderíamos reconhecer que em cada discípulo há um líder emergente, e líderes podem liderar porque estão conectados por essa sutil — mas emergente — qualidade de seguidores que existe em cada um de nós. Aqui eu tentei lhe dar não um modelo de liderança, mas várias dimensões de discipulado que constituem um líder.

Cada um de nós, consciente ou inconscientemente, foi líder em um campo ou outro: como pais, professores, administradores, médicos, atletas, empreiteiros ou ainda como estudantes. Em todos esses papéis aprendemos valiosas lições de liderança. Assim também aconteceu comigo. Eu me lembro de uma das maiores personalidades da Índia, Rabindranath Tagore, dizendo que cada um de nós é o supremo líder em seu próprio reino. A liderança não é uma ciência ou uma arte; é um estado de consciência no qual descobrimos o caminho para nossos próprios reinos. Foi nas palavras de Tagore que descobri a mais alta expressão da minha peregrinação rumo à liderança:

> Onde a mente está sem medo e a cabeça se mantém elevada; Onde o conhecimento é livre; Onde o mundo não foi despedaçado em fragmentos por muros domésticos estreitos; Onde as palavras surgem das profundezas da verdade; Onde incansáveis guerreiros estendem seus braços em direção à perfeição; Onde o límpido rio da razão não perdeu seu caminho no árido deserto de areia de curso morto; Onde a mente é guiada adiante em cada pensamento ou ação de expansão.

Que essas linhas sejam o seu caminho ladrilhado, enquanto você seguir essa peregrinação rumo ao domínio de si mesmo. Na verdade, essa jornada de muitas milhas começa com um único passo.

Agradecimentos

O conhecimento é finito. O que é infinita é a ignorância. Depois de escrever este livro, dei-me conta de quanto eu não sabia sobre o meu próprio ser. Se tenho algo em comum com você é essa ignorância. Nós todos compartilhamos a anatomia da ignorância de uma maneira ou de outra. Mesmo o mais sábio dos seres humanos não teria medo de dizer: "Eu não sei."

Então eu agradeço, com humildade, as muitas fontes conhecidas e desconhecidas do conhecimento contido neste livro. Meus pais, minha avó, meus professores escolares, meus mentores espirituais, o solo sagrado da Índia onde cresci, companheiros desconhecidos de viagem em minhas jornadas pelo mundo – todos contribuíram para as invisíveis dimensões deste livro.

Primeiramente, eu gostaria de agradecer ao dr. Peter Senge, do Massachusetts Institute of Technology, que me possibilitou sonhar com este livro durante nossa primeira conversa em seu seminário de organização do aprendizado em Cambridge, Massachusetts. Este trabalho é uma tentativa de pagar uma parte de meu débito a Peter por todos os seus atos de gentileza que abriram um novo capítulo em minha vida. O que começou como um sonho tornou-se realidade quando Karen Speerstra levou-me para almoçar num restaurante em Boston, para discutir a proposta deste livro, que então estava sendo preparado em minha mente. Quero agradecer a Karen por seu gesto muito generoso e por sua paciência em dar apoio a este trabalho. Sou grato a Stephanie Gelman, que ajudou na organização do livro. Agradeço as contribuições feitas pelo Rotary International e à Fulbright Foundation por financiar meu trabalho nos Estados Unidos.

Obrigado a Jerry Halverson, a Michael Naughton, a Tom Halloran, a Kenneth Goodpaster, a Ellen Kennedy, a Margaret Lulic, a Lee Lawton e a

Mary-Jean Loomis de Minnesota, por contribuírem diversamente para este livro. A Nihar Chatterjee da IIM, Calcutá, por suas maravilhosas ilustrações. Ao sr. K. N. Mukherjee, por concordar tão gentilmente em ler o manuscrito. A Parimal, por sua ajuda espiritual a longa distância. A Soumenda e a Sanjoy por seu amor. A Mariann por apenas estar lá. A Ahmed Abdelaal por seu charme egípcio. Ao dr. Marsha Milburn e a Joy por velarem por mim. A Rita Cleary e a Jean McDonald — minha gratidão, de coração.

Ao dr. Harsh Muthal, por compartilhar minha convicção em um mundo consciente. Ao dr. Leo Burke, da Motorola, a Tom Philips e a Carol Rubarts, da Ford Motor Company, e a Sandy Calvert, da 3M, pelo seu apoio. Ao dr. Jan Adams por suas palavras de estímulo. A Kanchan, em Boston, e a Kuhan em Londres, minha gratidão por compartilharem comigo seu espírito. S. K. C., obrigado pelos seus ensinamentos radicais, sem os quais este "trabalho rebelde" não teria nascido. Sr. Swaraj Paul, seu presente de amor em reviver o London Zoo faz do senhor um líder verdadeiramente consciente: este autor deseja que o senhor acredite que Ambika ainda vive para servir a um propósito maior. Madre Teresa, obrigado por abençoar esta vida e este trabalho.

Finalmente, Aditi e Shristi. Tive a sorte de tê-los por perto quando este livro estava sendo escrito. Este trabalho estaria incompleto sem vocês.

CAPÍTULO 1

Liderança e Autodomínio

"O próprio Ser deve ser conquistado pelo rei durante todo o tempo; então haverá apenas seus inimigos para serem conquistados."
... Rishi Vyasa, *O Mahabharata*, 1000 a.C.

A ARTE DE VER

O autodomínio é uma função da qualidade da nossa visão. Grandes mestres de civilizações antigas eram conhecidos como videntes. Esses grandes videntes não enxergaram nada de mágico. A singularidade de suas visões estava no fato de possuírem não apenas visões, mas também introvisões. Os mestres enxergaram o mundo à sua volta perceptivelmente, não passivamente. A maioria de nós olharia para uma maçã em queda e logo a esqueceria. Foi preciso um lampejo intuitivo de Newton para enxergar através do evento e descobrir a força da gravidade. Nós todos enxergamos sofrimento à nossa volta. Mas é preciso a revelação de um Buda para se chegar à causa-raiz do sofrimento humano e identificá-lo como desejo.

Nós somos maltrapilhos visuais. No estado de consciência ordinário, colhemos passivamente impressões visuais fragmentadas de objetos ou eventos. Isso é uma atividade de baixa energia, como a captação mecânica de partículas e partes do nosso meio ambiente. Visões de energia elevada requerem não um acúmulo de objetos ou eventos, mas algo mais. Requerem a disciplina de se enxergar através de eventos até os processos invisíveis que moldam esses eventos.

Três mestres zen estão caminhando por um campo. O mais jovem dentre eles avista uma bandeira atada a uma estaca. Ele chama a atenção de seus dois companheiros e diz: "Vejam como a flâmula se move." O mestre de meia-idade toca as costas do mais jovem e diz: "Meu rapaz, você não pode ver que não é a flâmula que se move, é o vento que se move." O velho mestre, que esteve ouvindo os outros dois em silêncio, diz suavemente: "Se vocês tiverem um vislumbre, verão que não é a flâmula e nem o vento que se movem; é a mente que se move."

A verdadeira visão não é meramente um relance da superfície visível da realidade objetiva. A verdadeira visão requer uma visão perceptiva do potencial invisível da realidade objetiva.

Um vendedor comum visita uma ilha onde ninguém usa sapatos e diz: "Não se pode vender sapatos aqui. Ninguém usa sapatos nesta ilha." Essa é uma visão de baixa energia. Compare-a com a visão de elevada energia de um líder mercantil, que chega à mesma ilha e exclama: "Veja isto! Ninguém usa calçados aqui. Que mercado potencial fazer com que essas pessoas comecem a usar sapatos."

Logo, visionários são não apenas místicos e sábios. Eles abundam em todos os segmentos da vida — nos negócios, na política, na ciência e nos esportes — tanto quanto nas instituições religiosas. Aprender a ver é a base de todas as disciplinas. Na Índia, o berço da mais duradoura civilização do mundo, a palavra usada para "ver" é *darshan*. A palavra sânscrita *darshan* tem mais de um significado. Ela também significa "visão de mundo" ou "filosofia de vida". *Darshan* capta a essência do ver em seus múltiplos significados. Concede ao ato de ver passivamente uma qualidade de que necessita — uma perspectiva. Tanto a visão quanto a introvisão constituem uma perspectiva. De uma perspectiva clara nós obtemos a clarividência. É a visão que pauta nossas ações como líderes.

Ver é também saber e entender com clareza. Durante um encontro com um empregado com mau desempenho, um líder de equipe pára por um momento e diz ao empregado: "Oh, agora eu vejo o seu ponto de vista." Nessa "visão", o líder começa verdadeiramente a compreender o seguidor. Esse tipo de visão tem o mesmo efeito de um gentil toque humano. Visões de alta energia possibilitam que você se relacione com eventos ou pessoas com a qualidade da consciência. Nesse ato, certa energia ou vitalidade trabalha entre aquele que vê e aquele que é visto. Há uma sutil comunicação, uma comunhão entre aquele que vê e aquilo que é visto. Quando um líder estabelece essa comunhão com seus seguidores, a empatia é estabelecida. A empatia é a cola, a real substância que possibilita que líder e discípulo estejam juntos no mesmo caminho.

Enxergar não é apenas receber imagens na retina. É um ato de interpretação. Enxergar é uma reconstrução criativa do nosso universo. Os líderes não se contentam com fatos. Eles têm uma energia muito grande para reorganizar os fatos em novos ideais e em novas visões da verdade. Na vida cotidiana, nós não compreendemos a diferença entre os fatos e a verdade. Ainda dependendo da qualidade da nossa visão, os fatos e a verdade emergem como entidades diferentes. Os fatos são formas congeladas da verdade num determinado espaço e num certo tempo. Os fatos não são a verdade completa, embora eles possam conter certos elementos de verdade. Você pode tirar uma fotografia do oceano e nos transmitir fatos sobre o oceano. Mas pode esse fato abarcar toda a verdade do oceano?

Os fatos podem assemelhar-se à verdade num certo contexto, mas, quando o contexto muda, os fatos também se alteram para se acomodar à verdade. Por exemplo, a maioria das pessoas num certo tempo, na nossa civilização, acreditava que a Terra era tão plana quanto uma panqueca. Marinheiros antigos tinham medo de navegar para muito longe, porque temiam que seus barcos pudessem tombar em um submundo desconhecido. Assim era porque os fatos que enxergavam à sua volta lhes dava uma impressão de achatamento da Terra. Assim que um líder foi suficientemente corajoso para levar seu navio além do que se imaginava ser a margem da Terra, ele viu fatos novos. Esses fatos contradisseram os fatos passados, e a Terra passou a ser reconhecida como uma esfera sólida. Logo depois, novos fatos, na forma de fotografias da Terra tiradas do espaço, nos disseram que o nosso planeta não era redondo, mas que sua forma geométrica era de um esferóide oblíquo. Isso significou dizer que a Terra se assemelha menos a uma bola e mais a uma laranja – ligeiramente achatada nos pólos e levemente protuberante no equador. Mas a verdade, que tem novas maneiras de nos despertar dessa prisão dos fatos, dá-nos agora novos fatos sobre a Terra. O novo líder atual, o físico quântico, dirá a você: "Sabe, esta Terra não é realmente sólida. É uma extraordinária sopa de energia ondulando como uma bolha no espaço vazio."

Devemos, portanto, dizer que a qualidade da nossa visão molda a nossa perspectiva da verdade. Quando enxergamos com uma visão não-criativa e de baixa energia, vemos fatos desconectados e, muitas vezes, perdemos a verdade. Isso ocorre porque nossa atenção desprovida de energia fica congelada na fachada exterior dos fatos, e a verdade passa por nós. Nós nos empenhamos na busca da verdade interior a respeito de nossas muitas suposições sobre a vida. Muitos de nós ficam satisfeitos com o que parece óbvio. A realidade baseada em modelos estáticos ou em procedimentos estabelecidos nos dá a segurança de ser parte do rebanho. Mas essa realidade não é a que um líder consciente traz consigo. Seria um insulto à sua inteligência se um líder não pudesse manipular a realidade criativamente para encontrar novos desafios. Enquanto eu estava divagando em 1991 em meio ao evento de apresentação do relatório anual da Coca-Cola Company, um par de afirmações bastante intuitivas, feitos por Roberto C. Goizueta, o superintendente, e Donald R. Keough, então presidente da companhia, chamou-me a atenção:

> Como organização, nós não estamos desperdiçando nossa energia estimando como seria o futuro da indústria de refrigerantes nos diversos países do mundo onde operamos. E também não estamos passando o nosso tempo prevendo o que o futuro oferecerá a esta companhia. Iremos utilizar nossos recursos para construir hoje os alicerces do nosso futuro... O futuro que estamos criando para nós mesmos... será construído.

Nós não enxergamos o futuro como preestabelecido, mas como uma infinita sucessão de aberturas, de possibilidades. O que se exige para o sucesso no meio dessa incerteza é o que os gregos chamaram de "sabedoria prática". Acima de tudo, essa "sabedoria prática" força a adaptação e ensina a constante preparação. Essa sabedoria sustenta que nada acontece exatamente como foi planejado e que o modelo não é a realidade.

O conceito grego de sabedoria prática provém de uma certa profundidade intuitiva, transmitida pela palavra indiana *darshan*. A sabedoria prática é uma função da visão integral — a habilidade de integrar visão e introvisão. *Darshan* penetra no véu dos modelos estáticos de vida e busca o dinamismo da própria vida. *Darshan* é a consciência da profundidade, a magnificência do momento. Quando prestamos total atenção à realidade do momento, nos tornamos uma coisa só com o momento. A parede entre nós e a realidade vem abaixo. Nós nos tornamos a própria realidade. Um alto grau de energia é liberado como resultado da nossa participação na realidade. O domínio é a personificação da energia dessa participação. Arquimedes, grande filósofo grego, expressou essa energia como *heureca*, que passou a significar o grande triunfo de uma nova descoberta.

O JOGO DE ENERGIA

Entendemos, portanto, que o autodomínio é um fenômeno energético. Toda ação nossa, cada gesto, cada pensamento, cada intenção, cada emoção, e mesmo a mais tímida oscilação de nossa consciência é um constante jogo de energia. Enquanto a Estátua da Liberdade e o Taj Mahal são manifestações objetivas da energia criativa, a teoria geral da relatividade e o *Paraíso Perdido* são impressões subjetivas da mesma energia.

Quando olhamos para a fonte dessa energia, do ponto de vista do materialismo cru, descobrimos que a mesma molécula de açúcar que liberou a energia para a conceituação da teoria da relatividade de Einstein é responsável pela realização de Buda no nirvana, assim como pela agressão de Hitler ao mundo. Nós sabemos, ainda, que o mero estudo da estrutura de uma molécula de açúcar não irá nos revelar o segredo de um Einstein, de um Buda ou de um Hitler. Não é a mera energia, mas energia combinada com consciência que dá nascimento a essas figuras da história. O autodomínio não provém de um mero acúmulo de energia, mas do processamento dessa energia à luz da nossa consciência. O autodomínio é a ciência e a arte de canalizar energia daquilo que consideramos sem finalidade para o que prezamos como intencional.

O domínio da nossa energia está, então, em trazer a plenitude do nosso ser para o trabalho. Em linguagem simples, é a junção da soma total daquilo que somos com o que fazemos. A palavra indiana clássica para o trabalho da energia é *tapas*. Os japoneses têm uma palavra semelhante: *shugyo*. Tanto *tapas* quanto *shugyo* significam a disciplina do autodomínio. Antigas civilizações compreenderam a importância do cultivo da energia através de rigorosa disciplina. Esse cultivo consistia em estar-se consciente da natureza da nossa energia corporal. Esse era o primeiro passo em direção ao que os antigos chamavam de autoconhecimento.

A fonte do nosso conhecimento sobre a nossa energia é o nosso ser ou a nossa alma. Se prestarmos atenção ao estado do nosso ser a cada momento, teremos a experiência de que a energia flui através de nós de acordo com um certo padrão. Durante o nascer do sol, a qualidade de nossa energia é diferente daquela durante o pôr-do-sol. Pela manhã nossa energia nos impulsiona à ação; à noite, a mesma energia abranda-se, com vista à contemplação. Podemos sentir o estado de nossa energia simplesmente lembrando-nos de nós mesmos como uma disciplina constante. Se praticarmos a disciplina da lembrança de nós mesmos, nós nos tornaremos divertidas testemunhas da estultice de muitas de nossas ações.

Um executivo muito ocupado dirigia pela manhã a caminho do trabalho quando se viu no meio de um engarrafamento. Sua preciosa energia, pronta para mergulhar nos afazeres do seu serviço, está borbulhando. Ele sabe que não pode se mover até que se desfaça o engarrafamento. O executivo já buzina como um possesso. Se tivesse obser-

vado a si mesmo durante o insano buzinaço, teria percebido que estava perdendo uma energia que poderia ser usada em pensamentos produtivos.

Muitos de nós desperdiçamos nossas energias em emoções negativas. Nós ficamos irritados. Somos tomados por emoções desagradáveis que causam tensões indevidas nos nossos músculos. Todas elas se alimentam da nossa vitalidade. Tenho observado freqüentemente as pessoas contorcendo os músculos do rosto e franzindo as sobrancelhas durante sessões de *brainstorm* – em reuniões para livre debate de idéias em empresas. Meu conhecimento sobre a anatomia humana me diz que o nosso cérebro não tem músculos. Contudo, quanto da nossa energia nós aprisionamos desnecessariamente nos músculos do rosto enquanto pomos à prova o nosso cérebro?

Os grandes mestres eram adeptos da conservação da energia durante todo o tempo, para libertá-la apenas naqueles momentos precisos que mudaram o curso da história. Frederich Nietzsche expressou esse fenômeno numa linguagem brilhante:

> Grandes homens, assim como grandes épocas, são materiais explosivos nos quais uma tremenda energia foi se acumulando; seu pré-requisito sempre tem sido, histórica e fisiologicamente, o grande acervo, acúmulo, economia e preservação que os precedeu – não havendo explosão por um longo período.

DA CAPACIDADE À CONFRONTABILIDADE

O autodomínio é tanto uma função da capacidade quanto da "confrontabilidade". Quando agimos no meio ambiente, mostramos nossa capacidade. Entretanto, quando o ambiente começa a agir no nosso ser, o que se testa é a nossa confrontabilidade (a nossa capacidade de enfrentar).

Uma brilhante engenheira, que estava entre os milhares de funcionários que perderam seus empregos durante os cortes da gigante das telecomunicações AT&T, descobriu que o que importava durante seu repentino desemprego não era a sua capacidade, mas a sua confrontabilidade. Ela ainda era uma hábil engenheira, sagaz e eficiente. Mas suas habilidades como engenheira por si mesmas eram incapazes de conduzi-la através da crise que a perda do emprego a obrigara a encarar. Em síntese, o que importava agora era como ela poderia lidar com o trauma emocional de viver na circunstância atual.

Nossas capacidades são medidas de acordo com a nossa perícia em nos ajustar às circunstâncias do nosso ambiente exterior. A capacidade é o aspecto visível e palpável da nossa competência. É a energia que se extravasa, que aparece como nosso trabalho, que acompanha o curso de nossas realizações, de nossas credenciais e de tudo o que fizemos para abrir um nicho no ambiente. Por outro lado, a confrontabilidade é a energia que o ser reúne para enfrentar um ambiente imprevisível. É um nicho perceptível de experiência e destreza no ambiente interior de cada um. O mecanismo da confrontabilidade possibilita ao corpo projetar uma onda de adrenalina quando deparamos com um inimigo hostil.

O modo como lidamos com dores e perdas também demonstra a nossa confrontabilidade. Ao depararmos com dores e perdas no contexto da nossa vida e no trabalho, nós muitas vezes ficamos deprimidos. O homem que é incapaz de continuar com sua mulher vira um alcoólatra. O executivo de futuro perde uma promoção e alimenta seu sentimento de perda na forma de uma úlcera. Quando o ambiente se comporta de um modo que parece imprevisível para nós, achamos difícil lidar com ele. Contudo, deixamos de tomar consciência de que o ambiente "lá fora" é simplesmente a interpretação que fazemos dele. Se não interpretássemos a perda de uma promoção como o fim do mundo, não nos sentiríamos tão miseráveis.

Em grande parte, nossa confrontabilidade depende da maneira como interpretamos a realidade do nosso ambiente. Como o figurão da Chrysler, Lee Iacocca, então com 65 anos, que interpretou a realidade da condição do líder com as seguintes palavras: "O trabalho do superintendente é a sua derrota." Essas palavras foram dirigidas a Gerald Greenwald, que aos 54 anos era então vice-presidente da Chrysler. Para Greenwald, as palavras de Iacocca poderiam significar duas coisas: que o trabalho do superintendente é repleto de inseguranças e que seu trabalho é um constante desafio a se enfrentar. Greenwald assim interpretou as palavras de Iacocca: "Ei, você precisa agir." Administrador financeiro profissional, Greenwald não apenas fez com que a Chrysler superasse a falência de 1979, como também passou a ser o superintendente da United Employees Acquisition Corporation.

Dores e perdas são aparentemente pedras que o ambiente coloca no nosso caminho. Nós podemos interpretar essas pedras como obstáculos à nossa felicidade ou como desafios maiores que devemos enfrentar para receber maiores recompensas. Como então aumentamos a nossa capacidade de enfrentar as contrariedades? A única maneira de fazer isso seria enriquecendo a nossa perspectiva daquilo que, à primeira vista, interpretaríamos como "dor", ou "oportunidade perdida", ou ainda, como um "problema". Valorizar a nossa perspectiva nesses problemas exige uma maior profundidade de percepção. Isso significa que temos de procurar pelas naturezas multidimensionais das situações, onde uma mera sacudidela causada por um problema torna-se uma oportunidade. Para reforçar o que escrevi anteriormente, é a qualidade de nossa visão que faz com que os problemas tomem o aspecto de oportunidades.

DA AUTO-IMAGEM AO VERDADEIRO EU

Muitos de nossos problemas são criados por nós mesmos. A origem dos problemas criados por nós mesmos está no fato de que confundimos nossa auto-imagem com o nosso verdadeiro eu. A auto-imagem não é nada mais do que projeções acumuladas da nossa identidade. A auto-imagem é um agrupamento de nomes e formas pelo qual nós nos diferenciamos do resto do nosso ambiente. Temos diferentes imagens de nós mesmos, como pais, como cônjuges ou como colegas de trabalho. Desempenhamos vários papéis em várias esferas da vida. Cada um desses papéis cria uma certa impressão do nosso eu na nossa consciência. Desse modo, a pessoa se vê como um pai liberal, ou como um chefe cumpridor dos deveres, ou como um cônjuge dedicado. Todas essas imagens de nós mesmos nos ajudam a estabelecer nossas identidades aos nossos olhos.

O problema aparece quando nos confrontamos com uma realidade não-consistente com a nossa auto-imagem. Por exemplo, quando alguém recebe informações do mundo exterior de que é um chefe autocrata, ou um esposo descuidado, ou "um horrível e gordo palerma", sua auto-imagem é ferida. Nós nos esforçamos para defender nossa auto-imagem de várias maneiras. Ficamos com ódio da realidade exterior ou indiferentes a ela. Encaramos as respostas negativas dos outros muito seriamente e nos sentimos abatidos. Também podemos tentar nos conformar com algo que imaginamos ser socialmente aceitável. Todos esses métodos podem nos dar uma sensação temporária de alívio, mas eles não podem nos preparar para perceber a miragem que é a nossa auto-imagem.

A auto-imagem nos deixa vulneráveis a mudanças externas a nós. Se ela é a de um eterno jovem, a aparência do primeiro fio de cabelo grisalho nos faz perder o sono. Ficamos traumatizados com uma única rejeição de um editor se nossa auto-imagem é a de um escritor de sucesso. Nossa auto-imagem nos torna vulneráveis simplesmente porque muito dessa imagem é irreal. Ela é um modelo congelado do nosso verdadeiro eu. Assim como um modelo é um símbolo ou atributo da realidade, e não a realidade plena, a auto-imagem de uma pessoa é uma mera projeção do seu verdadeiro eu. Quase invariavelmente, essa projeção é uma distorção do eu real, como uma sombra pode ser a distorção da substância real.

Como alguém pode ir além do véu da auto-imagem à procura do verdadeiro ser? A busca pelo ser pode começar apenas quando voltamos nossa atenção do mundo exterior para o mundo interior. Essa é também uma mudança na qualidade da nossa visão: da mera visão à intuição. A aventura rumo à auto-realização requer as disciplinas do silêncio e da solidão. O silêncio nos liberta do ruído da nossa consciência exteriorizada e nos permite sondar nossa voz interior. A solidão possibilita que nos tornemos íntimos de nós mesmos. Em profundo silêncio e solidão, começamos a vislumbrar a verdade de nossa vida. Tornamo-nos conscientes de que tudo o que existe é uma expressão da existência, e de que nossas muitas maneiras de viver são expressões da própria vida. Também compreendemos que, como nos diz o *Bhagavad-Gita*, "O irreal não tem um ser: o real nunca deixa de existir. A verdade final sobre ambos tem sido assim percebida pelos videntes da realidade última" (Capítulo 2, verso 16). *Um Curso de Milagres* faz eco a essa verdade dizendo que o que é real não pode ser posto em perigo, e que o que é irreal não existe.

Tenho feito muitas vezes a profissionais de todos os ramos da vida uma pergunta há muito tempo repetida: Quem é você? Recebo respostas previsíveis como: engenheiro, gerente de vendas, ou especialista em ouvidos, nariz e garganta. A próxima pergunta que faço é: Quem sabe que você é tudo isso? Dessa vez as respostas giram em torno de algo como "mente" ou "pensamento". Então, prossigo fazendo a última pergunta decisiva: Quem sabe que você tem uma mente? Nesse momento, um silêncio paira sobre o auditório. Nesse silêncio, começamos a vislumbrar a verdade sobre o nosso eu, que está além de todos os nomes e formas.

O CORPO: ALICERCE DO SER

Convencionalmente, o que entendemos pelo nosso corpo nada mais é do que uma ilusão de ótica. Por exemplo, acreditamos que nosso corpo é uma estrutura sólida. Mas essa solidez é mera aparência. Se pudéssemos ampliar o corpo para o tamanho da Terra ou, melhor ainda, inventar um microscópio que nos desse uma imagem real de nosso corpo, descobriríamos que mais de 99,99% dele é espaço vazio. Esse espaço tem a mesma qualidade e é proporcionalmente tão vazio quanto o espaço intergaláctico (Chopra, 1989). Nós não podemos, de nenhuma maneira, evitar o vazio que constitui uma grande porção do nosso corpo. Esse vazio, entretanto, não é como uma terra deserta onde a vida se mantém imóvel. O vácuo é feito da plenitude do nosso ser. É a origem da inteligência imaterial, que não apenas sustenta o nosso corpo, mas que também mantém unido o universo. Para o olhar perspicaz, o corpo humano apareceria mais como uma vibração energética do que como uma sólida estrutura material.

Os *Upanishads*, a mais antiga literatura sagrada da Índia, descreveram a relação entre nós e o nosso universo numa agradável poesia:

> Assim como é o corpo humano
> assim é o corpo cósmico.
> Assim como é a mente humana
> assim é a mente cósmica.
> Assim como é o microcosmo
> assim é o macrocosmo.
> Assim como é o átomo
> assim é o universo.

Os sábios e videntes dos *Upanishads* compreenderam claramente a natureza do corpo humano através da pura experiência. As descobertas experimentais da física quântica na virada do século estão validando essa experiência. Do ponto de vista da mecânica quântica, nosso corpo se assemelharia menos a um objeto e mais a um evento no espaço e no tempo. Os físicos quânticos descrevem este corpo como uma expressão local do campo global de energia e informação.

Outra ilusão sobre o corpo é a de que ele seria um sistema fechado — um reles saco de matéria separado do resto do mundo. A verdade é que, a cada respiração, cada um de nós troca diversos bilhões de átomos com o universo. A pele é um constante meio de troca entre nós e o nosso ambiente. Na verdade, os vários biorritmos de que nosso corpo tem experiências são expressões localizadas dos ritmos universais do cosmos. Um nascer do sol ou um pôr-do-sol afetam a bioquímica de nosso corpo. As mudanças de estação afetam profundamente o nosso humor — nós nos sentimos melancólicos no inverno e reanimados no verão. Não há limites rígidos entre nós e o nosso mundo. No sentido real, o universo de uma pessoa é uma simples extensão do seu corpo.

Tão incrível quanto possa parecer, os antigos sábios da Índia adquiriram maestria suficiente sobre seu corpo para se tornarem conscientes de que a organização de todo o universo poderia ser compreendida através da simples exploração da realidade do ser. Os sábios chamaram o ser universal de *Eu superior*, que os físicos de hoje estão se esforçando por descrever como o campo da consciência não-localizada, como adiante:

> No sistema da natureza, você e eu somos espécies privilegiadas. Temos um sistema nervoso que é capaz de se tornar consciente da energia e do conteúdo informacional do campo localizado que arquiteta o nosso corpo físico. Temos a experiência desse campo subjetivamente, como se fossem nossos próprios pensamentos, sentimentos, desejos, memórias, instintos, tendências e crenças. Esse mesmo campo é experimentado objetivamente como corpo físico — e através do corpo físico temos a experiência de outro campo como sendo o mundo. Mas tudo é a mesma coisa. É por isso que os antigos videntes afirmavam: "Eu sou aquilo, você é aquilo, tudo isso é aquilo e aquilo é tudo o que existe."
>
> ... DEEPAK CHOPRA, *The Seven Spiritual Laws of Success*, 1994

Uma terceira ilusão que temos sobre este corpo é a de que ele é uma estrutura fixa que nunca se altera. Por convenção, também pensamos que habitamos o mesmo corpo físico até a morte. Embora possa ser verdade que a estrutura de um corpo aparente é a mesma ao longo da vida, nós retemos apenas 2% de todos os átomos do nosso corpo a cada ano. Isto é, 98% de um corpo em 1997 é diferente do corpo que era em 1996. Como diria o dr. Deepak Chopra, um pioneiro no campo da medicina, adquirimos um novo fígado a cada seis meses, um novo esqueleto a cada três meses, uma nova pele a cada mês e um novo revestimento do estômago a cada cinco dias.

Assim, podemos ver que o nosso corpo é aberto, e que padrões dinâmicos de energia e informação, por sua aparente rigidez, nos hipnotizam. Sentimo-nos confortáveis ao definir o nosso corpo baseando-nos em certas formas e estruturas. No entanto, cada definição do corpo é ilusória — um esforço em vão para nos fragmentar e nos isolar de nosso corpo universal. Buda certa vez foi questionado: "É a alma uma entidade e o corpo outra?" Ele disse: "Essa é uma questão sobre a qual eu nunca expressei nenhuma opinião." Grandes mestres perceberam claramente a futilidade de se limitar o entendimento do corpo. Sua maestria estava em experimentar a indivisível unidade de seu corpo com o corpo cósmico.

Podemos começar a ter a experiência da noção de autodomínio em relação ao nosso corpo, prestando atenção no seguinte:

1. O ambiente de determinada pessoa não se situa fora do seu corpo. Nosso corpo é parte do que compreendemos como nosso ambiente.

Algumas vezes, aquilo que imaginamos como um problema "lá fora" não existiria se não o reconhecêssemos como um problema "aqui dentro". Quando estamos fisicamente indispostos, mesmo um dia radiante pode parecer melancólico.
2. Não há real oposição entre nossas realidades interior e exterior. O corpo é um mero intermediário entre nossos ambientes interior e exterior. Quando um corpo é fragmentado, todo o universo parece fragmentado. Quando um corpo é inteiro, o universo mostra-se inteiro.
3. Estamos acostumados, pela força do hábito, a prestar atenção ao mundo que é exterior ao nosso corpo. Raramente nossa consciência se demora na realidade interior. Podemos cultivar o hábito de observar internamente o nosso corpo interiorizando a nossa consciência.
4. O corpo é um grande campo energético que opera em diversas camadas. Essas camadas se manifestam do sutil ao grosseiro. Cada camada de energia corresponde a um determinado nível de consciência. Pela mera elevação da nossa consciência, podemos provocar mudanças profundas no nosso corpo. Através da consciência, podemos nos curar e solucionar complexos problemas psicossomáticos (corpóreo-mentais).
5. A energia do nosso ser (a consciência) é mais sutil do que a energia do pensamento. A energia de nosso pensamento é mais sutil do que a energia da nossa ação.
6. Quando um corpo é capaz de integrar diversas camadas de energia na unidade, há uma expansão da consciência. Quando as camadas energéticas do corpo estão fragmentadas, há uma decomposição na consciência.
7. Um corpo desintegrado sente o caos, perturbações e doenças. O corpo integrado sente o cosmos, a naturalidade e a saúde.

No seu livro *An Unused Intelligence: Physical Thinking for 21st Century Leadership*, Andy Bryner e Dawna Markova descrevem nitidamente o potencial do corpo como solucionador de problemas no contexto de organizações. Eles argumentam que no trabalho somos treinados no gerenciamento do tempo, em negociações e em procedimentos de qualidade, mas não somos nunca ensinados a notar como estamos nos relacionando fisicamente e energeticamente com pessoas, eventos e assuntos do nosso trabalho. Essa inexperiência, apontam os autores, nos defronta com responsabilidades não inspecionadas no local de trabalho, como posturas de controle, reatividade, rigidez e confronto. Nossa ignorância em relação à inimaginável inteligência do nosso corpo leva ao desperdício do potencial humano que, de outro modo, poderia ser utilizado criativamente. Bryner e Markova escreveram:

> Pensar através do nosso corpo pode nos levar longe com destino à benéfica habilitação de mentes flexíveis e criativas, tão desesperadamente requisitadas atualmente nas organizações. A palavra "incorporado" nos dá a pista de sua etimologia; sua raiz latina *corporare* significa adotar ou formar um corpo. Incorporar ou organizar nosso pensamento sobre os negócios é uma maneira dinâmica de explorar o caminho entre idéias abstratas e ações implementadas.
> ... ANDY BRYNER E DAWNA MARKOVA, *An Unused Intelligence: Physical Thinking for 21st Century Leadership*, 1996

O aprendizado da organização baseado puramente em idéias abstratas dificilmente nos ajuda a solucionar problemas da vida real. A participação do corpo na resolução de problemas é, algumas vezes, tão importante quanto o engajamento mental com o contexto do problema. A história seguinte ilustra essa situação:

> *Um filósofo, orgulhoso de seu conhecimento, pagou um barqueiro iletrado para atravessá-lo em um largo rio. Enquanto atravessava o turbulento rio, o filósofo, incapaz de controlar a língua, discursava ininterruptamente ao barqueiro sobre a natureza da existência. Ele fez ao barqueiro diversas perguntas complexas sobre a vida e, por todo o caminho, o barqueiro permanecia calado.*
> *– Você nunca estudou gramática? – perguntou o filósofo.*
> *– Não – respondeu o barqueiro.*
> *– Nesse caso, metade de sua vida tem sido desperdiçada.*
> *O barqueiro nada respondeu.*
> *De repente, rebentou uma terrível tempestade. O barco foi sacudido pelo vento. O barqueiro virou-se para o filósofo:*
> *– O senhor alguma vez aprendeu a nadar? – perguntou o barqueiro.*
> *– Não – respondeu o filósofo.*
> *– Nesse caso, senhor – replicou o barqueiro –, toda a sua vida está perdida, porque o barco está afundando.*

Em organizações modernas, temos relegado sistematicamente o corpo a um *status* inferior. Classificamos os funcionários que trabalham usando as mãos como trabalhadores braçais ou empregados de "colarinho azul". E temos reconhecido a superioridade dos empregados intelectuais, de "colarinho branco", aumentando a sofisticação da produção tecnológica. O resultado tem sido uma ênfase desproporcional na mente pensante e uma absoluta negligência do inesgotável potencial do nosso corpo. Visto que as ciências emergentes do século XXI apontam em direção à indivisível conexão da inteligência, inerente ao sistema corpo-mente como um todo, é hora de voltar nossa atenção ao cultivo da estagnada inteligência de nosso corpo.

OS SENTIDOS: DOMANDO CAVALOS SELVAGENS

O Katha Upanishad, um dos textos clássicos da sabedoria hindu, descreve a natureza de nossos sentidos usando a metáfora de cavalos puxando uma carroça. Diz o Upanishad:

> Conheça o corpo como à própria carroça.
> Saiba que a razão é o cocheiro:
> e a mente as rédeas.
> Os cavalos, dizem, são os sentidos;
> e suas trilhas são os objetos dos sentidos.

A descrição continua, até que obtemos uma imagem clara da disciplina do autodomínio, que é comparada à domesticação de cavalos selvagens:

> Aquele que não possui a justa compreensão e cuja mente nunca se aquieta não é o controlador da sua vida, como um mau cocheiro com cavalos selvagens.
> Mas aquele que possui a justa compreensão e cuja mente está sempre tranqüila é o governante da sua vida, como um bom cocheiro com cavalos bem treinados.

Toda a sabedoria clássica colocou ênfase na disciplina dos sentidos como um passo importante rumo ao autodomínio. Essa disciplina requer a compreensão da natureza dos sentidos, e da ação com essa compreensão. O corpo é composto de cinco órgãos sensoriais básicos, que nos permitem lidar com a realidade do nosso ambiente. Estamos atentos para ver, cheirar, ouvir, saborear e tocar o nosso mundo através de nossos sentidos. Nossos órgãos sensoriais estendem-se ao mundo dos eventos e objetos e recolhem dados para nossa mente trabalhar. Quando a mente é inquieta, a informação a ela apresentada pelos sentidos torna-se distorcida. Uma mente turbulenta reflete uma versão desfigurada da realidade, assim como a superfície ondulada de um lago distorce a imagem do Sol. Como todas as decisões baseadas em dados falsos tendem a ser ineficazes, todas as percepções sensoriais baseadas na distorção da realidade estão fadadas a ser desorientadoras.

A seguinte história sufi nos dá um entendimento claro de como a resolução de problemas é afetada quando nossa mente está perturbada e quando não estamos conscientes:

> *Um homem encontrou-se com Mulla Nasrudin, que estava bastante agitado, procurando no chão por um objeto perdido qualquer.*
> *– O que o senhor perdeu, Nasrudin? – perguntou o homem.*
> *– A chave da minha casa – respondeu Nasrudin.*
> *Então o homem abaixou-se para ajudar Nasrudin a procurar pela chave.*
> *Após um tempo de busca infrutífera, o homem perguntou:*
> *– Nasrudin, onde exatamente o senhor deixou cair a chave?*
> *– Na minha própria casa – respondeu Nasrudin.*
> *– Então por que o senhor a procura aqui?*
> *– Porque aqui há luz e não há luz na minha casa.*

Mesmo quando estamos conscientes de nossos sentidos, nosso alcance da realidade através da percepção sensorial é limitado em amplitude. No estado ordinário de consciência, nossos sentidos não respondem nem mesmo a uma milionésima parte do total de estímulos sensoriais presentes numa pequena sala. Nós não podemos, por exemplo, cheirar o mundo com tanta intensidade quanto o faz um cachorro. Não temos a agudeza da visão de uma águia, que permite que ela aviste a presa a milhas de distância. Também não podemos ouvir o universo ultrassônico de que um morcego pode ter consciência. No decorrer de sua evolução, a espécie humana perdeu muito de seus sentidos. Olhamos com nossos olhos mas não conseguimos enxergar; ouvimos sons mas não conseguimos escutar; tocamos mas não sentimos.

No reino da percepção sensorial, o autodomínio pode ser atingido quando começamos a enxergar a realidade com uma mente ajustada. Isso significa que precisamos dominar nosso turbilhão interior, aquietar o clamor de vozes que nos incitam a fazer julgamentos imediatos, e clarear os emaranhados de condicionamentos passados antes de olharmos outra vez para a realidade. Um verdadeiro teste de clareza de percepção sensorial é a nossa habilidade de examinar, até nos menores detalhes, os dados sensoriais que eludem a atenção de muitos. Robert Greenleaf, antigo diretor de pesquisa gerencial na AT&T, fala eloqüentemente sobre o aumento da nossa consciência sensorial e suas implicações na liderança, como vemos a seguir:

> Muitos de nós andam de um lado para outro com uma percepção muito estreita – visão, som, cheiro, tato – e perdem a maior parte da grandiosidade que há nas coisas mais diminutas, nas menores experiências. Nós perdemos inclusive oportunidades de liderança. Há um perigo, entretanto. Algumas pessoas não se dão conta do que vêem quando as portas da percepção são abertas muito amplamente, e testariam melhor sua tolerância à consciência gradual-

mente. Uma qualificação para a liderança está em tolerar uma consciência amplamente expandida a fim de que "as coisas sejam vistas como são".
...ROBERT K. GREENLEAF, *Servant Leadership:*
A Journey into the Nature of Legitimate Power and Greatness, 1977

A liderança exige uma qualidade que costuma ser chamada de *bom senso*. Na verdade, nós não podemos definir o que seja o bom senso, até que o "sintamos" ao percebê-lo. O bom senso provém da novidade da perspectiva. O bom senso necessita da inocência pueril de se olhar a realidade sem o condicionamento dos nossos sentidos. As pessoas sensatas não apenas fazem as perguntas corretas, mas também questionam os princípios de onde surgem suas perguntas. Edward Deming, pioneiro do movimento de qualidade total em organizações industriais internacionais, revolucionou o pensamento gerencial simplesmente através do bom senso. Deming não tinha qualificações para engenharia ou manufatura. Era um estatístico. No entanto, ele pôde enxergar, com o frescor da intuição, os processos envolvidos na manufatura. Ele ainda conservava o bom senso que a maioria dos fabricantes perde como conseqüência de um excessivo condicionamento e especialização. Albert Einstein, que manteve uma inocência e curiosidade de criança até o último dia de sua vida, disse certa vez: "Pequeno é o número daqueles que vêem com seus próprios olhos e sentem com seu próprio coração."

Quais são algumas das maneiras pelas quais podemos disciplinar nossos sentidos para que nos dêem uma interpretação mais acurada da realidade? Uma disciplina importante é privar-nos de estímulos sensoriais excessivos — assistir muita televisão ou regalar-nos com tagarelices. Todos os nossos órgãos dos sentidos estão habitualmente abertos à exterioridade. Ocupados em coletar dados do mundo exterior, eles se mantêm fechados às profundezas de que poderiam nos informar se estivessem voltados para o seu interior. Por exemplo, em alguns momentos, quando estamos refletindo profundamente sobre um assunto, costumamos fechar os olhos. Esse é o nosso modo instintivo de atrair nossos sentidos à visão interior. O *Bhagavad-Gita*, como todas as grandiosas escrituras do mundo, descreve a virtude da disciplina dos sentidos como a fonte da sabedoria e maestria: "Quando um homem pode, como uma tartaruga que retrai todos os seus membros, retrair totalmente seus sentidos dos objetos, esse é um homem de inabalável sabedoria" (Capítulo 2, verso 58).

Através de nossos sentidos, recebemos dois tipos de impressões. Um dos tipos é a impressão do mundo à nossa volta. O outro tipo é a impressão interior do que sentimos desse mundo. Nossa realidade é uma criação combinada desses dois tipos de impressão. Quando nossos sentidos só estão abertos às realidades exteriores, eles não têm a chance de prestar atenção à nossa realidade interior. Nós temos visão, mas deixamos de desenvolver a intuição. Estamos satisfeitos em comer guloseimas porque nos parecem agradáveis, mas não vemos os danos internos que elas nos causam. Trabalhamos em dois empregos pela óbvia recompensa monetária, mas não respondemos com sensibilidade ao *stress* resultante na nossa vida pessoal. Munidos apenas de meia visão, perdemos a unidade essencial da nossa realidade – a unidade da nossa evolução junto ao nosso ser.

Os grandes líderes têm um infalível domínio sobre a natureza da realidade. Isso provém de uma qualidade única com a qual normalmente perdemos contato: o nosso senso de proporção. Buda é, talvez, um daqueles raros líderes que atingiram um agudo senso de proporção em sua vida. Ele descobriu o caminho do meio entre a austeridade e a indulgência e, conseqüentemente, guiou o mundo. Quase sempre, nossos sentidos indisciplinados nos levam a extremos de julgamentos, opiniões e preferências, e perdemos o contato com a realidade. Os líderes perdem seus seguidores quando perdem sua segurança da realidade. George Bush, no auge de uma onda de popularidade depois da Guerra do Golfo, perdeu a eleição para a Presidência dos Estados Unidos porque não havia percebido a realidade econômica do país. Indira Gandhi, primeira-ministra da Índia por duas décadas, sofreu uma desastrosa derrota nas eleições gerais porque não pôde perceber o ressentimento popular em relação à sua política.

A MENTE: INSTRUMENTO INTERIOR

Tente esta experiência. Feche os olhos por 30 segundos e visualize a palavra *árvore*. Observe qualquer árvore que surgir na sua tela mental. Explore essa imagem mental nos mínimos detalhes. O que você vê? Um pinheiro, um bordo ou um eucalipto? Uma palmeira balançando com o vento? Ou você não viu nenhuma árvore? Viu apenas a palavra *árvore* escrita no seu mapa mental? Você provavelmente viu as folhas verdes da árvore e galhos alastrando-se como artérias. Você deve ter enxergado o tronco da árvore ou algumas flores. Agora faça a si mesmo esta importante pergunta: "Visualizei as raízes da árvore quando pensei nela?" Noventa e nove entre cem de vocês dirão: "Não." No entanto, as raízes, embora invisíveis para você, existem. Não existem? As raízes são, na verdade, o componente mais importante de uma árvore. Então, por que sua mente negligencia uma parte tão importante de uma árvore ao visualizá-la?

Tenho feito essa mesma pergunta a pessoas de todo o mundo, de diferentes culturas e países. Por que não visualizamos as raízes de uma árvore? Recebo com raras exceções a mesma resposta: "Porque nós normalmente não vemos as raízes." O que isso nos diz? Isso nos diz duas coisas. Primeiro, nosso pensamento, que no mundo ocidental geralmente é considerado sinônimo de *mente*, fica condicionado pelos nossos dados sensoriais básicos da realidade. Segundo, nosso pensamento só poderá lidar com a realidade dividindo o indivisível. Sem meias-palavras, nosso pensamento é incapaz de enxergar a imagem completa. O pensamento vê tudo em fragmentos, e não pode portanto compreender a unidade essencial da natureza.

Nas empresas, pessoas são pagas para pensar nos problemas. Mas quantos de nós se dão conta de que, algumas vezes, o nosso próprio pensamento é um problema? Uma mente pensante muitas vezes mergulha em rígidos padrões. Uma mente pensante se apega a definições e dogmas. Em seu livro *Future Edge* (1992), Joel Arthur Barker nos oferece uma interessante lista de citações de especialistas conhecidos do passado que tentaram predizer o futuro. Ainda que suas previsões possam parecer divertidas no contexto atual, as seguintes palavras irão revelar o apuro de mentes pensantes que caíram na armadilha de visões dogmáticas e míopes:

> O vôo de máquinas mais pesadas que o ar é impraticável e insignificante, se não completamente impossível.
> ... SIMON NEWCOMB, astrônomo de certa notoriedade, 1902

> É um sonho inútil imaginar que... os automóveis irão tomar o lugar de ferrovias em viagens de longa distância... de passageiros.
> ... CONGRESSO AMERICANO DE RODOVIAS, 1913

> Não há probabilidade de que o homem um dia vá extrair a força do átomo.
> ... ROBERT MILLIKAN, vencedor do Prêmio Nobel de Física, 1920

> Quem, por acaso, iria querer ouvir os atores falarem?
> ... HARRY WARNER, Warner Brothers Pictures, 1927

> Não há razão para qualquer pessoa ter um computador em casa.
> ... KEN OLSEN, presidente da Digital Equipment Corporation, 1977

Organizações modernas prosperam em formas extremas de especialização em produtos, serviços e força humana. Isso deu origem à era dos especialistas. Os especialistas, sejam engenheiros, médicos, analistas de sistemas ou magos de bolsas de valores, usam apenas uma pequena parte de sua capacidade mental. Qualquer especialização consiste em direcionar a energia do pensamento para uma certa rotina ou padrão. Então, o pensamento fica condicionado em padrões de energia e informação. Isso resulta num estreitamento das atividades do cérebro, que ao longo do tempo vai ficando limitado em sua capacidade, e sua energia se torna cada vez menor.

Uma bem-humorada definição de especialista diz que ele, ou ela, é uma pessoa que sabe cada vez mais sobre cada vez menos. O especialista é condicionado a ver o mundo da perspectiva de um conhecimento instrumental. Sua visão é como aquela da pessoa possuidora de um martelo que vê o mundo como um prego. Quando não pode resolver os problemas com um pequeno martelo, ela procura um martelo maior, em vez de procurar um instrumento diferente. Muitos especialistas não conseguem solucionar os problemas que eles mesmos causam, porque seu pensamento fica congelado e paralisado num certo contexto. Quando um projeto numa organização falha por excesso de planejamento, que acaba por abafar as ações, o departamento de planejamento dificilmente se conscientiza disso. Em vez disso, são incitados a um planejamento ainda mais rigoroso, sem consultar os empreendedores do projeto – os diretores da área, que poderiam ser capazes de localizar as falhas do sistema de planejamento. Como disse Albert Einstein, "Os problemas significativos que enfrentamos não podem ser resolvidos no mesmo nível de pensamento em que estávamos quando os criamos".

A maior parte das atividades para a resolução de problemas em nossas empresas envolve o uso do hemisfério esquerdo do cérebro. O córtex cerebral é dividido em dois hemisférios, unidos por um feixe de fibras interconectadas chamado *corpus callosum*. A metade esquerda do cérebro está predominantemente envolvida em funções analíticas, lógicas, verbais e quantitativas. Seu modo de agir é linear e seqüencial. A metade direita do cérebro é intuitiva, não-verbal e holística em suas funções. Seu modo de operar é relacional. Portanto, as duas metades do cérebro exibem duas formas de consciência: a metade esquerda analisa e reconhece as partes, e a metade direita sintetiza e compreende a totalidade do cenário. Nas nossas organizações e centros de aprendizado, a balança tem pendido desproporcionalmente, em anos recentes, para o hemisfério esquerdo do cérebro, com ênfase em modelos verbais e lógicos de pensamento. Como resultado, as funções localizadas no lado direito do cérebro, que percebem o sistema integralmente e enxergam um problema em seu contexto, têm sido negligenciadas.

A crise de liderança em organizações atuais pode ser atribuída a uma crise do pensamento. Peter Senge, em seu livro pioneiro *The Fifth Discipli-*

ne: The Art and Practice of Learning Organization, elabora uma importante dimensão dessa crise em sua ênfase nos sistemas inteligentes. Sistema inteligente, de acordo com Senge, é uma educação para se enxergar o todo pela descrição e compreensão das forças e relações que moldam o comportamento dos sistemas. Uma lei de sistemas complexos de que Senge fala diz que quanto maior a força com que você pressiona, maior a força com que o sistema o pressiona de volta. Por exemplo, quando um produto começa a perder sua fatia de mercado, o padrão convencional de pensar diz para negociá-lo com mais agressividade. Para isso, as organizações gastam mais dinheiro em anúncios ou na redução dos preços. Em ambos os casos, a organização toma recursos de outras seções da empresa, como pesquisa e desenvolvimento e controle de qualidade. Como resultado, a qualidade do produto cai. Com o tempo, a organização perde ainda mais clientes, e sua fatia de mercado também diminui. Sistemas inteligentes requerem tanto o lado esquerdo quanto o direito do cérebro — um controle das partes de um sistema e da totalidade do sistema. Nossa ansiedade em relação a sistemas complexos que não podem ser manejados é reduzida à medida que começamos a entender a natureza das relações entre os vários componentes do sistema.

Sistemas inteligentes nos ajudam a descrever e a esclarecer continuamente a natureza dos sistemas e padrões que emergem enquanto negociamos a realidade da organização. Ainda assim, os sistemas inteligentes podem ter apenas uma limitada extensão de aplicabilidade, porque o próprio pensamento é um sistema cujas dimensões são limitadas pelo pensador. Como podemos esperar que um sistema limitado como o pensamento possa dar conta dos dados ilimitados apresentados pela realidade?

Se começarmos a aplicar sistemas inteligentes para compreender a natureza de uma flor, iremos certamente propor a visão de um botânico sobre a flor, que é uma organização de pétalas e sépalas. Um físico tende a ver a flor como um arranjo de átomos e moléculas. Um químico nos daria um panorama da composição química da flor. Um poeta descreve a flor reunindo um léxico de belas palavras. Cada uma dessas visões envolve sistemas de pensamento. Mas a realidade absoluta de uma única flor é tão vasta e infinita que todos os sistemas reunidos não poderiam compreender nem mesmo uma porção dela. William Blake, poeta inglês, disse: "Se as portas da percepção fossem descerradas, tudo apareceria ao homem como realmente é, infinito."

Por sua própria natureza, o pensamento é um sistema fragmentado. O pensamento se expressa numa estrutura verbal sistemática, ou numa linguagem que tenha uma lógica e uma limitação características. Enquanto alguém na Grã-Bretanha tem uma palavra para descrever água congelada (*ice*), os esquimós têm ao menos seis palavras para descrever vários estados de gelo. Quando uma pessoa na Grã-Bretanha pensa em gelo, sua realidade é muito menos complexa do que quando um esquimó pensa em gelo. O autodomínio consiste tanto em sistemas de pensamento quanto em perceber a limitação inerente do pensamento como um sistema. Algumas vezes, podemos solucionar problemas complexos simplesmente passando pela experiência do problema e não pensando no problema. De uma maneira simplificada, poderíamos dizer que, se uma centopéia fosse pensar sobre o sistema envolvido na movimentação de suas cem patas, a pobre criatura ficaria muito confusa para ser capaz de andar. Neurofisiologistas nos confirmaram que corpo-mente é um agrupamento de cem bilhões de células nervosas. Ainda assim, freqüentemente pensamos e agimos como um único ser. Qual é o mecanismo que une todos os nossos pensamentos numa consciência? Qual é a consciência que faz nossos infinitos impulsos agirem em harmonia num organismo?

O autodomínio surge da vivência do fato de que somos finitos e infinitos ao mesmo tempo. Somos finitos na medida em que pensamos que somos. Mas a realidade essencial do nosso ser está na sua infinitude. Uma realidade na qual podemos enxergar estrelas a muitos anos-luz de distância e na qual nosso corpo responde aos vários ritmos de nosso cosmos como testemunha da nossa natureza infinita. No mundo ocidental, o conceito de nosso ser tem sido determinado pela nossa habilidade em pensar. Descartes disse, "Penso, logo existo" (*Le Discours de la Méthode*, 1637). A civilização ocidental interpretou essa frase com o significado de que nosso ser essencial é definido pela ação do pensamento. As civilizações orientais, entretanto, não estavam dispostas a limitar o ser somente ao pensamento. Elas reverteram a teoria de Descartes e disseram: "Eu existo, logo penso." Esse é um modo de dizer que nosso ser precede o nosso pensamento. O Oriente não considerou o pensamento como uma limitação na nossa consciência enquanto seres humanos. Ele foi além da estrutura do pensamento em busca de uma realidade mais profunda. Foi a partir da fundação dessa consciência que mestres indianos enfrentaram suas disciplinas para libertar a mente da prisão dos pensamentos.

A mente tem sido descrita na sabedoria clássica da Índia como *antah karan*, o instrumento interior. A instrumentalidade da mente não está confinada apenas aos pensamentos. Na maioria das civilizações orientais, *mente* e *pensamento* não são sinônimos. Nessas civilizações, a cultura da mente incluiu a cultura tanto do intelecto quanto da emoção. Os Upanishads, por exemplo, não fazem distinção entre o corpo e a mente. Os *rishis*, mestres da Índia antiga que nos legaram a sabedoria dos Upanishads, não sentiram o corpo e a mente como entidades separadas, mas como um *continuum* de consciência. Eles usaram o termo *monomaya kosha*, ou corpo mental, para designar sua experiência da conexão mente-corpo.

Os recentes avanços da medicina corpo-mente nos indicam que os antigos *rishis* da Índia eram experimentalmente conscientes da natureza quântica da nossa realidade interior, que os cientistas modernos estão começando a compreender. Os *rishis* perceberam claramente que o corpo era apenas a expressão local de um campo universal de energia consciente. Eles também entenderam que a mente nada mais é que ondas de informação e energia no grande oceano da consciência universal. O corpo-mente não é, portanto, uma separação, mas meramente uma expressão grosseira e outra sutil da mesma consciência universal. Hoje, os cientistas estão começando a falar sobre pensamentos em termos de campos de pensamento. Sabe-se agora que, quando achamos que estamos com fome, nosso estômago produz as mesmas substâncias químicas que nosso cérebro produz quando pensa em fome. Estudos também mostraram que nosso estômago e nosso cérebro expressam bioquimicamente a sensação de fome no mesmo instante, sem nenhum lapso de tempo entre essas expressões. Isto é, nosso cérebro pensa em fome precisamente no mesmo momento em que nosso estômago sente a fome. Isso prova que a simples consciência da fome ativa o campo corpóreo-mental, que responde com uma reação simultânea.

Essa nova descoberta tem uma profunda implicação para o autodomínio e a liderança. Agora podemos começar a entender o fenômeno da liderança como um campo de consciência, em vez de um traço de personalidade ou atributo mental. Podemos ainda compreender o autodomínio como um jogo de consciência que se estende além das fronteiras da estrutura do corpo-mente e das limitadas margens do pensamento consciente. Os cientistas chegaram à noção de campo de corpo-mente perguntando-se: "Qual é a natureza da realidade objetiva?" Os sábios, entretanto, há muito descobriram o mesmo campo questionando-se: "Qual a natureza do ser?" Sri Aurobindo, um sábio moderno da Índia, expressou essa verdade como uma realidade experimentada pelo ser: "Conheça então o teu corpo como sendo um nó na matéria, a tua mente como um vórtice da Mente Universal e a tua vida como um redemoinho de vida que paira eternamente." Albert Einstein expressou aproximadamente a mesma verdade quando refletiu sobre a morte de um amigo próximo: "Esta morte nada significa. Para nós, físicos, a distinção entre passado, presente e futuro é apenas uma ilusão, mesmo que inflexível."

Como uma pessoa cultiva a mente para alcançar o autodomínio? O primeiro passo para o cultivo da mente é entender a natureza da mente. A antiga sabedoria da Índia descreve a mente humana como um macaco agitado. Esse macaco, a história continua, além de inquieto, está envenenado, pois foi mordido por um escorpião. Para agravar ainda mais a situação, o macaco está possuído por um demônio. Essa descrição serve como uma nítida metáfora da mente como nós a observamos em nosso trabalho cotidiano.

Vamos então compreender as verdades implícitas nas metáforas. A mente-macaco mantém-se como um alarmante símbolo do que se pode chamar de "mente ocupada", que sempre tagarela e salta de um pensamento a outro. É uma mente com pouca envergadura de atenção, uma mente que acha difícil se concentrar em qualquer coisa por muito tempo. O envenenamento, ou estado de embriaguez, simboliza o desejo excessivo. Uma mente possuída pelo desejo está num alto estado de excitação psicológica, o que não lhe permite processar os dados objetivamente. O *Bhagavad-Gita* descreve esse estado da mente em deleitável poesia: "Como uma chama está coberta pela fumaça, um espelho pela poeira e o feto pelo ventre, assim o conhecimento está coberto pelo desejo" (Capítulo 3, verso 38). Para seguir com a metáfora da mente-macaco, a mordida de um escorpião simboliza a angústia da inveja. A mente comum sofre pela comparação. A inveja não termina com a rivalidade entre parentes. Ela continua na nossa vida adulta de muitas formas não-reconhecidas. Um dos aspectos negativos da competição numa corporação é esse atributo da inveja. Finalmente, a mente-macaco está possuída por um demônio, que é um símbolo do ego. Quando somos dominados por um ego desproporcional, perdemos nosso senso de proporção. Quando não temos o senso de proporção, perdemos a compreensão da realidade.

A psicologia clássica da Índia identifica quatro estados da mente. O primeiro estado manifesta-se quando a mente está agitada (*kshipta*). Nesse estado, a mente está perturbada emocionalmente e não pode funcionar em sua plenitude. Por exemplo, quando estamos irritados ou magoados, fica difícil para nós até mesmo atender a uma chamada telefônica. O segundo estado da mente é percebido quando a mente está dispersa (*vikshipta*). Nesse estado, a mente está fragmentada em diferentes direções, como quando estamos tentando ler uma reportagem, tomar uma xícara de chá e atender a um telefonema ao mesmo tempo. É desnecessário dizer que nesse estado a mente não pode funcionar em sua total eficiência. O terceiro estado da mente é o estado de fixação num ponto (*ekagra*). Nesse estado, a energia da mente começa a se concentrar num único objeto ou idéia. Quando gostamos de algo que estamos fazendo, a mente se fixa automaticamente num ponto. No entanto, com a prática constante, podemos disciplinar a mente para que esteja concentrada em qualquer coisa que escolhermos. Uma mente concentrada é muito mais eficiente do que uma mente agitada ou dispersa.

Os antigos videntes não ficaram satisfeitos com a mente concentrada. Eles a exploraram ainda mais e chegaram a um estado no qual o instrumento chamado mente se dissolve em consciência pura (*niruddha*). Esse é um estado de transcendência em que uma pessoa começa a ter uma compreensão intuitiva do mundo. Todos nós temos a experiência desse estado uma vez ou outra, quando soluções para problemas difíceis com os quais estamos lutando simplesmente "pipocam", repentinamente. Uma grande quantidade de soluções para problemas na nossa vida funcional acontece quando nossa mente consciente está livre para relaxar completamente. Quando a energia limitada do pensamento consciente tem acesso à ilimitada energia da consciência pura, nossa mente funciona com mais eficiência.

Depois de termos observado os quatro estados da mente, podemos começar a dominar o processo de direcionar a mente para um estado de maior perfeição. Podemos fazer isso nos dois seguintes níveis – cultivo das emoções e cultivo do intelecto. Enquanto as organizações modernas e as instituições educacionais dão considerável importância ao treinamento do intelecto, o cultivo das emoções tem sido completamente negligenciado. Sabemos, contudo, que nossa mente não pode funcionar de um modo ideal a menos que estejamos emocionalmente equilibrados. Assim, como grandes líderes na história muitas vezes têm atestado, a emoção, em vez do intelecto, protagoniza as tomadas de decisões. Mahatma Gandhi sabia, como ele mesmo afirmou, que uma pessoa é, em última análise, guiada não pelo intelecto, mas pelo coração. O coração forma uma conclusão para a qual o intelecto subseqüentemente encontra razão. O argumento se segue à convicção. Os homens freqüentemente encontram razões, disse Gandhi, baseadas no que fazem ou desejam fazer.

Bertrand Russell fez eco a essa verdade quando disse: "Ainda mais importante que o conhecimento é a vida emocional."

A psicologia do budismo tibetano descreve cinco emoções impuras básicas que tornam a mente inquieta. São as seguintes:

1. A raiva (*khong-khro*)
2. A arrogância (*nga-rgyal*)
3. A indecisão (*the-tshoms*)
4. O dogmatismo (*ita-ba*)
5. Fixação na cobiça (*'dod-chags*)

A raiva ocorre quando a mente se torna vingativa em relação a seres perceptíveis e a fontes de frustrações de uma pessoa. A arrogância é um estado inflado da mente, no qual alguém está obcecado pela própria superioridade. A indecisão é um estado no qual a mente está dividida na busca da verdade, sendo incapaz de estabelecer uma ligação entre uma ação e sua conseqüência. O dogmatismo é a submissão da mente a uma opinião ou dogma, que costumam ser enganosos. A fixação na cobiça é a obsessão da mente por um objeto de prazer exterior ou interior.

Todas essas impurezas da mente aparecem como resultado de uma escassa cultura emocional. Para ser capaz de interagir com a instável natureza da mente, a pessoa precisa estabelecer momentos de silêncio e solidão na vida diária, durante os quais a mente começa a ficar consciente de suas limitações inerentes. Se cultivarmos o hábito de observar nossas emoções quando elas emergem, e de dar atenção a elas, iremos encontrar automaticamente o estímulo para mudar nossas emoções negativas. Os sufis chamam a essa disciplina de *zikr*, ou auto-recordação. Um místico sufi, Jelaluddin Rumi, descreveu *zikr* como um ato de discriminação e como um exercício de satisfação tardia, da seguinte maneira (Barks, 1995):

> Não tente controlar um cavalo selvagem agarrando-se à sua pata.
> Segure-se ao pescoço. Use uma rédea. Seja sensível.
> Então cavalgue! Há uma necessidade de autodesprendimento.

O benefício da auto-recordação é um estado da mente a que os budistas tibetanos chamam equanimidade (*btang-snyoms*), como a seguir:

> O que é equanimidade? É uma mente que suporta um estado de não-fixação, de não-ódio e de não-desilusão combinados com irregularidade. É sensivelmente diferente de um estado que eleva a instabilidade emocional. É um estado no qual a mente se mantém como é — um estado de ser calmo, com uma presença espontânea da mente. Sua função é não criar ocasiões para a instabilidade emocional.
>
> ... Hebert Guenther e Leslie Kawamura (tradutores),
> *Mind in Buddhist Psychology*, 1975

A equanimidade dá à mente pureza de percepção, clarividência e capacidade efetiva de tomar decisões.

RUMO À PESSOA INTEGRAL: O PERFIL DA LIDERANÇA

O domínio de si mesmo é a habilidade de diferenciar o que desejamos daquilo que é desejável para nós. Essa disciplina não apenas nos permite fazer uma distinção intelectual entre os dois objetos, mas também nos fortalece para agirmos com essa distinção. Todos os grandes líderes, todas as organizações estáveis, todas as civilizações resistentes às agruras do tempo fizeram essa escolha crucial no curso de seu desenvolvimento.

O desejo, como o fogo, é uma fonte de energia e de força naturais. Assim como é possível tanto aproveitar a energia do fogo para fins produtivos quanto ser por ele queimado, podemos tanto ser consumidos pelo desejo como utilizá-lo para o objetivo desejável.

Lembre-se, por exemplo, de sua última visita ao mercado. Enquanto você anda pela loja, seus olhos encontram um estoque completo de provisões e guloseimas implorando pela sua atenção. Cada um desses produtos está embalado para atrair a sua atenção e despertar o seu desejo. Se você estiver afeito a seguir seus desejos sem discriminação, acabará comprando mais coisas do que realmente precisava. Possivelmente você também levaria uma grande quantidade de guloseimas, que não fariam bem à sua saúde. Entretanto, se você fosse um comprador inteligente, acabaria levando apenas aquilo de que realmente precisava, na exata proporção da sua necessidade. Isso pode parecer uma tarefa fácil. Mas, como todos sabemos, muitos de nós acabam comprando mais coisas do que aquelas de que precisam.

Meu pai certa vez me contou uma interessante história sobre um homem que costumava ir ao mercado com uma estranha espécie de lista de compras. Essa lista continha um grande número de itens que ele estava determinado a não comprar. Isso fez com que ele mantivesse seu desejo de comprar com contenção. Essa é uma história divertida, mas bastante útil de se aprender. Aquilo que desejamos muitas vezes está presente diante de nós de uma forma palpável. Aquilo que é desejável pode não se apresentar imediatamente diante de nossos sentidos. A natureza relativamente obscura do desejável o faz menos sedutor que um desejo premente.

A maioria daqueles dentre nós que aspiram à liderança são ágeis em imitar as características visíveis da personalidade de nossos ídolos — seu estilo de vida, o modo como se vestem, como falam. Nós nos esquecemos de que líderes verdadeiros abandonaram a perseguição de desejos triviais em busca do desejável. Eles seguiram um ideal ou uma visão particular, que não era nada mais que a essência de sua vida reduzida ao seu propósito essencial. A liderança é o processo de aprimorar a nossa percepção daquilo que aspiramos até o último sentido. Martin Luther King pôde expressar sua meta desejável de um Estados Unidos não-racista nestas fascinantes palavras: "Eu tenho um sonho." Para Gandhi, a meta última era um estado de autoperfeição: "Minha vida é a minha mensagem." Para o presidente Gorbachev, a visão estava cristalizada numa única expressão: "*perestroika*".

Embora os desejos nos levem ao sucesso, nossa busca pelo desejável nos impulsiona à constante perfeição. Enquanto o sucesso provém de nossa motivação em atingir algo, a perfeição vai além da motivação palpável, até o domínio impalpável da inspiração. A busca da perfeição começa quando o ponto de referência para a motivação se desloca do mundo exterior para o ser interior. Neste ponto, a tensão criativa que nos separa de nossos objetivos torna-se parte de nossa urgência evolucionária. Nossos objetivos então integram todos os componentes do nosso ser. Vivemos o objetivo, tornamo-nos a visão e realizamos o sonho. Enquanto os seguidores idealizam o real, líderes realizam o ideal. A Toyota, empresa automobilística líder no mundo, institucionalizou a expressão *kaizen* como sua missão empresarial. Em japonês, *kaizen* significa aperfeiçoamento contínuo. *Kaizen* amplia a ética do sucesso a uma posição mais elevada: a ética da perfeição. Não deixando o sucesso diminuir sua busca pela perfeição, a liderança da Toyota fez uma clara distinção entre aquilo que se deseja e o que é desejável.

As empresas muitas vezes recrutam "personalidades estáveis" por aptidões e testes de habilidades em lidar com recursos. Elas procuram por tipos específicos de personalidade que acreditam poder proporcionar os resultados desejados pela organização. Embora personalidades ponderadas tenham tendência para agir e se comportar de modo previsível, seu equilíbrio muitas vezes degenera em máscaras estáticas de conformismo e abordagens convencionais para a resolução de problemas. As organizações não são estruturas estáticas que possam funcionar simplesmente com moderação. O dinamismo essencial das empresas clama por equilíbrio, que é uma ordem mais elevada de estabilidade que a moderação. O equilíbrio é a estabilidade em movimento; requer o dinamismo de um trapezista ou de um mestre ginasta. Equilíbrio exige respostas criativas às demandas do momento.

A liderança não é conseqüência de uma personalidade estável, mas a evolução de uma pessoa íntegra. Etimologicamente, a palavra *personalidade* vem de *persona*, que significa *máscara*. No sentido comum, isso é o que entendemos por personalidade. É um arranjo de máscaras socialmente convencionadas e uma variedade de habilidades ocupacionais que utilizamos como uma trena para medir o valor de uma pessoa. Mas líderes que usam máscaras não podem inspirar a si mesmos ou aos outros. O perfil do verdadeiro líder é o de uma pessoa íntegra. Pessoas íntegras são aquelas que integram a energia de todo o seu ser em suas visões. Pessoas íntegras agem, não de acordo com uma obrigação contratual, mas para realizar todo o seu potencial. Uma atitude íntegra não requer a sanção de força dos mais elevados; é um autofortalecimento. A liderança surge naturalmente nas pessoas íntegras, para que sirvam com amor. Elas iluminam com a força do seu amor aquelas cuja única motivação é o amor dessa força.

Michael Chalmers, estudante de mestrado em administração de empresas, deu-me em classe certa vez um pedaço de papel, onde havia impressa uma citação de Warren Buffet, fundador e presidente da Berkshire Hathaway. Isso foi para mim como uma admirável lembrança de como líderes corporativos ainda valorizam a integridade numa era em que o compromisso e a lealdade ficaram ultrapassados. Buffet diz que, ao procurar por uma pessoa para empregar, são observadas três qualidades: integridade, inteligência e energia. E, se as pessoas não possuírem a primeira qualidade, as outras duas irão exterminar o empregador. Pense nisto... é verdade. Se você empregar alguém sem integridade, você realmente a quer tola e preguiçosa.

O domínio de si mesmo é uma jornada rumo a um destino que podemos chamar de *ser íntegro*. Seres íntegros têm experiência de uma vida de união consigo mesmos e com o universo. Eles agem a partir da plenitude de sua experiência. Há uma harmonia e uma sincronicidade única entre suas crenças e suas ações. Seus corpos, mentes e sentidos regem-nos no ritmo sutil do universo. Uma pessoa íntegra começa a ter a experiência de afinidade espiritual com a ordem natural do universo; sua natureza interior se torna una com a Natureza exterior. Sua vida transforma-se numa canção — num universo — de pensamentos, sentimentos e ações. *Integridade* é um outro nome para essa mesma canção. Integridade é uma expressão espontânea de consciência, e não um comportamento condicionado. Com essa consciência, muitas de nossas aspirações são vistas em sua unidade, e nós voltamos a essa unidade no final da nossa jornada da vida. A verdadeira liderança, como iremos ver no próximo capítulo, é uma aventura dessa consciência.

CAPÍTULO 2

Liderança e Consciência

A NATUREZA DA CONSCIÊNCIA

A seguinte história irá lhe falar de modo muito rico sobre a natureza da consciência humana. O herói da história é Alexandre, o grande imperador da Macedônia.

Alexandre estava acampando na fronteira do subcontinente da Índia. Ele havia marchado triunfantemente por metade do mundo, conquistando e subjugando um reino após outro em bárbaras batalhas. De certo modo, ele era como o presidente de uma empresa multinacional, batalhando com competidores locais e saqueando porções do mercado. Em algumas regiões, Alexandre cunhou alianças estratégicas com líderes locais e manteve o controle. Em outros países, ele lutou contra adversários e atacou seus territórios. No princípio de sua passagem pela Índia, entretanto, Alexandre encontrou um homem estranho. Esse homem, vestido com uma tanga, meditava durante horas num local isolado, próximo ao acampamento de Alexandre. Por vários dias, Alexandre avistou esse sábio sentado na postura de lótus com os olhos fixos no horizonte. Para Alexandre, esse sábio aparentava ser um homem preguiçoso, um preguiçoso que se perdeu da vida do seu povo. Esse grande guerreiro, incapaz de conter sua curiosidade, dirigiu-se certo dia ao sábio e perguntou: "O senhor não tem nada mais para fazer, além de sentar-se e sonhar?"

O sábio continuou imóvel, sentado.

– Eu o vejo toda manhã, à noite e à tarde no mesmo lugar e o senhor não se moveu uma polegada. O senhor deve ser uma pessoa terrível!

O sábio não disse uma palavra.

Exasperado, Alexandre perguntou:

– Diga-me, qual é o seu objetivo na vida?

Dessa vez, o sábio sorriu levemente e disse:

– Grande guerreiro, você deve primeiro me falar sobre o seu objetivo na vida para que eu possa falar-lhe do meu.

Ultrajado, mas ainda mantendo a calma, Alexandre esbravejou:
– O senhor não sabe que eu sou Alexandre, e que vim para conquistar o mundo?
O sábio perguntou novamente:
– O que o senhor quer fazer depois de ter conquistado o mundo?
– Bem – disse Alexandre, com os lábios hesitando em escárnio – depois, eu quero ser dono de todo o ouro, de todos os elefantes e cavalos.
– E então? – perguntou o sábio, provocando.
– Então eu passaria a ter todos os homens como meus escravos.
– Então...
– Então eu teria todas as mulheres para me servir.
– E então...
– Então eu me sentaria no meu trono, relaxaria e aproveitaria.
Desta vez, o sábio olhou fixamente nos olhos de Alexandre e disse:
– Senhor, é isso o que precisamente estou fazendo exatamente agora. Por que o senhor está me importunando? Por favor, deixe-me em paz e siga em frente com suas conquistas.

Tanto Alexandre quanto o sábio são líderes que viam seu mundo à luz da própria consciência. Alexandre busca a plenitude na conquista do mundo exterior de formas e fenômenos. O sábio procura a paz no domínio interior de experiências subjetivas.

A consciência de Alexandre toma conhecimento do mundo como uma batalha, enquanto a consciência do sábio sente o mesmo mundo como o campo da auto-realização. Alexandre pensa: "De quanto mais eu preciso para ser feliz?", enquanto o sábio pondera: "Quanto menos eu posso ter e continuar sendo feliz?" A motivação humana é uma oscilação constante entre duas perguntas não reveladas que soam na nossa consciência: "De quanto mais eu preciso para ser feliz?" e "Quanto menos eu posso ter e continuar sendo feliz?" O sábio e Alexandre vivem no interior de todos nós. Eles representam dois estados fundamentais da consciência humana.

As perguntas que surgem à mente são: Qual é então a natureza da consciência? Como podemos captar o sentido da consciência? A consciência é um sinônimo do nosso processo de pensamento? A consciência é um estado de sentimento? Possui ela uma realidade objetiva?

Vamos observar os seguintes atributos de consciência:

1. A consciência é universal. É um estado primário do nosso *ser*. No entanto, o processo de *tornar-se consciente* difere de uma pessoa para outra. Em outras palavras, a consciência é potencialidade pura, enquanto que tornar-se consciente é o processo de atualizar essa potencialidade.

Uma semente tem o potencial não-realizado de uma árvore; a árvore está escondida no ser essencial da semente. Este ser é realizado quando a semente se torna árvore.
2. A consciência é um aspecto qualitativo da vida. Não pode ser definida em termos precisos. Mas, no entanto, pode-se ter sua experiência. A consciência que temos da água manifesta-se com o aspecto qualitativo de *umidade*. Nenhuma quantidade de análises químicas da água pode nos revelar a qualidade de umidade da água. Nós simplesmente temos de passar pela experiência.
3. A consciência é o ponto de encontro do subjetivo e do objetivo. Quando a mente se encontra com a matéria, quando o pensamento percebe um objeto, a consciência é a conseqüência. A consciência da doçura do açúcar provém da relação entre nosso sentido subjetivo de gustação e a propriedade objetiva da molécula de açúcar.
4. A consciência é, portanto, uma qualidade de relacionamento. Esse relacionamento não é estático, mas dinâmico e vivo. Difere de pessoa para pessoa e se modifica de uma experiência a outra numa mesma pessoa. Podemos ter uma troca de palavras raivosas com um colega na manhã, mas só nos tornarmos conscientes de nossa raiva mais tarde, à noite, quando temos uma chance de nos relacionarmos com a experiência.
5. Pode haver vários estados de consciência, mas esses diferentes estados não alteram a natureza fundamental da consciência. As mudanças de estados de consciência podem ser comparadas com os três diferentes estados da água, como líquido, gelo e vapor. Em cada um desses estados, os dois ingredientes da água, isto é, o hidrogênio e o oxigênio, não se alteram na sua composição fundamental. Se você for examinar diferentes amostras de gelo e vapor num poderoso microscópio, os átomos de oxigênio ou hidrogênio se mostrariam os mesmos em ambas as amostras, ainda que o gelo possa parecer diferente do vapor a olho nu. Estendendo essa analogia à natureza da consciência, podemos dizer que não é a consciência que muda, mas é o nosso modo de nos tornarmos conscientes que muda de um ser humano a outro.
6. A consciência é, portanto, uma entidade íntegra, imutável, caracterizada pelas qualidades da totalidade e da indivisibilidade. Assim como é comumente mal compreendida, a consciência não é um processo mecânico gerado pela interação interna com o cérebro. Aliás, os cientistas localizaram centros específicos para pensamentos e sentimentos no interior do cérebro humano, mas a sede da consciência humana escapou ao seu alcance. O pensamento pode ser analisado e localizado em uma

região específica, mas a consciência escapa a essa identificação. Na estrutura do cérebro humano há, aproximadamente, 10 bilhões de células nervosas chamadas *neurônios*, que são interligadas por uma rede compacta de trilhões de sinapses. Para incitar um único pensamento no dédalo de neurônios e sinapses, o cérebro tem de ativar incontáveis reações bioquímicas. Tudo isso exige uma programação e execução impecáveis. É a nossa consciência que desempenha esse trabalho tão complexo num piscar de olhos.

7. Se a consciência não pode ser definida ou identificada objetivamente, como podemos, então, entender a natureza da consciência? Muitos físicos modernos concordam que o componente básico do nosso universo físico não é matéria, mas consciência. Mesmo os cientistas são incapazes de nos prover de uma estrutura da consciência. O enigma não-resolvido da consciência é único, porque, como me disse um cientista, "a própria consciência é o único instrumento que temos para examinar a consciência". Logo, a única maneira de pesquisar a consciência é o processo de auto-referência. Ou seja, o ser, pela referência de si mesmo, estabelece sua própria identidade. Qualquer busca pela consciência na realidade exterior seria tão fútil como se os olhos tentassem olhar para si mesmos. Nós somos tão íntimos da nossa consciência que só precisamos nos conhecer para conhecer a consciência. A consciência é, na verdade, um notável mistério da existência — aquilo pelo que estamos procurando é, de fato, o mesmo que estamos procurando.

A EVOLUÇÃO DA CONSCIÊNCIA

Na antiga literatura sagrada da Índia, conhecida como os Upanishads, a vida humana é vista como uma aventura da consciência. Os Upanishads personificam as forças da natureza, como o fogo, a água, a terra e o ar como entidades vivas. A terra sobre a qual andamos todos os dias não é matéria inerte como costumamos imaginar. A terra é consciente! Nossos antigos videntes, assim como os mais modernos físicos quânticos, atestaram isso.

Fritjof Capra, ilustre físico, descreve no seu livro *The Web of Life (A Teia da Vida)*, a teoria de Gaia, que propõe uma visão alternativa da nossa Terra como um sistema vivo, em vez de vê-la como um planeta morto feito de rochas e oceanos inanimados. Enunciada por James Lovelock, a hipótese de Gaia, cujo nome é derivado da deusa grega da Terra, demonstra que a vida no nosso planeta funciona de modo sistêmico. Essa hipótese atesta que a vida não se adapta a um ambiente passivo; a vida, na verdade, faz, forma e modifica o ambiente (Capra, 1996).

Devemos nos lembrar de que todas as formas de vida, incluindo a humana, evoluíram da própria Terra. A semente brotará na inteligência inerente contida no solo antes que possa se tornar uma planta ou uma flor. Se essa terra maciça, que chamamos de nossa Terra, não fosse consciente, não seria capaz de criar tal exuberância de formas e corpos. Não haveria um equilíbrio tão delicado no nosso ecossistema ou uma harmonia tão brilhantemente programada entre milhões de células no nosso corpo. Não haveria a maravilhosa simetria das duas asas de uma borboleta ou a colorida camuflagem de um camaleão.

O próprio processo de desenvolvimento humano é um desdobramento da consciência que permeia todas as formas de vida neste planeta. De maneira curiosa, a palavra *desenvolvimento* tem a mesma raiz da palavra *envelope*. Desenvolvimento significa simplesmente *des-envolvimento*, ou abertura do manuscrito de nossas vidas. A estrutura de nossos sentidos corpóreomentais é como um envelope, que atua como uma cobertura da nossa consciência. Essa consciência é o princípio e o término de nossa vida. Estar em contato com essa consciência é o objetivo do nosso trabalho e da nossa vida.

A vida e a mente humanas evoluíram seguindo o curso da consciência. No decorrer da evolução humana, houve uma época em que o intelecto dos seres humanos não havia se desenvolvido completamente. Naquele momento, a consciência de um ser humano funcionava primariamente no seu nível instintivo. Os instintos serviram como um instrumento científico preciso para a negociação dos problemas da vida. Mesmo entre sociedades tribais modernas ao redor do mundo nós observamos a infalível força do instinto. Há indivíduos de tribos vivendo atualmente na Índia que podem prever o início da chuva simplesmente farejando o ar! Tribos aborígines da Austrália podem sentir a direção correta a seguir mesmo em meio a tempestades. No nível instintivo, a consciência humana funciona primariamente a partir da memória biológica, que é também a memória da Natureza.

Na evolução da consciência humana, o intelecto humano chegou um pouco depois do instinto. Assim que civilizações cresceram fora de selvas e florestas em cidades-Estados, a mente humana começou a funcionar predominantemente em sua memória psicológica, em vez de em sua memória biológica ou natural. A mente dos seres humanos foi divorciada da mente da Natureza. O intelecto, que funcionou primeiro a partir da memória psicológica, superou gradualmente o instinto, cuja origem estava na memória biológica e natural. Com o intelecto se tornando o guia mais fidedigno do pensamento e da ação, a inteligência instintiva da nossa consciência foi cada vez menos utilizada.

CONSCIÊNCIA COMO O CAMPO DA INTELIGÊNCIA

A consciência não é uma substância estática, mas uma entidade dinâmica e inteligente. A consciência é a base da interconectividade entre todas as formas e fenômenos. A consciência conecta a diversidade da existência numa expressão unificada. Imagine o corpo humano, que é composto de muitos milhões de células — as células do coração, do cérebro, do estômago — cada uma sendo uma unidade de vida diferente. Contudo, cada uma dessas células funciona em harmonia com as outras células. Quando as células do cérebro "pensam" que o corpo está com fome, as células do estômago "sentem" a mesma fome. É como se uma onda de inteligência unisse as células cerebrais e as células do estômago na experiência da fome. Em outras palavras, as células do cérebro têm a consciência da fome assim como fazem as células do estômago.

Quando transferimos essa analogia para o contexto de uma complexa e moderna organização, damo-nos conta de que uma onda semelhante de inteligência liga cada unidade da organização com outra; de outro modo, a organização não sobreviveria como entidade única. A unidade de vendas deve ter consciência daquilo que a unidade de manufatura está criando. O departamento de planejamento deve "pensar" no mesmo comprimento de onda do trabalhador da seção de compras, que tem um "sentimento" do que o futuro reserva para a empresa. Quanto maior o fluxo de inteligência interna na organização, maior a probabilidade de que a organização irá funcionar com eficiência. O surgimento de equipes de intermediadores no contexto de organizações industriais indica claramente que as corporações do século XXI tentarão intensificar o fluxo de inteligência interna entre seus constituintes. Em síntese, as corporações de amanhã procurarão tornar-se cada vez mais conscientes de si mesmas!

Isso nos leva a uma nova compreensão da realidade das organizações. Nós começamos a nos conscientizar de que as organizações não são meras estruturas inertes de unidades e departamentos, mas campos vivos de inteligência coletiva das pessoas que constituem a organização. Esse campo coletivo de inteligência é o que nós podemos chamar de *consciência*. Nesse sentido, as organizações são entidades conscientes pelas quais flui a inteligência. As metas e objetivos das organizações indicam a direção para esse fluxo, enquanto as pessoas que trabalham para a empresa tornam-se condutoras conscientes pelos quais esse fluxo mantém seu ímpeto. A organização serve como uma matriz ou um campo, no qual as estruturas, processos, máquinas, pessoas e mecanismos se mesclam para facilitar o jogo da energia criativa.

A noção de *campo* como uma metáfora para a realidade surgiu na física moderna no início do século XIX. Michael Faraday e James Maxwell introduziram o conceito de campos de força como uma idéia alternativa para a força mecânica descrita por Newton, que só poderia ser explicada com referência a objetos materiais interagindo com outros. Diferente da força mecânica, a noção de campos de força expandiu a compreensão de *força* de uma realidade puramente material para uma outra dimensão. Num campo de força, a presença do campo é evidente, e isso pode ser investigado sem referência a um objeto. Então, um campo era constituído, não por objetos materiais, mas por uma influência imaterial ou por uma força, como a gravitacional ou a magnética.

Usaremos o exemplo de uma barra magnética e alfinetes de metal para ilustrar as características de um campo de força. Podemos ver que o campo magnético da barra magnetizada não é limitado por fronteiras materiais. É um campo invisível, aberto e vazio. Esse campo está presente em todo lugar em torno do magneto. Pode-se sentir essa presença como uma força colocando-se um alfinete em qualquer lugar dentro de sua zona de influência. Além disso, se diversos alfinetes forem espalhados aleatoriamente ao redor do magneto, eles irão se organizar obedecendo a padrões diferentes, de acordo com a natureza e a distribuição do campo magnético.

Se tentássemos imaginar uma organização como um campo de inteligência, nós nos daríamos conta de que a organização não tem, aparentemente, fronteiras físicas. O carismático superintendente da General Electric, Jack Welch, avalia seus executivos pela maneira como incorporam o valor corporativo de indivisibilidade, entre outras características. Podemos compreender esse conceito de indivisibilidade mais nitidamente se nos conscientizarmos de que o limite de uma organização é definido pelo seu último cliente ou acionista. Nenhuma organização pode determinar com precisão a linha terminal de seus clientes em potencial, ou sobre quem o campo de força da organização irá exercer influência. As organizações estão sempre acentuando sua capacidade de influenciar o último consumidor.

Se voltarmos nossa intenção para a organização interna, nós a veremos como o posicionamento padronizado dos alfinetes, com os papéis e identidades dos empregados da organização evoluindo de acordo com certo padrão, que descrevemos como a *cultura* da organização. Os membros da organização, diferentemente dos alfinetes, não são unidades passivas. São pessoas criativas, que podem co-criar conscientemente a cultura de organização. Cada indivíduo que assimila uma cultura corporativa específica atua como um DNA (ADN – ácido desoxirribonucléico) organizacional e torna-se capaz de preservar e transmitir essa cultura ao longo do tempo e do espaço. Isso explica por que empresas multinacionais podem manter certa identidade cultural, mesmo quando operam em diferentes cenários geopolíticos.

Para voltar à nossa compreensão da consciência como o campo da inteligência, tentaremos entender a evolução da mecânica quântica na primeira metade do século XX. Em 1920, físicos liderados por Werner Heisenberg descreveram o nosso universo não como um agrupamento de objetos separados, mas como uma rede de relações entre diversas partes de um campo unificado. A *matrix mechanics* de Heisenberg foi o primeiro passo lógico para o que entendemos como a teoria quântica. Os físicos quânticos ponderaram sobre o comportamento de fenômenos subatômicos e chegaram à conclusão de que o nosso mundo material não é uma construção mecânica de objetos separados. É uma matriz de relação na qual objetos aparentemente separados são reunidos por um campo comum de energia invisível.

Fritjof Capra, em seu livro *Uncommon Wisdom** descreve como os físicos na década de 20 ficavam intrigados com a natureza dual das partículas subatômicas que examinavam com um microscópio. Esses físicos ficaram estupefatos com o comportamento dos mesmos elétrons como "partículas às segundas e quartas-feiras e como ondas às terças e quintas" (Capra, 1988). Werner Heisenberg esforçou-se por desvendar o mistério que está por trás desse fenômeno com seu princípio da incerteza. Esse princípio, exposto em linguagem comum, dizia que a incerteza do comportamento do elétron observado era causada pelo cientista-observador, que estava influenciando o comportamento do elétron de determinada maneira às segundas e quartas, e de outras formas às terças e quintas-feiras. Heisenberg chamou a atenção para uma conexão integral entre o observador, a coisa observada e o processo de observação.

Na realidade, os físicos da teoria quântica ressaltaram, todos os três eram fenômenos inseparáveis. Albert Einstein, que junto com Heisenberg

---

* *Sabedoria Incomum*, publicado pela Editora Cultrix, São Paulo, 1980.

e Niels Bohr estabeleceu a teoria quântica, explicou como nossas teorias determinam o que tencionamos medir. Assim, o mundo, que em trezentos anos de lógica cartesiana é visto como uma estrutura mecânica de objetos separados e não-relacionados, foi visto pelos cientistas quânticos como uma ilusão profundamente assentada em nossa mente. Heisenberg mostrou corretamente que a partição cartesiana havia penetrado profundamente na mente humana durante os três séculos desde Descartes, e que levará um bom tempo para que seja suplantada por uma atitude completamente diferente em relação ao problema da realidade.

A concepção da mecânica quântica, na qual o mundo, em constante transformação de formas e fenômenos, é visto como feito de manifestações temporárias de um campo subjacente, é algo de que os místicos do Oriente tomaram consciência há milhares de anos. As revelações místicas de Buda, Krishna e Lao-tsé tinham o mesmo conteúdo da revolucionária física quântica de Einstein. Fritjof Capra, em *The Tao of Physics**, descreve eloqüentemente esse fato, como a seguir:

> Subseqüentemente ao surgimento do conceito de campo, os físicos empenharam-se em unificar os vários campos num único campo fundamental, que incorporaria todos os fenômenos físicos. Einstein, em particular, passou os últimos anos de sua vida buscando esse campo unificado. O Brahma dos hindus, assim como o Dharmakaya dos budistas e o Tao dos taoístas, podem ser vistos, talvez, como o definitivo campo unificado do qual se originam não apenas os fenômenos estudados em física, mas todos os outros fenômenos.
> ... FRITJOF CAPRA, *O Tao da Física*, 1975

QUATRO ESTADOS DE AUTOCONSCIÊNCIA

A psicologia do Vedanta e o Budismo nos falam que a mente e a matéria são apenas dois pólos contrastantes de consciência pura. De acordo com essa psicologia, tanto a mente quanto a matéria emergem de uma consciência unitária. No processo de manifestação, a mente emerge como a polaridade subjetiva – invisível – da consciência. Por outro lado, a matéria assume a dimensão objetiva – visível – da mesma consciência. Assim, se a matéria é inconsciente, seu pólo oposto, a mente, tem o dom da consciência. Portanto, a matéria nada mais é do que a mente feita visível. Os Upanishads dizem claramente: "As coisas são pensamentos."

---

* *O Tao da Física*, publicado pela Editora Cultrix, São Paulo, 1980.

Essa é uma intuição muito convincente descoberta pelos nossos antigos psicólogos. Creio que esse vislumbre não é uma especulação vazia, mas tem sua base na realidade. Se pretendêssemos traçar a história da evolução da mente humana a partir da matéria grosseira, desde os mundos mineral, vegetal e animal, teríamos consciência de como a mente se tornou cada vez mais sutil e sofisticada. A capacidade única da mente humana, que a distingue de outras espécies, é a habilidade de ser consciente de si mesma. Essa natureza autoconsciente da mente lhe fornece estímulos à contínua evolução, que é tornar-se completamente consciente de si mesma. Isso nos indica que a mente humana tem o potencial de fundir-se completamente com sua fonte – a própria consciência. A experiência mística de se obter a consciência pura sem um objeto tem sido descrita na literatura religiosa como *nirvana*, *samadhi* ou *iluminação*, todos sinônimos da completa *autorealização*.

A clássica psicologia da Índia descreve os quatro seguintes estados da consciência humana:

1. O estado desperto, ou *jagrat*.
2. O estado de sonho, ou *swapna*.
3. O estado de sono sem sonhos, ou *sushupti*.
4. O estado de consciência pura, ou *turiya*.

Jagrat é o estado comum, desperto e de pensamento da consciência. É o estado no qual a maioria de nós passa as horas acordada. Em *jagrat*, nós compreendemos o mundo através da estrutura de pensamentos conscientes. Nosso entendimento da realidade nesse estado deriva primariamente da realidade sensorial processada pelos nossos cinco órgãos sensoriais. Devido à limitação de nossos órgãos sensoriais na sua habilidade de processar toda a realidade do nosso ambiente, nosso estado desperto pode nos dar apenas uma visão fragmentada das coisas.

Swapna é o estado de sonho de nossa consciência. Embora os sonhos possam parecer bastante irreais do ponto de vista de nosso estado desperto, eles são, contudo, muito reais no contexto de nosso corpo sonhador. É preciso entender que os sonhos não ocupam lugar numa esfera imaginária fora de nós. Experimentamos a sensação de nossos sonhos em nossas estruturas psicofisiológicas na forma de calafrios quando temos pesadelos. Também sentimos movimentos reais de nossos membros quando sonhamos com acidentes. No estado de sonho as experiências subconscientes do nosso estado desperto são representadas na linguagem dos sonhos. A linguagem dos sonhos é uma linguagem metafórica que não obedece à lógica da linguagem comum. Essa linguagem, entretanto, é tão real no seu contexto quanto qualquer outra linguagem — o único problema é que parecemos ser deficientes na habilidade de interpretá-la. A maioria das culturas tribais tem modos diferentes de interpretar sonhos. Em tempos modernos, muitos cientistas encontraram pistas para suas invenções e descobertas no estado de sonho. Na esfera do gerenciamento, inclusive, a possibilidade de explorar o estado de sonho em lampejos intuitivos na tomada efetiva de decisões tem sido pesquisada pelo dr. Francis Menezes, da House of Tatas, a maior casa industrial da Índia.

Sushupti é o estado de sono profundo. De ordinário, nós comparamos o estado de sono profundo com um estado de inconsciência. A psicologia clássica da Índia, no entanto, considera *sushupti* como um profundo estado de autoconsciência. Tome o exemplo de uma pessoa que diz, "Eu tive um sono tão profundo e jubiloso que eu não estava consciente de nada". Duas interpretações surgem dessa declaração. Primeiro, a pessoa não esteve consciente de nada que perturbasse o seu sono. Segundo, ao mesmo tempo a pessoa teve a consciência ou experiência de um estado de paz no qual dormiu profundamente. A menos que houvesse uma testemunha nesse estado de paz, como poderia a pessoa dele se recordar quando estivesse desperta? Os mestres indianos identificaram essa pessoa como um estado de consciência chamado de Eu superior, ou simplesmente o Ser (com S maiúsculo).

Ramana Maharshi, um grande mestre indiano, explicou esse estado dual de consciência e ignorância em sono profundo da maneira seguinte. A consciência tranqüila deve-se à ausência da torrente de pensamentos no sono profundo e a ignorância se deve à ausência de conhecimento objetivo e relativo do estado desperto. Em *sushupti*, a consciência é libertada da prisão dos pensamentos, e então o Ser tem uma sensação de liberdade muito próxima à de um pássaro que escapa da gaiola para a paz de um vasto céu azul. Como Ramana Maharshi diz: "Sono profundo não é nada mais que a experiência do puro ser."

Turiya é um estado transcendental de consciência. Não é um estado exclusivo como os estados de despertar, sonhar e dormir, mas um estado inclusivo que está presente nos outros três estados. *Turiya* é a consciência pura, que forma o substrato de todos os outros estados de consciência. Nas palavras de Ramana Maharshi, "*Turiya* é outro nome para o Ser. Conscientes do estado desperto, de sonho e de sono, continuamos inconscientes de nosso próprio Ser. Contudo, o Ser está aqui e agora, ele é a única Realidade". *Turiya* é a realidade básica da consciência. É o campo da consciência — a busca final de todo o nosso conhecimento e experiência.

Os estados de autoconsciência precedentes não são teorias tecidas por filósofos. São, em termos reais, estados de experiência acessíveis a todo ser humano. São experiências realizadas de consciência alterada de seres humanos como eu e você. Essa transformação ocorre no nível do Ser. Como Gandhi disse certa vez: "Devo primeiro ser a mudança que quero trazer para o meu mundo."

O LÍDER COMO HERÓI: A TRANSFORMAÇÃO DA CONSCIÊNCIA

Eu estava ouvindo Joseph Campbell, o homem que dedicou toda a sua vida para compreender os mitos, em um vídeo intitulado *The Hero's Adventure*. Campbell disse que todos os mitos estão relacionados com a transformação da consciência. Segundo ele, todos os heróis mitológicos se submeteram a esse processo de autotransformação, buscando encontrar algo maior que a vida. A jornada transformadora do herói, de acordo com Campbell, consiste na perda de si mesmo e de sua doação a outra(s) pessoa(s).

No frio e calculista mundo dos negócios, a noção de heroísmo pode aparecer um tanto mal colocada. Ainda assim, não podemos ignorar o fato de que todas as grandes atitudes empresariais não têm sido menos do que façanhas heróicas. Grandes líderes empresariais como Akio Morita no Japão, Lee Iacocca, nos Estados Unidos e Jamsetji Tata, na Índia, enfrentaram na vida desafios de heróicas proporções. Suas vidas são entretecidas em meio a mitos empresariais. Outro exemplo é Yotaro Kobayashi, presidente da Fuji Xerox e tido como o industrial japonês mais proeminente em termos internacionais. Quando jovem, Kobayashi era muito motivado pelo tempo que passava com o que chamava "a presença da grandiosidade". O modelo heróico de Kobayashi não era diferente do de Joe Wilson, o homem que criou o negócio reprográfico. Kobayashi conta como ficou imbuído da força do heroísmo corporativo: "Somente encontrando uma pessoa face a face — você pode sentir suas qualidades... Há coisas que você apenas sente. Você se pergunta, como posso fazer isto?"

Qual é então a fonte da força heróica? Na verdade, os heróis transcendem as limitações do intelecto para obter a força da Natureza da qual a nossa mente nos separa. A força da liderança heróica não pode ser conseguida somente com o intelecto; tem de ser sentida. Lembrando-nos novamente das palavras de Gandhi: "Eu sei que, verdadeiramente, a pessoa é guiada não pelo intelecto, mas pelo coração. O coração aceita uma conclusão para a qual o intelecto, subseqüentemente, encontra razão." A liderança gerencial que aspira ao heroísmo pode superar os cálculos do intelecto e seguir as convicções do coração.

O conselho que Campbell dá ao aspirante a herói é: "Coloque-se numa posição de onde você evoque sua mais alta natureza." E como alguém se coloca em contato com sua mais alta natureza? Por intermédio de uma jornada transformadora da consciência. A próxima questão que se poderia formular é: Como alguém atravessa essa jornada transformadora? Campbell responde: "Pelas experiências. Por um teste ou certas revelações iluminadoras. São as experiências e revelações que dizem tudo. Heróis penetram em regiões onde ninguém antes esteve" (Campbell, 1968).

A consciência é, portanto, a linha que separa o medíocre do heróico. Essa consciência é a entrada de nosso mistério pessoal e o passaporte de nossas maiores possibilidades. A psicologia do Vedanta nos diz que a fonte final da consciência humana é um centro de êxtase e paz absoluta. A palavra sânscrita para esse estado é *ananda*. É um estado além da consciência do pensamento, um estado de absoluta tranqüilidade em meio ao selvagem turbilhão da vida. *Ananda* não é um estado de outro mundo. Nós todos o experimentamos num momento ou outro. Jogadores de basquete na condição de campeões encontram o centro da quietude do qual todas as suas ações fluem espontaneamente. Assim agem os grandes músicos e pintores. Um líder que teve uma revelação desse estado de consciência encontra o segredo de sua *performance* culminante.

Podemos observar que o heroísmo é uma possibilidade extremamente humana. Por que então vemos tão poucos heróis na vida real? Por que não podemos todos aspirar a ser heróis? Na verdade, todos podemos! Nós projetamos nossa busca pelo heroísmo em nossos ídolos no campo esportivo e nas telas de cinema. Essa atitude nos poupa das experiências pelas quais nossos heróis passam profundamente na arena da ação. A maioria de nós, portanto, se sente bem sendo heróis de poltrona. O mundo está, na verdade, repleto de pessoas que pararam de responder às pressões de seus próprios eus e procuram pelo heroísmo no mundo exterior. Quando começarmos, no entanto, a nos conscientizar de que o heroísmo não é nada mais que uma consciência elevada do nosso Ser, provavelmente passaremos a olhar para dentro. Yotaro Kobayashi, aos 63 anos, inspira jovens executivos a enfrentar a heróica jornada esclarecendo as misteriosas tramas que envolvem o herói empresarial. Ele diz que, à medida que os jovens passem a reconhecer seus heróis como humanos, eles podem começar a encontrar heroísmo em si mesmos.

O CAMINHO DO MEIO:
A TRILHA DA PERCEPÇÃO CORRETA

A mensagem de Buda enfatiza a retidão no modo de vida como um dos segredos de uma vida feliz. A jornada da liderança é essencialmente uma busca pela retidão no modo de vida através da correta percepção. Qual é então o segredo do caminho da retidão e da percepção correta? Para isto, voltemo-nos a *The Dialogues of Plato**, em que o grande mestre grego reproduz o seguinte diálogo entre Sócrates e Adeimantus sobre a deterioração da qualidade de vida:

> **Sócrates:** Há, aparentemente, duas causas para a deterioração das artes.
> **Adeimantus:** Quais são elas?
> **Sócrates:** Riqueza, eu disse, e pobreza.
> **Adeimantus:** Como elas agem?
> **Sócrates:** O processo é o seguinte: Quando um oleiro enriquece, irá ele, imagine você, dedicar-se por muito tempo com o mesmo apreço à sua arte?
> **Adeimantus:** Obviamente, não.
> **Sócrates:** Irá ele crescer mais e mais, indolente e descuidado?
> **Adeimantus:** Sem dúvida.
> **Sócrates:** E o resultado é que ele se torna um mau oleiro?
> **Adeimantus:** Sim; deteriora-se imensamente.
> **Sócrates:** Mas, por outro lado, se ele não tem dinheiro, e não pode prover-se de ferramentas ou instrumentos, não irá igualmente agir bem consigo mesmo, e nem irá do mesmo modo ensinar seus filhos ou aprendizes a trabalhar bem.
> **Adeimantus:** Certamente que não.
> **Sócrates:** Então, sob a influência tanto da pobreza quanto da riqueza, os trabalhadores e seus trabalhos estão igualmente propensos a degenerar?
> **Adeimantus:** Isso é evidente.
> **Sócrates:** Eis, então, uma descoberta de novos males, como eu disse, que os guardiães terão de vigiar, ou aqueles irão arrastar-se pela cidade inobservada.
> **Adeimantus:** Quais males?
> **Sócrates:** Riqueza, como disse, e pobreza; o primeiro é parente da luxúria e indolência, e o outro da insignificância e do vício – e ambos, da insatisfação.
> ... PLATÃO, *A República*, IV, 421-B

Este diálogo nos põe em contato com a maneira como um grande líder dos homens chega ao caminho do meio, da percepção correta. A sabedo-

---

* *Diálogos de Platão*, publicado pela Editora Cultrix, São Paulo, 1964.

ria perceptiva de Sócrates não exulta nem difama a riqueza e a pobreza. O mestre grego leva nossa atenção para além do mundo objetivo da pobreza e da riqueza, em direção ao mundo subjetivo da consciência da riqueza e da pobreza. Ele parece sugerir que uma consciência obcecada por pensamentos tanto de riqueza quanto de pobreza é a fonte da infelicidade. A alternativa é encontrar o significado precioso contido no domínio da consciência, pelo qual nem a riqueza nem a pobreza podem afetar nossa qualidade de vida.

Numa sociedade capitalista, onde "quanto mais, melhor" é o mote que conduz a vida, a razão de Sócrates acaba encontrando ouvidos surdos. Mas não há como negar o fato de que as realidades emergentes de um modo de vida baseado no "quanto mais, melhor" irão nos mostrar que Sócrates está dizendo a pura verdade. Analise a verdade na seguinte sentença: nós nos tornamos pobres, não pelo que não possuímos, mas pelo que desejamos e não podemos ter. Nós iremos nos dar conta de que a pobreza é um estado mental, uma função de nosso descontentamento mental. A consciência pobre não pode ser saciada somente pela riqueza, a menos que a insatisfação mental seja eliminada. A fábula grega do rei Midas, que podia transformar tudo o que tocasse em ouro, é um bom exemplo deste conceito.

A sabedoria de Sócrates reside, não na definição da riqueza ou da pobreza em termos materiais, mas no seu firme domínio do mundo interior dos seres humanos. Sócrates discursa, não sobre nosso padrão de vida, mas sobre nossa qualidade de vida. Costuma-se dizer que nossa era é uma época preocupada com a quantidade, em que tudo é medido em termos numéricos. Nosso padrão de vida é uma medida numérica de nosso valor como seres humanos, nos termos de quanto dinheiro possuímos, de quantos carros temos e assim por diante. Qualidade de vida não tem muito que ver com medidas externas da vida, mas sim com o significado interno de bem-estar. Outro mestre grego, Heráclito, disse certa vez: "O homem é a medida de todas as coisas." Essa é outra maneira de dizer que existe um senso de proporção na constituição interior do ser humano. Um líder de homens e mulheres encontra o Meio Dourado do equilíbrio interior no seu próprio Ser.

O líder estabelece uma relação harmoniosa no seu mundo interior. Ele atinge uma medida de equilíbrio entre suas vidas ativa e contemplativa. Ele não é pego em sorvedouros de encontros e oficialismos políticos durante todas as horas em que está desperto. Ele se organiza no tempo para manter um encontro consigo mesmo, num canto tranqüilo de seus aposentos, por meia hora diária. No local de trabalho — onde a maioria de nós nem mesmo tem a chance de dizer olá ao seu eu interior —, ajustar um tempo para

O autoconhecimento nos ajuda a reconstruir a tão necessária harmonia em nossa vida. Todos os nossos grandes líderes sabem disto instintivamente.

O conceito do caminho do meio é uma importante habilidade da vida que um líder deve cultivar. No nosso local de trabalho, onde freqüentes relações emocionais acontecem entre líderes e colegas de trabalho, é importante para o líder demonstrar equanimidade emocional e equilíbrio ao se relacionar com os colegas. Quando o seguidor percebe um pequeno desvio na disposição emocional do líder com um co-trabalhador em particular, a credibilidade do processo de liderança é atingida. Mentes comuns são facilmente influenciáveis por gostos e desgostos.

Sua Santidade o Dalai Lama, o líder espiritual do Tibete, nos fala sobre um simples teste para medir nosso equilíbrio emocional. Ele diz que, para uniformizar seus sentimentos, comece a visualizar três pessoas à sua frente – um amigo muito próximo, um inimigo e uma pessoa neutra. Tendo visualizado essas três pessoas, deixe sua mente reagir naturalmente. Você irá perceber que é atraído pelo amigo e repelido pelo inimigo, e sua atitude perante a terceira pessoa será de indiferença.

Muitas vezes, no local de trabalho, encontramos dificuldades para tomar decisões objetivas em relação às pessoas porque somos terrivelmente afetados pelas primeiras impressões que temos delas. Para se cultivar uma atitude justa e objetiva com as pessoas no trabalho, os líderes devem educar suas emoções à luz da verdade e da objetividade. Isso requer uma incansável busca do segundo plano entre a proximidade e a hostilidade. O Dalai Lama lançou mais luz sobre esse tema, quando disse:

> Isso não quer dizer que não temos amigos e inimigos. Estamos preocupados, aqui, em contrabalançar nossas drásticas e desequilibradas reações emocionais diante dos outros. Essa equanimidade é muito importante; é como nivelar o solo antes de cultivá-lo.
>
> ... DALAI LAMA, *The Way of Freedom*, 1995

Na vida, assim como no trabalho, encontramos muitos paradoxos. Paradoxo é um estado natural no qual dois processos aparentemente contraditórios acontecem simultaneamente. Para dar um pequeno exemplo, quanto mais nos alimentamos de comida de qualquer espécie, mais nos sentimos saciados. A mesma variedade de comida, no entanto, ingerida mesmo que em pequena parte mais do que o necessário, transforma-se em toxinas dentro do corpo. O modo de lidar com esse paradoxo é seguir o caminho do meio de uma disciplina alimentar e simplesmente saber o quanto de comida vai além do necessário. Se afiamos um serrote, ele poderá serrar melhor a madeira. Se, entretanto, o afiarmos demais, a lâmina ficará muito fraca para fazer o trabalho. Os fazendeiros conhecem um maravilhoso paradoxo da Natureza. Eles sabem que, quanto mais adubo usarem, maior será a colheita. Ao mesmo tempo, contudo, eles estão conscientes de que, além de uma certa medida, o aumento de adubo não produzirá um crescimento proporcional na colheita. Na economia esse fenômeno é conhecido como *lei de rendimentos decrescentes*.

O líder desenvolve uma habilidade inata para safar-se de paradoxos. Ele sabe instintivamente o ponto exato onde as leis da Natureza se revertem. Esse conhecimento lhe vem porque ele segue o Caminho do Meio, o da proporção correta. A proporção correta é o caminho da percepção correta que surge da luminosidade e clareza da consciência. O líder é extremamente alerta e sensível às sutis leis da Natureza, incluindo a natureza humana. Ele sabe quando a lealdade se transforma em adulação e quando o compromisso genuíno degenera em submissão desalmada. Tudo isso ele compreende porque sua mente alerta pode ler a linguagem silenciosa da Natureza, que é a linguagem dos paradoxos.

LIDERANÇA E CONSCIÊNCIA COSMOCÊNTRICA

Falando sobre sua jornada de transformação para tornar-se um líder mundial, Gandhi disse certa vez: "Surge um momento em que um indivíduo se torna irresistível, e sua ação se torna totalmente persuasiva em seus efeitos. Esse momento aparece quando a pessoa se reduz a zero." As palavras de Gandhi podem parecer embaraçosas para líderes cuja base de poder está centrada em títulos, designações, qualificações, privilégios, salários e numa grande auto-imagem. Ainda que examinemos a afirmação de Gandhi com a objetividade de um cientista, nós nos conscientizamos da sua validade.

Primeiro, vamos compreender o que Gandhi quer dizer com a expressão "reduzir-se a zero". Ordinariamente, o símbolo *0* nos dá uma impressão do nada. Contudo, nós sabemos que o zero é uma poderosa entidade no mundo da matemática. Em termos reais, o zero não aparenta possuir um valor palpável, material. Mas todos nós sabemos que ele tem um valor relativo à posição, no sentido de que pode "criar" um grande valor quando colocado depois de um número.

O zero pode alterar fundamentalmente o valor quantitativo e qualitativo de qualquer número dado. O zero é essencialmente a propriedade da potencialidade infinita. Qualquer número dividido por zero torna-se infinito. Um número multiplicado por zero assume a própria qualidade de infinitude do zero. Logo, podemos dizer que, em termos qualitativos, o símbolo *0* tem um toque do infinito em si. Em síntese, *0* significa não apenas vacuidade de matéria, mas também a plenitude de uma presença imaterial. Podemos chamar essa presença não-material de *inteligência*.

Isaac Asimov, em um livro intitulado *Words of Science*, traça a história etimológica do *0* até a Índia. De acordo com Asimov, o *0* viajou da Índia, passou pelos árabes, indo para a Europa ocidental na Idade Média. Os árabes chamaram esse símbolo de *sifr*, que significa *vazio*. Esse *sifr* surge para nós na língua inglesa como *cipher*, que significa "resolver um problema aritmético". De *cipher* (cifra) nós temos a palavra *decipher* (decifrar), que significa "encontrar o significado de algo que seja enigmático"(Asimov, 1959).

Voltemos ao enigma e ao mistério da origem do *0*. Na Índia, onde esse símbolo supostamente teve origem, o zero é conhecido como *shunnyo* ou o *vazio*. As grandes mentes da Índia não se contentaram em utilizar o zero como um símbolo ou um conceito; elas queriam entender o *0* como uma experiência real. A experiência de Buda no *nirvana* era nada mais do que a experiência qualitativa do zero. Os budistas a chamam de *shunnyata*. Essa foi a experiência de Buda do campo da consciência livre de objetos. Na realidade, um objeto é algo que se opõe ao fluxo da consciência ou o impede. Esse fluxo desimpedido de consciência é a realidade essencial de todas as formas e fenômenos. Portanto, *0* é uma metáfora poderosa para a realidade da nossa existência. O zero é algo sobre o nada. O zero é um vazio existencial que nenhum de nós pode evitar.

Quando passamos da compreensão filosófica para a compreensão experimental do *0*, entendemos por que Gandhi está nos estimulando a nos reduzir ao zero. Quando analisamos cuidadosamente nossos conceitos, tomamos consciência de que tudo o que imaginamos que existe gira ao redor do centro de nosso ego. Uma pessoa egocêntrica sente-se fortalecida por coisas e objetos que pode possuir. Na verdade, ela reduz até os seres humanos ao *status* de objetos que possa manipular. Essa auto-identidade centrada no objeto é vulnerável e transitória, simplesmente porque os próprios objetos são mutáveis e perecíveis. Se nós nos identificamos com o dinheiro que recebemos, qualquer queda no nosso salário nos atormenta. Se nos identificamos com nossos filhos, nós nos sentimos como ninhos vazios assim que nossos filhos nos deixam. A identificação do ego com objetos e eventos externos é autofrustrante a longo prazo. A redução progressiva de nossa identificação material irá nos permitir desenvolver nossa dimensão não-material.

Esse desenvolvimento da dimensão não-material da nossa vida nos ajuda a progredir de personalidades egocêntricas para o que podemos chamar de *indivíduos cosmocêntricos*. O cosmocentrismo coloca indivíduos em relação harmoniosa com as leis da Natureza. Se olharmos profundamente para o interior de todos os fenômenos da Natureza, vemos a consciência cosmocêntrica em ação. O pequeno girassol concentra toda a sua atenção no Sol e volta sua face em direção à luz solar para se sustentar. A gigantesca Terra gira precisamente na mesma velocidade sobre seu eixo, dia após dia, sob algum encanto cósmico. Uma inteligência infalível liga nossas pequenas vidas à vastidão do cosmos. Essa inteligência se nos torna acessível no momento em que começamos a ler o manuscrito da Natureza. O poeta inglês William Blake nos dá uma centelha da vida cosmocêntrica em sua bela poesia:

> Para ver um mundo num grão de areia
> E um céu numa flor silvestre,
> Tome a infinitude nas palmas de suas mãos
> E a eternidade num momento.
>
> ... WILLIAM BLAKE,
> "Auguries of Innocence", c. 1805

A consciência cosmocêntrica é o nosso estado natural. Nós precisamos simplesmente deixar que ela aconteça em nós. Libertando nossa vida e mente, durante todo tempo, do tumulto dos objetos e de nossas possessões, podemos fluir nesse estado. Quando nos contemplamos profundamente, fica claro para nós que a mesma consciência que orquestra o movimento dos planetas em nosso sistema solar também organiza os diversos movimentos internos em nosso corpo, em uma existência harmoniosa. Rabindranath Tagore, o grande poeta místico, nos falou: "A mesma corrente de vida que percorre as minhas veias noite e dia, percorre o mundo e dança numa dimensão rítmica."

Os líderes estão em contato com o ritmo criativo da consciência cósmica. Sua espontaneidade provém de uma experiência de unidade com seus seguidores, através dos quais a mesma consciência segue seu curso. A relação líder-discípulo é de unidade de consciência. A palavra em sânscrito para isso é *ekatmanubhuti*. Liderança e discipulado não podem ser diferenciados no estado de *ekatmanubhuti*. Eles se fundem no mesmo campo da unidade de consciência. Os líderes lideram pelo coração. Sua vida pulsa com os grandiosos ritmos do cosmos. Os discípulos seguem com o coração. Eles vêem nos líderes a manifestação da ordem natural universal. Descrevendo essa força, Emerson comparou-a à luz e ao calor, enquanto toda a Natureza coopera para isso. "A razão pela qual sentimos a presença de um ser humano, e não sentimos a de outro", diz, "é tão simples como a gravidade".

LIDERANÇA COMO ESTADO DE CONSCIÊNCIA

Lao-tsé, o sábio e legislador político mais influente da China no quinto século a.C., teve perspicazes lampejos intuitivos sobre o processo de liderança eficaz. Para o mestre chinês, a liderança não era um jogo competitivo, mas tinha uma estreita ligação com o desenvolvimento da consciência humana. Lao-tsé falou de quatro níveis de consciência diferentes, que dão origem a diferentes tipos de líderes:

> Há quatro níveis diferentes de reinado. O mais alto é aquele que lidera sem palavras, permitindo que as pessoas sigam sua própria natureza e vivam sua própria vida.
> O nível seguinte mais elevado, está no reinado que usa virtude para transformar as pessoas e usa de benevolência e retidão para governá-las.
> O reinado seguinte é o que controla sua população com ensinamentos políticos e a assusta pela submissão a leis rígidas e punições.
> O pior tipo de reinado usa toda a sua força para confundir seu povo com sistemas desonestos.

Na hierarquia de liderança de Lao-tsé, a melhor forma de liderar é estar consciente do potencial de liderança inerente aos seguidores, e deixá-los desencadear esse potencial de forma espontânea. De acordo com Lao-tsé, quando um grande líder cumpre essa incumbência com desenvoltura espontânea, os seguidores dizem: "Nós mesmos o fizemos." Lao-tsé estava falando sobre o processo de fortalecimento, que costuma ser confundido no contexto de liderança corporativa.

Fortalecimento não significa dar poder ao outro no sentido físico do termo. Significa energizar e desenvolver a fonte de poder que o outro já possui. Um membro oficial de pesquisa e desenvolvimento não deve necessariamente ser fortalecido dando-se-lhe responsabilidades gerenciais mais altas na organização. Por outro lado, ele pode se sentir fortalecido se, a um dos produtos que desenvolve, está sendo dado o devido reconhecimento pela organização. Max DePree disse numa entrevista à revista *Fortune*:

Tome um homem de 33 anos que conserta cadeiras. Ele tem feito isso por muitos anos. Ele tem uma mulher e dois filhos. Ele sabe o que fazer quando as crianças têm dor de ouvido e como levá-las à escola. Ele provavelmente trabalha em um grupo voluntário. E quando ele vem ao trabalho, nós lhe damos um supervisor. Ele não precisa disso. Seu problema não é ser supervisionado; é continuar em direção ao encontro do seu potencial.
...MAX DEPREE, *Fortune*, 26 DE MARÇO DE 1990

Fortalecer a liderança é um processo consciente de construção da capacidade — de reconhecimento e desenvolvimento da capacidade. Goethe descreve belamente esse processo: "Se você trata uma pessoa como ela é, ela se manterá como é. Mas se você a trata como se fosse o que deveria e poderia ser, ela irá tornar-se o que ela deveria e poderia ser."

Requer-se uma extraordinária habilidade para se descobrir lampejos inerentes a um indivíduo e para permitir que essa centelha se torne um fogo de inspiração para se alcançar a meta. A liderança facilita a evolução consciente da capacidade de ação do seguidor. É também uma evolução da consciência. Bill Gates, presidente da Microsoft, é um exemplo excelente do que é um líder consciente. Sobre seu estilo de liderança, ele diz:

Não pense apenas sobre o que uma empresa faz, e não tente fazê-lo mais depressa. Você quer fortalecer alguém como um gerente de produção para que seja capaz de digerir mais coisas. Para que você tem reuniões? Bem, o alto executivo tem mais informações do que as outras pessoas; então ele deve estar nas reuniões para compartilhá-las. Como seria se todos tivessem os mesmos dados e tivessem uma melhor maneira de levá-los em conta? Você precisaria tanto de tantas reuniões quanto de mais níveis de gerenciamento? Talvez não.
...BILL GATES, *Fortune*, 26 DE MARÇO DE 1990

Passando rapidamente em revista os perfis de liderança de muitos homens e mulheres eminentes na história da civilização, dei-me conta de que a liderança não é nem uma ciência nem uma arte; é um estado de consciência. A liderança consciente segue três processos fundamentais. O primeiro deles é o reconhecimento do potencial. O segundo é o fortalecimento do potencial. E por último, mas não menos importante, é a expansão desse potencial por meio da ação coletiva. O reconhecimento do potencial requer um olhar de águia para os detalhes; o fortalecimento do potencial requer um coração de leão para compartilhar essa força; e a capacidade para a ação coletiva requer a perseverança de uma formiga. A última qualidade só poderá ser desenvolvida quando o líder compreende a natureza do trabalho e o segredo da ação transformadora. É com isso que lidaremos no Capítulo 3.

CAPÍTULO 3

Liderança e Trabalho

TRÊS REGRAS DE TRABALHO

Albert Einstein nos dá três regras de trabalho. São estas:

1. Fora do tumulto, encontre a simplicidade;
2. Da discórdia, encontre a harmonia;
3. Em meio à dificuldade está a oportunidade.

    A primeira regra significa o reconhecimento de um ideal específico para o qual desejamos trabalhar. Gandhi trabalhou pelo simples ideal da não-violência, e sua vida foi dedicada unicamente a essa causa. Tal foi a força dessa causa que permitiu a um homem manter-se de pé diante do maior império do planeta na época. A busca por um ideal significa estar em contato com a aspiração mais profunda da nossa natureza. Nós precisamos compreender o que é isso com que nos preocupamos profundamente. O que é isso a que queremos dar vida por meio do nosso trabalho? O trabalho que não é movido por um princípio norteador degenera numa tarefa mundana e perde seu significado. Imagine o apuro de Nelson Mandela passando décadas na prisão na África do Sul. Se sua vida não tivesse sido norteada pela busca da libertação para si mesmo e para seus compatriotas, ele estaria arruinado depois de todos aqueles anos de confinamento.

    Nossa vida de trabalho cotidiano é tumultuada por milhares de prioridades que competem entre si. Quando estamos mentalmente ocupados com todas essas prioridades, ficamos estressados até o limite e nossa energia psíquica é dissipada. Quando temos um ideal claramente delineado na consciência, entretanto, todas as nossas prioridades tendem a se organizar nesse claro e simples ideal. Um ideal é como uma barra de ferro magnética ao redor da qual miríades de limalhas de ferro se organizam espontaneamente.

Na Índia, um líder empresarial de sucesso tem uma impressionante placa pendurada na parede atrás de sua mesa de trabalho. Letras douradas proclamando o único ideal de sua vida de trabalho brilham nessa placa. Elas dizem: *O sucesso não é o objetivo do meu trabalho. A perfeição é.*

Como esse ideal serve ao propósito desse homem, numa vida cotidiana na qual o sucesso é a única medida de desenvolvimento? O jovem líder responde alegremente, como a seguir:

> Muitas pessoas me fazem essa pergunta; mas, como você sabe, na vida real o sucesso vem acompanhado de falhas. Para cada contrato que consigo assinar, em três eu não tenho êxito. Se o sucesso fosse o único ideal de minha vida, as falhas me deprimiriam terrivelmente e isso afetaria a minha vida de trabalho. Então, toda vez que tenho uma perda no trabalho, olho para essas palavras e digo a mim mesmo: Eu poderia ter feito melhor, pois a perfeição é a única meta do meu mundo.

Um sólido ideal. A força desse ideal provém não apenas de algumas simples palavras, mas também das experiências do dia-a-dia. Quanto mais profunda a percepção que temos de nossa vida, maior é a força de um ideal. Em grande profundidade, a vida pode ser simplificada em uma ou duas leis básicas ou princípios de existência. Henry David Thoreau (*Walden*, 1854) disse, com sua intuição certeira sobre a natureza humana: "Nossa vida é desperdiçada com detalhes... Simplifique, simplifique."

A segunda regra de Einstein é: da discórdia, encontre a harmonia. Esta é uma extensão da primeira regra. O primeiro passo em direção à busca da harmonia é encontrar a coerência inerente ao próprio eu no contexto do trabalho. Isso significa que minha cabeça e meu coração devem estar unidos no trabalho que faço. Se não estiverem, meu trabalho não é uma extensão do meu ser. Ou, em outras palavras, o que faço não é o que eu gosto de fazer. Há reportagens publicadas sobre o fato de que um grande número de pessoas nos Estados Unidos morrem de ataque cardíaco num dia específico e numa hora específica — segunda-feira de manhã, às nove horas. Essa é uma forte evidência das muitas "mortes vivas" que morremos cada segunda-feira de manhã, quando nos arrastamos relutantes para o trabalho. Esse evento fatal na manhã de segunda-feira, quando um ataque cardíaco se-nos revela, é uma simples extensão de uma série de eventos dispersos aos quais sucumbimos num trabalho sem coração.

O próximo passo rumo à busca pela harmonia no trabalho é a sincronicidade. É o alinhamento do nosso trabalho espontâneo com a demanda do ambiente. O filósofo grego Aristóteles disse: "Na confluência entre seus talentos e as necessidades do mundo, aí está a sua vocação." A escolha da vocação não é fácil numa sociedade na qual uma escolha é dirigida por muitas considerações extrínsecas, como dinheiro, segurança e prestígio social. Trabalhos sonhados que tenham todas essas características e que ainda sejam gratificantes são difíceis de aparecer. Então, muitos de nós fazem concessões, sufocando assim a voz interior, que sonha com a realização em algo mais. Mas os líderes fazem precisamente essas escolhas que são autoconsistentes e que podem lhes trazer realização. Para começar, essas escolhas podem não receber aprovação popular, mas os líderes seguem suas convicções internas acima de tudo, e acabam sendo pioneiros. Tivesse Isaac Newton ouvido o conselho de sua mãe sobre o que deveria fazer na vida, ele teria acabado cuidando da fazenda da família. Então, nós não teríamos conhecido Newton, o cientista que revolucionou o modo como olhamos para o nosso mundo.

A terceira regra de Einstein é: em meio à dificuldade está a oportunidade. Se analisarmos claramente os ingredientes de qualquer situação complicada, chegamos a perceber que o verdadeiro nó das dificuldades situa-se mais em nós mesmos do que na situação externa. Um alpinista campeão irá dizer-lhe que a maior dificuldade não está no íngreme desfiladeiro com o qual está lidando, mas no medo em seu próprio coração. Uma pessoa ocupada com corridas automobilísticas não está tão preocupada com uma curva difícil quanto está com o equilíbrio de seus nervos.

Todas as dificuldades clamam por um grande surto de energia na pessoa. Elas pedem um envolvimento maior. As dificuldades nos desafiam a invocar nossas melhores qualidades para pensar e agir. Às vezes, diante disso, uma situação difícil pode parecer intransponível. Mas se pudermos nos controlar em meio às dificuldades, sairemos triunfantes. O famoso dramaturgo britânico, George Bernard Shaw, escreveu (*Mrs. Warren's Profession*, 1893): "As pessoas que vencem neste mundo são aquelas que acordam e procuram as circunstâncias que desejam, e, se não podem encontrá-las, criam-nas."

EQUÍVOCOS MODERNOS SOBRE O TRABALHO

Se quisermos visualizar o nosso mundo como um campo de ação sem limites, o que ele realmente é, nosso trabalho irá parecer uma fronteira estreita e artificial criada por nós mesmos. Quando você termina um trabalho com êxito e exclama: "Fiz um grande trabalho hoje", você tem consciência de que sua afirmação de grandeza não reconhece muitas outras contribuições para o seu triunfo? Você considera, por exemplo, os seguintes colaboradores do seu sucesso: o empregador, que lhe deu o emprego; seu antigo professor da faculdade, que lhe transmitiu as habilidades necessárias para o trabalho, sua mãe, que o trouxe a esta Terra; seu pai, que custeou seus estudos; o amigo compassivo, que o ajudou no sofrimento; o velho agricultor na América do Sul, que produziu os cereais de seu desjejum pela manhã; a laranjeira na Flórida, cuja fruta o alimentou? Se você não agradeceu a tudo isso e a muito mais, provavelmente sua afirmação "Fiz um grande trabalho" é verdadeira apenas parcialmente.

O que definimos como trabalho é, quase sempre, meramente uma idéia, que tem pouca ligação com a realidade. Nos locais de trabalho altamente especializados de hoje, nosso pensamento passou a ser cada vez mais dirigido objetivamente. Como resultado, nós começamos a romper o contato com o nosso eu subjetivo – o significado que apreendemos do nosso trabalho e a relevância do nosso trabalho para nossos interesses universais.

Nosso trabalho é uma expressão de um campo universal de ação. Mesmo o menor serviço que fazemos, como limpar o jardim, invariavelmente altera a face da Terra. Contudo, criamos uma definição artificial (isto é, finita) para uma dimensão infinita do nosso trabalho. Desse ponto de vista, surgem os seguintes equivocos sobre o nosso trabalho:

Equívoco 1: Nosso Trabalho É Equivalente às nossas Qualificações

Em muitos de meus *workshops*, alguns participantes se apresentam como: "Eu sou engenheiro", ou "Eu sou contador", "otorrinolaringologista" ou alguma outra qualificação. Para explorar o elemento de verdade contido na sentença "eu sou engenheiro", a pessoa deveria perguntar-se o seguinte: "Eu sou engenheiro ou tenho a qualificação de engenheiro? Obviamente, minha identidade como ser humano neste mundo e na nossa sociedade é muito maior que um diploma de engenheiro." Um dos malefícios de uma sociedade altamente especializada é o de que a nossa visão de mundo muitas vezes é moldada e dominada pela nossa habilidade no trabalho. Às vezes, nossa visão de mundo reduz-se de tal maneira que começamos a nos ver como mecanismos impessoais de uma máquina econômica.

Equívoco 2: Nosso Trabalho É uma Ocupação das Oito às Cinco

Uma grande ilusão que gostamos de manter é a de que o nosso trabalho ocorre simplesmente entre oito da manhã e cinco da tarde, depois do que vamos para casa. A verdade é que toda a nossa existência não é nada além de trabalho. O simples fato de estarmos vivos é um nítido testemunho de que estamos em trabalho, inspirando ou expirando o ar, trabalhando nossos músculos ou nossa mente, trabalhando para nós mesmos ou apesar de nós mesmos. Levar em conta a intensidade de trabalho que a Natureza realiza para nos manter (sustentando nossa pulsação cardíaca, por exemplo) nos convenceria de que nosso trabalho não é temporal, mas existencial.

Equívoco 3: Nosso Trabalho É um Produto, Não um Processo

Muitas vezes o que fazemos é percebido, definido e medido em termos de um produto externo de nosso esforço. Contudo, todo trabalho significativo é, na verdade, um processo intrínseco de desenvolvimento da consciência humana. Mesmo o mais evidente produto do nosso trabalho é, na realidade, um processo. Os homens que trabalharam para inventar o primeiro balão podem ter-se maravilhado imaginando sua criação como o triunfo final da humanidade sobre a gravidade. Se eles tivessem vivido para ver nossas mais sofisticadas naves, não teriam problemas em perceber que o balão foi apenas um pequeno e visível produto num infindável e invisível processo da interna busca humana pela perfeição. Neil Armstrong exclamou ao dar um passo na Lua (20 de julho de 1969): "É apenas um pequeno passo para um homem, mas um salto gigantesco para a humanidade."

Assim é com todos os nossos trabalhos. Nós nos apegamos ao produto, ou à "idéia" do produto, de tal maneira que o processo permanece obscuro à nossa visão limitada. A corrente e freqüentemente reproduzida expressão "mente sobre a matéria" expõe a limitação de uma visão que avalia a conquista da Natureza externa pela mente como o único trabalho meritório neste mundo.

Em vez disso, a sabedoria clássica oriental cultuada nos Vedas e textos budistas tem atestado enfaticamente a necessidade de se conquistar o interior da natureza humana como precondição para o desenvolvimento humano. Essa pressuposição é baseada na experiência direta ou em "visões" dos incontáveis sábios e videntes da Antigüidade de que a própria mente é matéria, e de que é preciso conquistar a mente e suas fraquezas. Edmund

Hillary, a primeira pessoa a atingir o pico do Monte Everest, disse com acerto: "Não são as montanhas que conquistamos, mas a nós mesmos."

O ELO PERDIDO: O ESPÍRITO EM AÇÃO

Nossa civilização industrial superimpôs suas próprias limitações no campo cósmico da ação. Isso limitou nossas visões do trabalho a um direcionamento econômico, atividade focada na produção que aparentemente não tem ligação com a natureza e o espírito do nosso ser. Qualquer atividade mental ou física que não está enraizada no espírito de ação aliena os trabalhadores de seu trabalho. Esse trabalho, não importando sua magnitude, é como um arranha-céu sem alicerces que é derrubado pelo primeiro vento forte.

Muitos de nossos diálogos e discussões relativos ao trabalho surpreendentemente negligenciam essa dimensão espiritual do trabalho e o seu papel de ajustar o vazio existencial que aflige a maioria dos trabalhadores modernos. Quantas vezes não temos ouvido as pessoas dizerem: "Meu trabalho significa muito pouco para mim. Eu não sei por que estou fazendo aquilo que faço." Entretanto, no discurso gerencial contemporâneo, o conceito de espírito tem passado quase que despercebido. Nós podemos analisar as raízes etimológicas das seguintes expressões, a partir do vocabulário das organizações industriais, como evidência do que estou tentando esclarecer:

> Gerenciamento profissional. A palavra *profissão* é sinônimo da palavra saxã *Beruf*, que significa vocação religiosa ou chamado. Foi por causa de Martinho Lutero que a palavra saxã significando *profissão* recebeu um colorido espiritual e, assim, passou da Alemanha a outros países protestantes. Apenas recentemente a expressão *profissional* perdeu suas raízes espirituais e passou a significar trabalho remunerado.
>
> Liderança carismática. O *Oxford English Dictionary* define a palavra *charisma* (carisma) como: (1) graça espiritual, (2) capacidade de inspirar devoção e entusiasmo.
>
> *Esprit de corps*. Esta expressão significa literalmente "o espírito de lealdade e devoção que une os membros de um grupo".
>
> Espírito de equipe. A palavra *espírito* é tão óbvia na expressão *espírito de equipe* que às vezes nos esquecemos de que a construção de uma equipe não é apenas uma questão técnica, mas também possui algo relacionado com a nossa dimensão espiritual.
>
> Missão da organização. Organizações às vésperas do século XXI ainda juram invocando sua avalidade de missão. A palavra *missão* transmite o sentido de

"luz que orienta para a ação". A missão de uma organização nada mais é que um ideal para canalizar o espírito coletivo de seus membros.

O tema liderança não pode absolutamente ignorar a noção de espírito em ação. Os líderes podem agir do modo como fazem simplesmente porque são possuídos de uma força espiritual que os faz acreditar em algo interior a eles que é mais poderoso que suas circunstâncias. Madre Teresa, falando sobre sua vida de serviço, escreveu (*Total Surrender*, 1985): "A verdadeira vida interior faz a vida ativa inflamar-se e tudo consumir."

Todos os grandes líderes alimentaram seu espírito interior em silêncio e solidão. Eles têm um compromisso inabalável com os ideais escolhidos. Como Martin Luther King Jr., todos alimentaram seus sonhos. Após anos de preparação interior, quando despertaram para a arena pública da vida, seus espíritos indomáveis os levaram adiante. Todas as suas ações carregavam os infalíveis sinais de seus espíritos. O espírito de que estamos falando aqui não é um fenômeno abstrato. É a força do Ser integral. Quando líderes tornam-se totalmente integrados com suas aspirações mais profundas, do corpo, da mente e da alma, seus espíritos são como um feixe coeso de raio *laser* – intenso e irresistível. Eles movimentam as massas sobre as asas desse espírito. Esse é o segredo do seu carisma.

ENTREGA: O TRABALHO COMO DEVOÇÃO

Para transmitir a essência espiritual de uma ação, os antigos psicólogos da Índia usaram muitas vezes uma palavra que não tem uma tradução literal. A palavra que usaram era *karmayoga*. Esta palavra composta significa em resumo: "trabalho que está ligado ao espírito transcendental". Minha inútil busca por uma expressão equivalente em inglês impeliu-me a cunhar uma nova palavra, *workship* (entrega). *Workship* (entrega) significa literalmente "trabalho como devoção". Mais explicitamente, a locução significa que, quando o trabalho é feito com espírito de devoção, sua qualidade passa por uma metamorfose. Como resultado, mesmo o trabalho ordinário é transformado de um mero biscate numa realidade extraordinária.

Ilustremos a situação com o seguinte exemplo:

A três professores que lecionam história em diferentes escolas é feita a mesma pergunta: Qual é seu trabalho atualmente? O primeiro responde: "Oh, eu não faço muita coisa, eu apenas ensino história a crianças." A segunda pessoa pensa um pouco mais profundamente e diz: "Eu tenho como obrigação a educação." A terceira pessoa, em resposta à mesma pergunta, olha fixamente nos olhos do questionador e, num inspirado tom de voz diz: "Eu estou formando o destino da nação – eu ensino a mentes jovens como elas podem fazer história."

Todos os três professores estão lidando com a mesma realidade — ensinar história para crianças estudantes. No entanto, o espírito com que abordam seu trabalho transforma a realidade mundana de seu serviço.

É a força transformadora do espírito do seu trabalho que nos leva à expressão *workship*. A palavra em inglês *worship* (*devoção*) significa literalmente "reverência e adoração a Deus". O objeto da nossa reverência e respeito não é meramente um objeto, mas, na verdade, é a expressão espiritual final para a mais elevada, para a mais poderosa e a mais grandiosa entidade na nossa concepção. Similarmente, o objetivo do nosso trabalho cresce mais e mais à medida que a ele dedicamos o nosso espírito. Começamos a encarar nosso trabalho com maior reverência e respeito, até que seja atingido um ponto em que nosso trabalho se transforma numa expressão de nosso puro espírito. Há algo da perfeição divina nesse tipo de trabalho. É a partir daí que nosso trabalho passa a ser *workship*. O poeta místico da Pérsia, Jelaluddin Rumi, expressou a experiência da entrega em brilhante linguagem poética:

Sinto me como o solo maravilhado
com o que o espírito do céu lhe trouxe. O que sei
está crescendo dentro de mim. A chuva faz
cada molécula se fecundar com um mistério.

Minha definição de *workship* é a de que ela é o desempenho de uma ação para o preenchimento do espírito do nosso ser, rumo a uma maior perfeição e a estados mais elevados de consciência. Esse estado de perfeição não está fora de nós, mas é um estado implícito do nosso ser. Logo, *workship* significa o seguinte:

1. Trabalhadores são seres basicamente religiosos envolvidos numa experiência humana; não são recursos humanos procurando por uma experiência espiritual. Há uma dimensão espiritual autônoma, que vive por si mesma, da constituição humana. A estrutura de nossos sentidos corpóreo-mentais é apenas uma manifestação parcial da plenitude espiritual, que a psicologia do Vedanta descreve como o estado de *poornatwa*. Esse estado do ser pode ser descrito como a pura consciência, que é a verdadeira essência da nossa existência. *Poornatwa* é um despertar elevado da nossa realidade.

2. A meta final do nosso trabalho é preencher a dimensão essencialmente espiritual de um ser humano. Então, o valor do trabalho é compreendido em termos de desenvolvimento humano, e não como uma simples produção material. Max DePree, superintendente aposentado da Herman Miller, a famosa fabricante de móveis de escritório, fala justamente que a medida das pessoas — assim como das empresas — é a extensão do esforço que fazemos para nos completarmos. Nosso valor, portanto, pode ser descrito como a energia que devotamos para despertar nosso potencial.
3. O espírito das ações de líderes brota da natureza do seu ser e da base interior da sua consciência. Sri Aurobindo (1977), um dos maiores líderes espirituais do mundo, explicou esse processo de espiritualização da ação com palavras inspiradoras: "Transforme o seu ser, renasça no espírito e, com esse novo nascimento, siga em direção à ação para a qual o espírito interior o impulsionou."
4. No *workshop,* o foco da ação do líder muda do *tornar-se,* que é uma função de reconhecimento externo, para o *ser,* que é uma função da consciência.

TRABALHO DE LIDERANÇA: UMA AVENTURA DA CONSCIÊNCIA

Laurence G. Boldt, em seu livro *How to Find the Work You Love* (1993), cita os pensamentos do antigo sábio indiano Rishi Patanjali sobre o potencial criativo da consciência humana. Patanjali compôs o *Yogasutra,* o primeiro documento científico sobre os princípios da Yoga. Patanjali descreveu a força de uma consciência que transcende as barreiras do pensamento. Essa é, na verdade, a força que está por trás da energia perseverante de um líder e o segredo de sua vida de trabalho:

> Quando você está inspirado por um grande propósito; por um projeto extraordinário, todos os seus pensamentos rompem seus limites: Sua mente transcende suas limitações, sua consciência se expande em todas as direções, e você se encontra num mundo novo, grandioso e admirável. Forças, faculdades e talentos latentes tornam-se vivos, e você descobre que é uma pessoa especial, muito além do que você sonhava que pudesse ser.
>
> ... Laurence G. Boldt,
> *How to Find the Work You Love,* 1993

A essência do trabalho de liderança é a transformação na consciência do líder que lhe dá uma nova perspectiva de ação. Como Patanjali descreve, é um processo de liberação que dá ao líder um sabor de *mukti* (liberdade) e *ananda* (bem-aventurança) que, como os Upanishads nos dizem, são as metas mais elevadas de todo trabalho. O trabalho mundano passa a ser *workship* quando a ação está ligada a uma consciência transcendental.

A aventura da consciência na entrega não é nada menos do que uma progressiva expansão e preenchimento do ser em direção ao ser transcendental e todo-abrangente. Quando deixamos de pensar principalmente sobre nossos eus limitados e nossas conveniências, somos submetidos a uma transformação verdadeiramente heróica da consciência. Os Upanishads exploram essa jornada transformadora na expressão de quatro níveis de desenvolvimento do ser ao Ser. Esses quatro níveis de autodesenvolvimento não existem em compartimentos mutuamente exclusivos, mas se sobrepõem num *continuum* que forma o mosaico da consciência humana.

O primeiro nível do ser, de acordo com os Upanishads, é *annamaya kosha*, ou o ser físico feito de alimento. Pela abrangência do trabalho, o ser físico se relaciona com necessidades físicas básicas, como a fome e o abrigo. Isso provê um fundamento lógico óbvio de trabalho para a maioria dos seres humanos.

O segundo nível é o do ser vital. Os Upanishads o chamam de *pranamaya kosha*. Um trabalhador, nesse nível de consciência, deseja criar uma extensão do campo de atividade física na forma de filiações grupais e de um sentido de pertencer a uma identidade maior, como uma família ou organização. Assim como indica Sri Aurobindo na sua monumental obra *The Life Divine* (Sobel and Prem, 1991), a consciência vital:

> ...não se satisfaz apenas com o físico e o objetivo, mas busca também uma satisfação e um prazer subjetivo, imaginário, e puramente emocional. Se não fosse esse fator, a mente física do homem, entregue a si mesma viveria como os animais, aceitando sua vida primitiva atual e seus limites como sua única possibilidade, movimentando-se na ordem estabelecida da Natureza material e não clamando por nada além disso.

O terceiro nível da consciência humana é *manamaya kosha*, ou o ser mental. Esse ser está relacionado com a atividade de satisfação intelectual e estética, como em trabalhos altamente habilitados e ocupações artísticas. O ser mental é o nosso pensamento, a nossa compreensão. É um estágio intermediário da evolução humana, uma meia-luz emitida pelo Infinito. A vida mental é ética, idealista e segue em constante busca da perfeição no trabalho.

O último estágio do ser, como é descrito pelos Upanishads, é *vigyanamaya kosha*, que é o invólucro da inteligência. Este ser abarca o domínio psíquico e espiritual da consciência humana. Estabelecidos nesse ser, líderes entendem seu trabalho como uma atividade sem fronteiras. O trabalho não é para a segurança do líder, mas para o mundo manifesto. A expressão em sânscrito para esse tipo de trabalho é *lokasamgraha*, trabalho desinteressado para o bem-estar de todos. Agora os líderes começam a compreender o campo ilimitado de ação no qual seu trabalho é uma expressão da inteligência infinita. Eles se vêem não separados daquela inteligência cósmica, mas como uma parte integral desta. Do ponto privilegiado deste ser, líderes começam a transcender os confinamentos estreitos das relações individuais, abrindo-se para o interesse crescente de toda a humanidade.

No último estágio de sua jornada rumo a consciências mais elevadas, o ser do líder começa a refletir o Ser. A consciência recentemente despertada liberta os líderes de seus limitados conceitos sobre si mesmos como figuras físico-vital-mentais, e os transporta ao reino da liberdade e da bem-aventurança.

Ao trabalhar no campo da inteligência infinita, o líder se conscientiza, assim como os místicos, de que:

Ele é tanto o jogo como o jogador.

AS QUATRO TRILHAS DA ENTREGA

Há quatro trilhas para o trabalho de liderança — como quatro mapas rodoviários, que levam o líder à *entrega*. Todas elas são caminhos internos que levam ao mesmo destino, o Ser. Um samurai encontrou certa vez um sábio e lhe perguntou sobre os caminhos do céu e do inferno. O sábio olhou para ele e disse severamente: "O quê?! Um soldado ordinário como você, como irá um dia compreender o que seja o céu ou o inferno!" Imediatamente o samurai empunhou a espada e estava prestes a matar o sábio. Tranqüilo, o sábio olhou para o samurai e disse calmamente: "Este, senhor, é o portal para o inferno." Envergonhado de sua atitude, o samurai inclinou-se diante do sábio. Dessa vez, disse o sábio: "E este, senhor, é o caminho para o paraíso."

Disciplina

Disciplina é o primeiro caminho da entrega. No contexto das modernas organizações, a disciplina tornou-se sinônimo de regras, leis e de procedimentos em manuais. Na maioria das organizações, temos uma extensa parafernália de sistemas de controle, como relatórios confidenciais e relatórios de avaliações de desempenho, os quais presumivelmente servem como fichas e balanços para manter disciplinada a produção dos empregados. No melhor dos casos, entretanto, esses procedimentos são regras de boas maneiras. Na pior das perspectivas, são ineficazes, esforços superficiais que empurram para debaixo do tapete as conseqüências cruciais da perda de fé no autocontrole. É quase como o recrutamento de mais policiamento na esperança de que o caráter dos cidadãos irá melhorar.

A resposta espiritual clássica ao problema da falta de disciplina tem sido tratar não os sintomas, mas as próprias raízes da moléstia — a mente ingovernável, que é a fonte definitiva de toda ação indisciplinada. A sabedoria do Vedanta usa a palavra *chittasuddhi*, em sânscrito, para expressar o aspecto da "pureza de percepção" como a base de todas as disciplinas. *Chittasuddhi* abarca uma larga extensão do processo de purificação física e mental, que inclui pensamento correto, fala correta e ação correta. O princípio que está por trás de *chittasuddhi* é belamente transmitido nas seguintes linhas de William Shakespeare:

> Isto, acima de tudo: para o teu próprio eu ser verdadeiro,
> E o deves seguir, como a noite ao dia,
> Tu não podes então ser falso a qualquer homem.
> ... *Hamlet*, Ato 1, cena III

Para valorizar a qualidade da sua vida de trabalho, é preciso sondar profundamente o pecado original — a perda da virtude e integridade do Ser interior. O verdadeiro sentido da palavra *virtude* (*virtue*, em inglês) é, como define o *Oxford English Dictionary*, "a capacidade de produzir um resultado definido". Logo, *virtude* é sinônimo de *eficácia*, como na expressão: "Você tem fé na virtude destas ervas para curar enfermidades?" No contexto do Ser, a virtude é a disciplina que leva à auto-eficiência.

O xintoísmo enfatiza *makoto*, literalmente "arredondamento", que tem a conotação de harmonia interior. Sábios taoístas buscam a identificação com o grande plano da Natureza, o *Tao*, e assim ganham o *Te*, que significa *virtude* ou *força*. No taoísmo, algumas poucas linhas enigmáticas descrevem adequadamente a síndrome da organização moderna da disciplina exterior:

> Quando a virtude está perdida, só então manifesta-se a doutrina da humanidade. Quando a humanidade está perdida, só então aparece a doutrina da justi-

ça. Quando a justiça está perdida, só então surgem as regras de propriedade. Então a propriedade é uma expressão superficial da lealdade e da infidelidade, e o princípio da desordem.

...*Tao Te King*

Integridade

Integridade é o próximo passo rumo à ação eficaz. Ordinariamente, integridade significa ação eticamente correta. A ação íntegra, entretanto, não é simplesmente uma moralidade superficial. No seu verdadeiro sentido, ação íntegra significa agir de acordo com a lei de um ser, o que o *Bhagavad-Gita* descreve como *swadharma*. A ação íntegra também subentende que os significados utilizados para o desempenho da ação são tão importantes quanto atingir os resultados finais. Portanto, fazer corretamente algo adquire tanta importância quanto fazer algo correto. Na entrega, uma ação não tem valor por si mesma; ela recebe seu valor pela força que representa. Toda ação tem um certo propósito implícito. A ação da liderança é uma afirmação dos objetivos da liderança. Nas palavras de Swami Vivekananda: "O trabalho é inevitável, e assim ele tem que ser. Mas nós devemos trabalhar para o objetivo correto."

A palavra em sânscrito *swadharma*, que significa o *dharma* do ser, define amplamente o objetivo da vida de uma pessoa. Por exemplo, o *dharma* da macieira é produzir maçãs. Esperar de uma macieira que produza mangas seria contrário ao seu *swadharma*. Há muitas interpretações da palavra *dharma*, e todas elas poderiam nos ajudar a esclarecer o que seria a integridade. Um significado de *dharma* é a natureza intrínseca de toda matéria animada ou inanimada que obedece às leis da Natureza. Ainda, outro significado de *dharma* é "religião". *Dharma* também quer dizer "conduta correta". O clássico conselho da Índia, "aja de acordo com seu *dharma*", transmite a multiplicidade de significados da ação íntegra. O *Brihadaranyaka Upanishad* descreve a ligação entre a ação e *swadharma* em memorável poesia:

> Você é o que é a sua natureza mais profunda.
> Assim como a sua natureza, assim é a sua vontade.
> Assim como a sua vontade, assim é a sua ação.
> Assim como a sua ação, assim é o seu destino.
>
> ... *Brihadaranyaka Upanishad*

Sacrifício

Sacrifício é a terceira dimensão do trabalho de liderança. Essa é uma palavra que adquiriu uma conotação negativa no uso cotidiano. O sacrifício de que estamos falando no contexto do trabalho de liderança não diminui o ser, mas estende os limites do ser pela doação do inferior pela causa do mais elevado. O *Bhagavad-Gita* fala sobre o sacrifício psicológico no sentido do autocontrole e da autodisciplina, que levam ao Autodomínio e ao Autoconhecimento superior. Portanto, um líder que sacrifica prazeres menores no seu caminho e se dirige ao trabalho cotidiano pontualmente adquire a virtude da pontualidade, que beneficia não apenas a si mesmo, mas também a sua organização.

Todas as grandes religiões do mundo têm considerado o trabalho como sacrifício. No Evangelho de João se lê: "Em verdade, em verdade eu vos digo, a menos que o grão de trigo caia na terra e morra, ele ficará sozinho; mas, se morrer, frutifica com abundância."

No sentido em que a Bíblia o utiliza, sacrifício é uma busca pela dimensão sagrada e sutil da vida. O grão de trigo sacrifica apenas sua forma atual ao solo e, como recompensa, recebe do solo uma grande doação na vida ao tornar-se parte de um ciclo de maior colheita. Os líderes também sacrificam formas materiais de vida para atingir algo maior do que essa vida.

O conceito de sacrifício entrou nas escrituras de todas as religiões com o manuscrito da Natureza, no qual vemos o decreto do trabalho como sacrifício como uma ininterrupta lei da existência. A cadeia alimentar biológica é a Natureza sacrificando-se a si mesma pela evolução de formas de vida mais elevadas. Assim é com a natureza humana e com a vida humana – nosso trabalho atual é um sacrifício pela sobrevivência e sustento da nossa posteridade. Vi certa vez as seguintes palavras grafadas no túmulo de um soldado indiano que deu a vida pelo seu país: *Eu dou o meu presente por um amanhã melhor.*

O santo Qur'an (108:1-2) relaciona sacrifício a abundância, o que conota uma busca na entrega maior do que a vida: "Vejam! Nós temos lhes dado abundância; então, orem ao seu Senhor e sacrifiquem-se."

No contexto da liderança, a ligação entre sacrifício e abundância não é abstrata, mas é tão real quanto possível. Um líder que voluntariamente toma a responsabilidade por um subordinado, que num determinado dia está fisicamente debilitado ou emocionalmente abatido, faz um sacrifício do seu precioso tempo e energia. Mas, em termos exatos, o que ele ganha é caráter e credibilidade entre seus seguidores. Caráter e confiança não diminuem com o tempo como recursos materiais. Obedecem à lei da abundância pelo alargamento no tempo e expansão no espaço. Os diversos pequenos sacrifícios do líder nivelam-se em uma força sutil — a força de uma vida com objetivo consciente. Uma vida de propósito ata-se a uma lei superior da Natureza — uma lei que transcende a vida de um único ser humano e abraça toda a humanidade. Nas palavras de Will Durant (Boldt, 1993):

> Ter um grande objetivo pelo qual trabalhar, um objetivo maior do que nós mesmos, é um dos segredos para dar significado à vida; para tanto, o significado e o valor do indivíduo vão além dos seus limites pessoais e sobrevivem à morte.

Transcendência

A transcendência é o passo final da entrega. É um estado de realização na ação. O que os líderes compreendem no meio da ação? Eles não podem ficar conscientes daquilo que não existe na realidade. O que os líderes podem perceber e compreendem é uma ordem superior da realidade de seu próprio Ser. Essa realidade incute, à menor das ações de um líder, grandiosidade e beleza. "Você deve observar a minha vida", disse Gandhi, "como vivo, me alimento, me sento, como falo e me comporto em geral. A soma total de tudo isso em mim é a minha religião." Transcendência, no contexto de liderança, não significa transcendência da ação; significa simplesmente a transcendência do eu ao Eu durante a ação. Artistas do estrelato têm a experiência do êxtase da transcendência, quer estejam fazendo música ou construindo uma organização.

É através do trabalho como devoção que consciências individuais transcendem suas próprias limitações e atingem um plano mais elevado de referência, que é um outro nome para Deus. O estado de transcendência é uma realização do princípio criativo da Natureza que trabalha de modo silencioso e ininterrupto através de nossas veias, através de nossos batimentos cardíacos, através do movimento perfeitamente sincronizado dos planetas. Charles Lindbergh escreveu o seguinte:

> Os limites de nossos sentidos impedem-nos de ver a magnitude do átomo. Quem pode olhar para uma pedra e compreender seus rodopiantes sistemas planetários? Uma agulha de ferro alinha-se com os pólos de um hemisfério qualquer. No estágio atual do ser humano, ele não pode nem mesmo enxergar o tempo dos átomos nem sentir o pulso das épocas, mas sua compreensão pode ser intensificada pela fusão da imaginação com o conhecimento científico.
> ... CHARLES A. LINDBERGH, *Autobiography of Values*, 1978

Os líderes podem compreender a criação de grandes princípios em coisas aparentemente pequenas. Eles vêem longos processos por trás de pequenos eventos. Tudo isso porque experimentaram a transcendência em sua própria vida. Eles enxergaram a vida como um princípio unificador além das dualidades do prazer e da dor, do sucesso e do fracasso, do trabalhador e do trabalho. Uma sabedoria silenciosa, permanente, manifesta-se nesses líderes enquanto se conscientizam de que são instrumentos de um objetivo maior da vida. O *Bhagavad-Gita* fala desse estado de transcendência como *nirdwanda stithaprajna*, um estado de equilíbrio da consciência além do *stress* e das dualidades da vida de trabalho. No xintoísmo, o *Oracle of Sumiyoshi* (*Oráculo de Sumiyoshi*) descreve o estado transcendental de um líder nestas belas linhas:

> Eu não tenho existência física
> Mas a benevolência universal é o meu corpo divino
> Eu não tenho força física
> Mas a integridade é o meu poder
> Eu não tenho clarividência religiosa além da
> Que me é concedida pela sabedoria
> Eu não tenho nenhum poder milagroso que não seja
> A obtenção da serena felicidade
> Eu não tenho tato exceto
> O exercício da gentileza.

A ENTREGA É VIÁVEL?

A *entrega* não é apenas uma construção filosófica, mas é baseada também no aprendizado experimental e na sabedoria coletiva de muitos homens e mulheres do mundo. Gandhi e Madre Teresa não são argúcias da história. Eles representam um glorioso *continuum* de seres humanos que têm tempo e que novamente nos provam a eficácia da entrega como uma alternativa aos modelos contemporâneos de trabalho baseados em carência e ganância.

Como país, o Japão demonstrou um modelo nacional de entrega. Muitos dos eruditos modernos tendem a explicar o milagre econômico japonês baseando-se em estereótipos como pan-nacionalismo, cultura trabalhista, *kaizen* e qualidade total de gerenciamento. Historiadores e sociólogos contemporâneos, entretanto, estão descobrindo, com evidência cada vez maior, a base espiritual da ressurreição econômica japonesa. Ronald Robertson escreveu:

Sugiro que existem duas qualidades relativamente únicas da religião japonesa que têm relação com esses enigmas e as quais, ao mesmo tempo, obrigam-nos a falar da religiosidade japonesa como sendo um coeso e relativamente autônomo conjunto a despeito de sua superficial heterogeneidade. Refiro-me, primeiro, à natureza particular do *sincretismo* japonês e, segundo, à rápida capacidade de recuperação que chamo de *significado infra-estrutural da própria religião*. Também evoco os rituais de poluição/purificação ao longo da história japonesa, rituais que são centrais à tradição Xintó nativa.

... RONALD ROBERTSON,
Globalization: Social Theory and Global Culture, 1992

Outro analista ocidental chamado Wolferen (1989) argumentou que a ideologia do "Niponismo" consiste nos atributos religiosos do sistema japonês como um todo, e que a religião no Japão está intimamente interligada com o enigma da força japonesa. Portanto, parece que a superestrutura da vida de trabalho japonesa está sendo gradualmente relacionada com a infra-estrutura espiritual e religioso-cultural do Japão.

No contexto global, vemos que um modelo de trabalho baseado no consumo estabeleceu uma ameaça à viabilidade do nosso sistema ecológico. A reprodução desse desastre iminente reside na ecologia de nossa mente egocêntrica. Os recursos naturais do mundo estão sendo rapidamente esgotados e a humanidade se posicionou contra a Natureza, que para ela nada mais é que um "recurso" a ser explorado.

Precisamos perceber que a Natureza não é um recurso irracional, mas um sistema reativo inteligente que tem uma sutil articulação com o destino humano. A atual alienação dos seres humanos perante a Natureza é apenas uma conseqüência de sua alienação diante de sua própria identidade existencial. Ser verdadeiramente humano é estar relacionado, por meio do trabalho, com essa grande e diversificada riqueza do parque de diversões da Natureza. A antiga expressão da Índia *vasudhaivya kutumbakkam* cristaliza a sabedoria de uma civilização que visualizou todo o mundo como uma comunidade. A entrega promove essa ligação entre os seres humanos e sua identidade cósmica, que foi grandemente rompida no curso de três séculos de industrialização. Esse modelo de trabalho tem grande significado para o desenvolvimento sustentável do mundo.

A entrega é também uma radical mudança do paradigma baseado no conceito grego de trabalho como *ponos* (dor) ou "labor" para um paradigma de esforço em direção a *ananda* (bem-aventurança) e *mukti* (liberdade). Essa mudança na consciência levanta as âncoras do trabalho de uma rotina mundana e sem significado e lhe dá um *status* sublime. Os líderes têm uma dívida em seu destino para expandir essa dimensão do seu potencial humano, que faz do trabalho uma experiência libertadora.

A entrega, como já se afirmou, é uma aventura da consciência da liderança. Como todas as aventuras, o caminho que leva a esse destino é cheio de surpresas por todos os lados – prazeres e armadilhas, falhas e sucessos, que tornam memoráveis todas as jornadas. Toda aventura tem a sua peculiaridade, assim como todos os seres humanos são únicos, mesmo tendo uma ancestralidade comum e um destino comum no nascimento e na morte. Imagine, então, a surpresa de um líder ao descobrir, depois de anos de viagem, que seu destino nunca esteve distante dele, mas sempre foi uma parte do seu verdadeiro ser, descansando profundamente no seu interior, esperando apenas chegar ao seu sentido pelas mágicas asas do conhecimento.

RUMO AO ESFORÇO ESPONTÂNEO

Um dos enigmas do trabalho de liderança é a espontaneidade com que os líderes desempenham serviços pelos quais ordinários mortais têm de se esforçar. As incontáveis invenções de Edison, a genialidade cômica de Charlie Chaplin, a magia de Michael Jordan na quadra de basquete, a compaixão ilimitada de Madre Teresa, o carisma de Mahatma Gandhi – tudo isso nos parece espantosamente inspirador. Contudo, para os próprios líderes, sua ação é espontânea e uma expressão natural de seus talentos. Como Leonardo Da Vinci, o gênio criativo multifacetado, escreveu: "Eu nunca me canso de ser útil... A falta de trabalho é suficiente para me cansar." O Zen-Budismo tem uma expressão enigmática, "esforço espontâneo", para designar esse tipo de trabalho. O *Tao Te King*, o livro de sabedoria mais conhecido na China, nos adverte:

> Aja sem agir;
> Trabalhe sem esforço.
> ... *Tao Te King*

Se lermos cuidadosamente o manuscrito da Natureza, podemos encontrar o segredo do esforço espontâneo. Eu observei muitas vezes, com uma expressão de entusiasmo, o modo como um bando de pássaros varre majestosamente o céu, como espaçonaves voando em formação de batalha. Eles vencem correntes de vento, guinam em ângulos agudos e atravessam longas distâncias num piscar de olhos. À direção do bando está um pássaro que não faz nenhum esforço especial para liderar. Ele cede seu lugar a um de seus co-viajantes, aparentemente sem nenhum trauma pela sucessão. Há um compartilhamento espontâneo de energia vital enquanto o bando se movimenta como uma equipe. O impulso dessa energia é compartilhado por cada membro da equipe. A alquimia da colaboração está no trabalho. A formação do grupo mantém-se coesa sem nenhum planejamento. A meta é atingida sem nenhum mapa. O líder lidera sem fanfarronice. Os pássaros completam sua jornada espontaneamente, não deixando um traço no céu.

Se analisarmos cuidadosamente o que acontece com o mundo da Natureza, iremos perceber que o esforço espontâneo é possível ao pássaro, ao animal e à planta, porque todos eles se mantêm verdadeiros em relação à sua identidade intrínseca, ou *swadharma*, que analisamos anteriormente. A árvore não trabalha para produzir a fruta, a fruta simplesmente cresce. O pássaro não se esforça para cantar uma canção, a melodia simplesmente flui. O que se aplica ao resto da Natureza também se aplica à natureza humana. Nós temos certas qualidades intrínsecas que fazem parte da nossa constituição física, mental e espiritual. Essas qualidades aparecem em nós com espontânea naturalidade. Se você perguntar a um homem por que se tornou tão alto ou a uma mulher por que ela ama tanto seu bebê, eles ficarão desconcertados com a sua pergunta. Não responderão nada de especial que tenham feito para serem altos ou para amar — estas são expressões da sua natureza inata.

O esforço espontâneo é uma função de um ser íntegro. No Capítulo 1, falei sobre uma pessoa íntegra como alguém cujo corpo, mente e sentidos orquestram a si mesmos nos ritmos naturais do universo. Também disse que uma pessoa íntegra começa a sentir uma afinidade espiritual com a ordem natural do universo, e que sua Natureza interior se torna uma coisa com sua natureza exterior. Quando uma pessoa de tal integridade age, ela o faz a partir do campo do seu verdadeiro ser e da sua verdadeira existência. Seu esforço é o resultado da energia indivisível de seu Ser, que ela é capaz de colocar em prática.

Gandhi era conhecido por ser capaz de manter um alto nível de energia por longos períodos de tempo. A maioria dos líderes, na verdade, sempre aparenta possuir um depósito inesgotável de energia e grande capacidade de ação. Isso é possível porque um grande líder é capaz de focar sua total energia no processo de ação sem, ao mesmo tempo, perder de vista sua meta. Pessoas comuns desperdiçam muita energia focalizando a meta e imaginando todos os tipos possíveis de resultado. Essa energia pode ser transferida ao serviço que está à sua mão, o que trará a meta mais próxima de nós. O que estou tentando transmitir é que, enquanto nossa intenção está na meta, a energia da nossa atenção deve estar no processo. Swami Vivekananda disse certa vez: "Preste atenção nos significados do trabalho. O fim cuidará de si mesmo."

O esforço sem esforço nada mais é que a ciência e a arte da conservação da energia. Posso explicar isto com um exemplo do mundo empresarial. Dois gerentes, X e Y, estão competindo por uma determinada posição de liderança numa empresa. X é muito concentrado em sua meta; é muito imaginativo e sonha com a iminência do seu sucesso. Ele está obcecado com as perspectivas de promoção e está muito ansioso para saber se a conseguirá até o final do ano. Por outro lado, Y é introspectiva e se concentra mais no trabalho do que numa possível promoção. Ela não é tão direta quanto X, mas está intensamente concentrada no trabalho. Ela gostaria também de assumir a posição que X está almejando, mas não fantasia sobre isso. Agora, vamos explorar os possíveis estados psicológicos de X e Y nas seguintes circunstâncias:

Circunstância nº 1. *X é promovido em vez de Y.* Nesta circunstância, X ficará extasiado quando seu sonho tiver se tornado real. É muito provável que ele bata no peito, erga os braços como um astro do futebol e diga: "Veja, eu disse!" Y deverá estar desapontada, obviamente. Mas, por não ter investido tanta energia psicológica na meta, ficará triste por um tempo e retomará seu trabalho dizendo: "Preciso trabalhar mais e descobrir onde estão as minhas deficiências."

Circunstância nº 2. *Y é promovida em vez de X.* Neste caso, o mundo de X está quase desabando. Ele colocou demasiada esperança em sua promoção; investiu nisso muita energia psicológica (fantasiando sobre quão feliz teria ficado sua mulher; como ele iria gastar o aumento no salário comprando um carro novo e assim por diante). Ele está furioso com seu chefe por não tê-lo promovido e mantém-se ríspido e irritadiço com os colegas por vários dias. Por outro lado, Y está obviamente feliz com sua promoção. Mas, porque seu foco se manteve mais especificamente no trabalho, ela diz a si mesma: "Devo ter realizado bem o meu trabalho. Entretanto, tenho de fazer ainda melhor no futuro."

Circunstância nº 3. *Nem X nem Y são promovidos.* Nós já falamos sobre o impacto das falhas em X e Y. Ficará claro para nós que, por Y estar mais preocupada com o processo do que com a promoção, ela está mais preparada para lidar com decepções, mais e melhor equipada para encarar novos desafios do que X.

Agora, nós sabemos que, numa sociedade competitiva, estamos envolvidos em muitas situações de competição em muitos campos de empenho.

Se tanto X quanto Y se encontrarem em muitas dessas "disputas da vida", onde decepções e sucessos aparecem para ambos, veremos que X estará prestes a desenvolver uma enfermidade crônica a cada momento de decepção. Ele também ficará desproporcionalmente extasiado com suas vitórias. Y se mostrará uma pessoa mais equilibrada, aprendendo com decepções e sucessos e transcendendo ambos rumo a uma perfeição cada vez maior. É muito provável que Y será uma verdadeira líder em seu campo de ação.

Falando sobre a qualidade da nossa moderna rotina de trabalho, onde a competição muitas vezes nos empurra a um processo de desumanização das pessoas, um executivo frustrado disse certa vez: "O problema com a corrida dos ratos é que, mesmo quando você ganha, você continua sendo um rato." É um fato bastante comprovado que a competição entre produtos e serviços de natureza igual melhora a qualidade do produto e a eficiência do serviço. Mas o que é verdade para um produto ou serviço pode não ser verdade no caso do desenvolvimento humano.

Algumas das doenças da rivalidade competitiva são grosseiramente manifestadas em organizações atuais na forma de *stress* excessivo, inveja, vingança, síndrome de destruição e um hostil complexo de problemas relacionados entre si. O único antídoto para essas enfermidades está em ser capaz de compensar o desequilíbrio, que a excessiva competição produz em nossa constituição psicológica, pela alimentação do nosso espírito de cooperação.

O espírito competitivo manifesta-se quando olhamos para o trabalho do ponto de vista do nosso ego. O instinto cooperativo é uma conseqüência de nossa empatia com "o outro". Falando sobre competição na sociedade norte-americana contemporânea, Martin Luther King Jr. disse que, como uma sociedade, estamos propensos a julgar nossos sucessos pelo índice de nossos salários ou pelo tamanho de nossos automóveis, em vez de fazê-lo pelas qualidades de nosso serviço e pelo relacionamento com outra pessoa.

Se pudéssemos medir a quantidade de energia que desperdiçamos para sustentar nossa própria auto-imagem aos olhos da sociedade, poderíamos chegar prontamente à conclusão de que, depois de um certo momento, o eu competitivo torna-se um eu ineficiente. O sentimento de ansiedade que carregamos conosco, ao manter a ilusão de nosso sucesso e afluência, é, de fato, dissipador de energia. A mesma energia que desperdiçamos mantendo nossa separatividade num sistema competitivo pode nos proporcionar grande prazer num quadro de cooperação. Mahatma Gandhi falou-nos sobre o segredo de se cultivar a energia construtiva da cooperação pela nutrição do espírito de serviço, como na estação abaixo:

Consciente ou inconscientemente, cada um de nós se devota a um serviço ou outro. Se cultivarmos o hábito de praticar esse serviço deliberadamente, nosso desejo de servir irá tornar-se sempre mais forte, e irá construir, não apenas para a nossa própria felicidade, mas para a felicidade de todo o mundo.

O *Bhagavad-Gita* refere-se ao esforço espontâneo como *nishkam karma*. O trabalho que está livre da barreira do nosso eu egocêntrico é *nishkam karma*. O trabalho que não encontra as defesas do nosso desejo tem a força de uma flecha que está desatada dos limites do arco. O trabalho que se transforma em entrega opera de acordo com o princípio do mínimo de resistência e, no entanto, é de maior eficiência. A descrição que Buda fez do esforço espontâneo é simples, como a seguir:

Sente-se
Descanse
Trabalhe.
Sozinho consigo mesmo,
Nunca se canse.
No limite da floresta
Viva prazerosamente,
Sem desejo.

A Bíblia nos impele a seguir a economia do esforço do trabalho da Natureza: "Veja os lírios do campo como crescem; eles não tecem, nem fiam. E no entanto, eu vos asseguro, nem mesmo Salomão, em toda a sua glória, vestiu-se como um deles" (Mateus 6:28-29).

Os líderes são aqueles que trazem um fluxo de energia e um senso de ritmo à arena da ação. A execução de seu trabalho tem a perfeição de uma obra-prima da Natureza. Os líderes se sobressaem por causa da qualidade de seu serviço. Os únicos dentre nós que ficarão verdadeiramente satisfeitos em seu trabalho serão aqueles que procuraram e descobriram como servir. A busca por uma verdadeira vocação está no aprendizado de como podemos servir melhor o mundo. A liderança é um resultado natural dessa busca.

CAPÍTULO 4

Liderança e Organização

ORGANIZAÇÃO: A ALQUIMIA DA COLABORAÇÃO

As organizações não são invenções humanas. Também não são o produto da habilidade humana de pensamento e nem mesmo prodígios de nossa civilização industrial e tecnológica, como freqüentemente nos inclinamos a acreditar. A história das organizações é encontrada nos manuscritos da Natureza — o livro não escrito da natureza, que narra em vívidos detalhes a busca fundamental de todas as formas de vida pela manifestação de todo o seu potencial na ação coletiva.

Uma colméia é uma realização do instinto de organização inerente às abelhas. O *design* básico da colméia é uma intricada estrutura hexagonal que se inclina num ângulo preciso de treze graus com a horizontal. É um ato de sofisticada engenharia civil, que impede o escorrimento do mel. As abelhas também demonstram o mecanismo de condicionamento do ar implícito numa inteligência natural, ao se amontoarem numa densa massa quando a colméia está pronta. A temperatura dessa massa é mantida constante entre 34 e 35 graus Celsius, necessária para a secreção da cera. Tudo isso acontece através do perfeito instinto das abelhas, ao se orquestrarem pelas leis da Natureza. A colméia não é um edifício construído laboriosamente tijolo a tijolo. É um produto de criação espontânea, uma obra de brilhante arquitetura, que surge da planta da natureza consciente.

Quando analisamos a anatomia de uma única abelha, vemos que não há nada de sofisticado em sua estrutura celular — ou, pelo menos, não o tipo de sofisticação que é necessária para se criar e desenvolver uma estrutura tão complexa quanto uma colméia. No entanto, quando essas abelhas se reúnem, há uma alquimia única de colaboração. O segredo desta alquimia está numa indefinível energia que impulsiona as abelhas quando estão juntas. Em organizações humanas, esse elemento inexplicável é freqüentemente chamado de *sinergia*.

O funcionamento do corpo humano é outro exemplo desse tipo de alquimia em ação. O corpo tem muitos componentes funcionais diferentes, como o sistema nervoso, o sistema respiratório, o sistema circulatório e o sistema digestivo. A complexidade funcional de cada um desses sistemas é muito maior do que qualquer unidade de alta tecnologia numa organização industrial. Os diversos órgãos do corpo, como o coração, o fígado e os rins, funcionam como o eixo da atividade inerente a um sistema em particular. Em síntese, tudo o que constitui a organização do corpo é gerado devido a uma meta organizacional – manter o corpo num estado de saúde. O corpo atinge sua meta por um processo especial conhecido como *homeostase*. A homeostase se refere ao extraordinário equilíbrio químico e fisiológico que o corpo mantém para preservar as condições de vida. Num de seus ensaios sobre o assunto *homeostase*, o dr. Walter Cannon escreveu o seguinte:

> Quando consideramos a extrema instabilidade da nossa estrutura corporal, sua prontidão ao mais suave distúrbio, proveniente da aplicação de forças externas, e a rápida investida de sua decomposição assim que circunstâncias favoráveis não estão presentes, a sua persistência ao longo de várias décadas parece quase milagrosa. O assombro aumenta quando percebemos que o sistema está aberto, comprometido num livre intercâmbio com o mundo exterior.
> ... WALTER CANNON, *Wisdom of the Body*, 1963

Mesmo um ínfimo aumento no nível do açúcar ou do sal, ou ainda na temperatura do corpo, é capaz de perturbar sua saúde. Contudo, o organismo humano mantém sua capacidade de recuperação contra todos os inconvenientes através do princípio da *homeostase*. Um dos enigmas não resolvidos pela ciência médica é a fonte invisível de inteligência que mantém a vitalidade e o equilíbrio do corpo em circunstâncias adversas. Médico do século XVI, Paracelso definiu o papel do médico no sentido de compreender essa invisível dimensão do corpo humano da seguinte maneira:

> O médico deve falar sobre aquilo que é invisível. O que é visível deve ser do seu conhecimento, e ele poderá reconhecer a doença, como qualquer outra pessoa que não seja médica poderá reconhecê-la, pelos seus sintomas. Mas isso está longe de fazer dele um médico; ele se torna um médico apenas quando conhece o que é inominável, invisível e imaterial, com eficiência.

Os médicos da antiga Índia designaram esse elemento invisível, que demonstrou a alquimia da colaboração interna no corpo humano, como *prana*. No sentido geral da palavra, *prana* se refere ao princípio da vida. Também denota energia, respiração vital, força, ou o poder animador do cosmos. O corpo é visto por esses médicos como uma expressão microcósmica da vitalidade cósmica. *Prana* é a essência da sinergia do corpo; é a inteligência consciente que informa cada célula do corpo de que ela é parte de um todo mais abrangente. Essa inteligência intercelular é o que age como "cola" na organização do corpo humano.

De muitas maneiras, as organizações assemelham-se ao funcionamento de um corpo humano. A teoria da organização como um organismo não é recente. Mas a maioria dos estudos sociológicos a respeito disso tem ignorado esse elemento invisível de inteligência consciente que permeia qualquer organização ou organismo. A sinergia entre os membros de uma organização em particular não é meramente um fio que une as pessoas fisicamente como as contas de um colar. Há uma afinidade espiritual (como no espírito de equipe) que liga o membro de uma equipe ou organização a outro.

Cada membro de uma organização tem a capacidade da sinergia, assim como cada célula do corpo humano possui a inteligência de todo o corpo. Em outras palavras, podemos dizer que cada membro de uma organização tem a inteligência emergente que transforma a organização num ser. Estou usando a palavra *emergente* no sentido de que a habilidade de organizar não desperta em um membro até que ele, ou ela, perceba que faz parte de um grupo. A sinergia em organizações humanas é o resultado da dinâmica de grupo, assim como a interação dinâmica presente num grupo de abelhas proporciona a energia e inteligência requeridas para se criar uma colméia.

ORGANIZAÇÃO COMO UMA COMUNIDADE

Antes de surgirem as organizações industriais no último par de séculos, as mais poderosas formas de organização eram comunidades — grupos religiosos, sociais e culturais de pessoas que compartilhavam interesses em comum e se assemelhavam em algum aspecto. Diferentemente das organizações modernas, entretanto, as comunidades eram direcionadas não por diretrizes básicas e lucros, mas por um objetivo comum. As relações entre os membros de uma comunidade eram de dois tipos: horizontais e verticais. O relacionamento horizontal era baseado em tarefas que os membros da comunidade cumpriam juntos. O relacionamento vertical estava no comprometimento entre membros da comunidade com uma causa comum, que podia tanto servir a Deus como servir ao espírito da comunidade ou a alguma entidade supramundana.

Em corporações contemporâneas, relacionamentos horizontais são justificadamente bem definidos e mantidos por expedientes como círculos de qualidade e exercícios de construção de equipe. Contudo, o relacionamento vertical, que consiste na busca por um espírito ou objetivo comum, quase desapareceu da agenda das organizações modernas. O resultado tem sido a redução do trabalho a uma meta econômica e um crescente desencanto das pessoas com aquilo que fazem nas fábricas e escritórios.

Corporações e comunidades devem existir para propósitos diferentes, mas a base comum entre elas é o fato de serem constituídas de seres humanos; são mantidas por seres humanos e deveriam servir às necessidades e aspirações humanas. Seres humanos não vivem apenas em relações laterais com pares ou superiores no trabalho. Eles procuram pelo objetivo vertical de sua existência nesse grandioso esquema cósmico, do qual são parte integral. A eficiência da empresa moderna e a eficácia das comunidades tradicionais devem andar juntas se as organizações atuais querem ter alguma chance de sobrevivência. Uma comunidade sem a direção e a disciplina de uma corporação moderna torna-se uma coligação ineficaz de românticos aventureiros. Uma corporação sem o espírito libertador da comunidade transforma-se num círculo vicioso de gananciosos insensíveis.

Ainda uma outra dimensão que compara uma comunidade a uma empresa é a boa liderança. O tópico da liderança foi tanto uma preocupação em comunidades tradicionais assim como é em corporações atuais. As tradicionais comunidades budistas têm a seguinte oração em comum:

Buddham sharanam gacchami
Dharmam sharanam gacchami
Sangham sharanam gacchami

A primeira linha traduz-se assim: "Eu me recordo de Buda e mantenho a minha devoção a Ele." A segunda linha significa: "Eu me recordo e afirmo a minha devoção ao princípio do *dharma*, do qual Buda é o preservador." A terceira linha diz: "Afirmo minha devoção à organização, ou *sangha*, que é a personificação de Buda." Logo, vemos uma clara priorização dos compromissos entre os membros das comunidades budistas.

O primeiro desses compromissos é com o líder, Buda, que é a personificação do princípio da organização (*dharma*), assim como de sua estrutura organizacional (*sangha*). No líder, as comunidades tradicionais vêem a manifestação do mais elevado objetivo de sua vida. Buda, para eles, não representava tanto uma pessoa física, na medida em que Ele era uma personificação da verdade, do amor e da compaixão. Buda é, para os budistas, o destino humano final – o verdadeiro propósito da organização à qual eles se dedicam.

Podemos perceber nitidamente que, numa comunidade, o relacionamento lateral entre os membros não tem valor em si mesmo. Esse relacionamento tem seu valor pelo fato de nascer de um relacionamento vertical com o líder. O líder é, portanto, investido da responsabilidade de não apenas comandar a instituição, mas também de ser uma pessoa que está comprometida com os princípios sobre os quais a organização está erigida. O relacionamento entre o líder e a organização não é contratual, mas integral. No contexto das comunidades, os líderes não podem liderar enquanto não mantiverem total integridade com a causa da organização.

Em empresas modernas, os líderes são vistos principalmente como estrategistas, cujo único objetivo parece ser o de passar a perna em companhias rivais para se manter no negócio. Políticas, e não princípios, parecem ser o foco que guia esse tipo de liderança. As políticas são meros pronunciamentos e documentos que não estão integrados com a vida. Portanto, esses tais líderes, que são meros estrategistas empresariais, abandonam suas políticas assim que as circunstâncias mudam. Nas corporações de hoje, vemos muitos exemplos de líderes que abandonam suas políticas. Seu compromisso com o emprego termina numa impiedosa fuga quando os lucros afundam. A igualdade de oportunidades no emprego é violada com a criação de celas de vidro invisíveis para as minorias e mulheres empregadas. Presidentes executivos continuam a receber salários astronômicos mesmo quando demitem empregados para contenção de custos. Gandhi, que liderou a si mesmo por meio de princípios, disse certa vez que liderar com políticas não é um autêntico teste de liderança, porque, se um líder diz que a "honestidade é a melhor política", ele está querendo dizer que, se esta não fosse a melhor política em determinadas circunstâncias, ele abandonaria a honestidade.

Ao liderar a comunidade indiana de muitos milhões rumo à independência, Gandhi baseou seu princípio de liderança no conceito de *curatela*. Esse princípio foi o resultado de sua compreensão do papel da liderança como uma responsabilidade de confiança, para manter em segurança a força emitida pelos seguidores. A *curatela* valida o fato de que a força, posição e influência dos líderes aparece por causa da confiança que os seguidores têm em suas lideranças. Portanto, líderes são responsáveis por usar suas posições não para interesses pessoais, mas pelo interesse das grandes comunidades que os escolheram para líderes.

Os líderes das modernas organizações industriais precisam entender as profundas implicações da curatela como um princípio de liderança efetiva. A curatela sustenta o valor do relacionamento no trabalho de liderança. A liderança não é uma posição ou uma dignidade; é, primeira e fundamentalmente, um relacionamento de confiança entre o líder e seu seguidor. Quanto mais o líder honrar essa confiança, maior será a sua credibilidade entre seus seguidores e mais eficaz será a sua liderança.

Se as empresas modernas reconhecerem o fato de que, em mais de um aspecto, são como as comunidades tradicionais, então começaremos a ver uma nova tradição surgir nos negócios. Com a crescente globalização dos negócios, estamos testemunhando um contramovimento das culturas localizadas de negócios. Esse é um movimento em direção ao reconhecimento dos valores de uma comunidade. Reuben Mark, ex-superintendente da Colgate Palmolive, falando sobre esta tendência, disse o seguinte na revista *Fortune*:

> Ajustar-se a novos países é diferente do que costumava ser. Antigamente, deixava-se um norte-americano na Venezuela ou na Tailândia com um carregamento naval de pastas de dente e ele construía um negócio. Agora, procuramos parcerias com negociantes locais ou com o governo local. A dificuldade fundamental está em como executar uma estratégia global e continuar permitindo aos líderes de entidades locais que sintam estarem controlando o próprio destino. Nós os encorajamos a serem empreendedores; então eles podem se sentir responsáveis pelos seus resultados.
> ... REUBEN MARK, *Fortune*, 26 de março de 1990

A natureza comunitária das organizações modernas está aparecendo em práticas de negócios como quando se diz: "pense globalmente, aja localmente". Líderes empresariais de todo o mundo estão começando a compreender que a liderança nos negócios é construída em cima de relacionamentos — não apenas relacionamentos horizontais de conveniência, mas também relacionamentos verticais de compromisso com a comunidade na qual se opera. Numa comunidade, a liderança surge da exploração criativa da natureza e organização das relações inerentes à comunidade, e do respeito a esses relacionamentos por palavras, pensamentos e ações.

ORGANIZAÇÕES: DA CONSTRUÇÃO À CRIAÇÃO

Ao buscar compreender a natureza das organizações humanas, pode-se fazer uma distinção entre criação e construção. Enquanto a criação é um processo vivo, a construção é uma estrutura acabada ou em finalização de vida paralisada. A criação é multidimensional e dinâmica; a construção é seqüencial, progredindo passo a passo. A árvore que crescer a partir de uma semente é criação; um prédio que se levanta sobre suas fundações é construção.

Na árvore, a forma emerge de dentro para fora; no prédio, a forma é projetada de fora para dentro. Quando uma pequena planta emerge do solo, há algo realmente mágico nesse acontecimento. O pequenino broto já é uma estrutura completa de compartimentos multicelulares complementada por interconexões de inteligência intercelular e colorida por uma suave tonalidade verde. Durante a criação de uma planta, a inteligência incrente à semente desenvolve um múltiplo e simultâneo sistema funcional com natural desenvoltura. Na construção, as partes são acrescidas em conformidade com uma idéia do todo. Na criação, é o todo que concebe, se manifesta e se transforma no todo. A criação é a emergência do todo como um todo.

Qualquer organização humana possui tanto um aspecto criativo quanto construtivo. Enquanto a energia e a visão de seus membros se constituem no elemento criativo de uma organização, a divisão funcional da organização em *design*, manufatura e *marketing* constitui o elemento construtivo. A criação dá à organização seu impulso básico, ou o espírito de empresa. A construção provê os instrumentos e mecanismos para se canalizar o impulso numa atividade.

A criação e a construção têm de manter um delicado equilíbrio se a organização quiser manter-se saudável. O foco obsessivo na construção — estruturas, sistemas e procedimentos — oprime a respiração vital da organização, burocratizando-a e sufocando-a. Embora a energia criativa de uma organização seja o domínio invisível da vida organizacional, ela é, contudo, real. Nós freqüentemente confundimos invisibilidade com irrealidade, e nos esquecemos de alimentar os sutis elementos da atividade organizada, como confiança, integridade e espírito cooperativo. Quando negligenciados, esses aspectos invisíveis tornam-se visíveis em sintomas de enfermidades organizacionais, como troças de posição, excessiva burocratização e a abertura a uma cultura de bajulação.

Os gerentes muitas vezes acham atraente tramar continuamente os elementos construtivos de organizações. A razão é óbvia — isso dá maior visibilidade às funções gerenciais e traz maiores recompensas monetárias. Um *designer* é obcecado por um *design* exótico, que irá mostrá-lo como um executor, independentemente do valor do *design* para a organização. Similarmente, um gerente de produção está concentrado nas estimativas de produção, sem se preocupar em encontrar alternativas possíveis para aperfeiçoar a qualidade dos produtos, dentro de determinados parâmetros.

Freqüentemente, o processo de construção de organizações leva a construções rígidas. Essas tais construções nada mais são do que idéias ou percepções que resultaram de uma cultura repetitiva de impressões. Considere o exemplo de um sistema de revisão de desempenho, introduzido numa organização por um consultor de fora, empregado por um superintendente:

O superintendente, que passou por experiências no exército, decidiu mudar a forma do relatório de duas páginas sobre o desempenho da empresa por um mais extenso, com mais disposições para supervisão e controle. O consultor concordou prontamente com o pedido e moldou um formato de dez páginas, que logo tomou o lugar do existente. O entusiasmo inicial do departamento pessoal ao introduzir o novo relatório foi evidente. O assistente pessoal encheu o superintendente com relatórios exagerados sobre a eficácia da nova ferramenta e reforçou a infalibilidade de seu comando e de seu gerenciamento no sistema de controle.

O acúmulo de reações positivas selecionadas sobre seu estilo de gerenciamento produziu uma construção, ou mapeamento mental, que levou o superintendente a menosprezar sintomas de enfermidade organizacional, como o crescentes ressentimento de empregados e o abstencionismo. Com o passar do tempo, o superintendente descobriu que a "ordenação por todos os lados" estava gerando raiva e hostilidade entre funcionários e contenção do fluxo de informações a partir do assistente estagiário. O superintendente começou a questionar as suposições irreais que interferiram na redação do seu relatório e que lhe bloquearam a percepção da realidade.

A maioria dos superintendentes torna-se cuidadosamente ciente das unidades ineficazes de sua construção, mas muito poucos são sagazes o suficiente para estimular seus mapas mentais congelados com o impulso criativo de sua consciência. Em vez disso, eles procuram soluções em outras construções, em mapas mentais alternativos e em consultores para soluções de emergência, a fim de consertar o setor ineficaz da organização ou de substituí-lo por um novo modelo. Essa é uma saída fácil, porque poupa os superintendentes do sofrimento envolvido no confronto entre suas crenças profundamente enraizadas, e de ter que aprender a desobstruir o emaranhado de sua própria mente. A liderança divorciada do aprendizado reduz o líder a um mecanismo anacrônico, que, como o homem do provérbio, se relaciona com todo o mundo com um martelo, como se este fosse um prego.

LIDERANÇA NUMA ORGANIZAÇÃO APRENDIZ

A pessoa que realmente quer, atingirá o ápice — mas precisa estar ávido por aprender.

Aprender é tão antigo quanto a própria civilização. Quando os seres humanos aprenderam pela primeira vez a usar o fogo, um quadro totalmente novo de possibilidades de ação se abriu à civilização. A comida era cozida, metais eram transformados em ferramentas e a escuridão foi afastada mesmo após o pôr-do-sol. Um único líder que descobriu o fogo impulsionou o desenvolvimento evolucionário de toda a civilização. Como a primeira pessoa a dar um passo na Lua admitiu, esse único passo foi o princípio de um avanço enorme para o progresso da humanidade.

No contexto da liderança, o aprendizado pode ser descrito como uma capacidade construtiva de ação. Essa capacidade de ação não surge simplesmente do conhecimento; surge do aprendizado. Conhecimento é o processo de acumular informação ou de se ter experiências num dado contexto. Logo, o conhecimento é um evento. O aprendizado, por outro lado, é o movimento do conhecimento para além de um evento. O aprendizado é um processo contínuo. Tome a descoberta do fogo por um certo membro da espécie humana num dia em particular. Essa descoberta não terminou no evento em que uma pessoa adquiriu o conhecimento sobre como acender o fogo. Em vez disso, esse acontecimento desencadeou na consciência dessa única pessoa um processo de descobertas conseqüentes. O conhecimento sobre o evento do fogo deu início a um novo aprendizado sobre as múltiplas capacidades do fogo, de acender, iluminar, gerar força e destruir.

Tomemos outro exemplo, o de uma pessoa que passou pela primeira vez pela experiência de manobrar uma bicicleta. O conhecimento adquirido sobre o movimento de uma bicicleta não é um evento, ou mesmo uma seqüência de eventos. É um processo muito mais sutil de aprender a se equilibrar. O ato de movimentar-se numa bicicleta dá ao manobrista uma compreensão intuitiva e uma sensação de equilíbrio dinâmico. Essa sensação de equilíbrio já estava presente, o manobrista apenas o descobriu ao relacionar o conhecimento exterior consigo mesmo.

O aprendizado não é meramente uma capacidade de construção, é a capacidade construtiva presente numa pessoa. O aprendizado é o processo de conhecer a si mesmo. O conhecimento da realidade exterior é meramente um estímulo. O aprendizado é a transformação no ser em resposta a esse estímulo. Aprender não é reunir mecanicamente *bits* (unidades de informação) e porções de dados do ambiente, é o processamento criativo e contínuo dessa informação no ser interior. Quando o conhecimento se aprofunda no aprendizado, o ser adquire capacidade para a ação criativa.

Para recorrer ao exemplo de se aprender a andar de bicicleta, podemos ver que esse aprendizado é um processo autogerado. Assim como adquirimos a habilidade genérica de nos equilibrarmos sobre duas rodas, adquirimos a capacidade de dirigir não apenas uma bicicleta, mas também uma motocicleta ou qualquer outra coisa que exija essa habilidade de manter o corpo num equilíbrio dinâmico. Ou considere-se o exemplo do aprendizado da escrita. É uma habilidade que começa com um conhecimento básico do alfabeto. Então, aprendemos a relacionar uma letra com outra numa palavra. Ultimamente, quando nosso conhecimento se aprofunda ao aprendermos a escrita, percebemos que nossa capacidade de escrever está intimamente ligada a nós mesmos. Escrever então torna-se uma capacidade autogerada de nos expressarmos através de muitas maneiras criativas — em prosa, poesia ou ficção.

Enquanto o conhecimento é a apreensão de informação, o aprendizado é o desenvolvimento da inteligência criativa, de transformar essa informação em ação. O conhecimento lida com o *que* da realidade; o aprendizado lida com o *como* dessa realidade. Conhecimento é uma mera classificação da informação; aprender é a habilidade de drenar a energia dessa informação para o campo da ação. Os líderes integram o que do conhecimento com o como do aprendizado. Há total integração entre o conhecimento e a ação. Napoleão é lembrado por ter dito que a palavra *impossível* nunca existira no seu dicionário ("Você me escreve que isto é impossível; a palavra não é francesa", em carta ao General Lemarois, 9 de julho de 1813). Entre o compreensível e o possível não existe separação na mente do líder. O aprendizado na liderança é a habilidade de se enxergar o possível no compreensível, de identificar o que é praticável no domínio do conhecimento. Em síntese, o líder adquire a disciplina necessária para converter o conhecimento em aprendizado praticável.

É essa disciplina do aprendizado que separa o verdadeiro líder do resto de nós. Todos sabemos o valor da não-violência, mas é preciso a disciplina de Gandhi para converter esse valor numa força de resistência. Todos sabemos que a compaixão é uma grande qualidade humana, embora seja preciso o compromisso de Madre Teresa para traduzir essa qualidade na vida real. Todos nós sabemos quão maravilhoso seria se tivéssemos igualdade em nossa sociedade, mas é necessário o fervor de Martin Luther King Jr. para que isso possa acontecer.

Os líderes adquirem a disciplina de transformar o conhecimento em aprendizado. O aprendizado deles é sinônimo de ação. Quando Gandhi tinha 35 anos de idade e vivia na África do Sul, surgiu para ele um livro chamado *Unto This Last*, de John Ruskin. Ruskin escreveu que a libertação do indivíduo está na libertação da comunidade. Este único livro transformou a vida de Gandhi, e ele resolveu converter esse conhecimento em ação. Nas palavras de Gandhi, "Acordei com a aurora pronto a colocar esses princípios em prática" (Fischer, 1962).

Gandhi descreveu seu longo aprendizado durante a vida em sua autobiografia, *The Story of My Experiments With Truth* (Fischer, 1962). Sua imensa capacidade de construção organizacional foi fundada nessa única Verdade que ele decidiu descobrir — era a Verdade sobre o seu próprio Ser:

> O que eu quero conseguir — aquilo em que tenho me empenhado e ansiado por conseguir nesses trinta anos — é a auto-realização, encarar Deus face a face, atingir Moksha [a libertação]. Eu vivo, me movimento e utilizo o meu ser em perseguição a essa meta. Tudo o que faço falando ou escrevendo, todas as minhas aventuras no campo da política, é direcionado a esse mesmo fim.

Os sábios da Índia entenderam que a busca principal de todo o aprendizado é o autoconhecimento. Eles chamaram esse processo de *swadhyay*. O autoconhecimento é um processo infindável de descoberta das bases de todo conhecimento. Pense apenas nisto — onde reside todo o seu conhecimento sobre o mundo manifesto? No interior do Ser. Você pode dizer que sabe sobre a existência do Sol apenas porque seus olhos podem vê-lo. Você sabe sobre a lei da gravidade porque seu corpo pode senti-la. É possível qualquer aprendizado excetuando-se o contexto do Ser? Se você pensar profundamente nisso, irá perceber que não existe nenhum conhecimento além do Ser.

J. Krishnamurti, renomado mestre espiritual de nossa época, escreveu o seguinte sobre sua paixão pelo aprendizado:

> Estou aprendendo sobre mim mesmo a cada momento, e o meu *eu* é extraordinariamente importante. Ele é vivo, mutante; não tem começo nem fim. Quando digo "eu me conheço", o aprendizado chegou a um fim com o conhecimento acumulado. O aprendizado nunca é cumulativo; é um movimento de saber em que não há começo e nem fim.
>
> ... J. Krishnamurti, *On Learning and Knowledge*,* 1994

---

* *Sobre a Aprendizagem e o Conhecimento*, publicado pela Editora Cultrix, São Paulo, 1996.

O líder adquire grande vantagem psicológica ao estar num constante estado de auto-aprendizado. Mas como essa vantagem psicológica do líder é traduzida em vantagem competitiva para a organização? Em outras palavras, como um líder converte o aprendizado individual em aprendizado organizacional? Peter Senge, pioneiro na criação de organizações aprendizes no mundo todo, redefine o papel do líder numa organização aprendiz assim como segue:

> Líderes são planejadores, mestres e administradores. Esses papéis requerem novas habilidades: a habilidade de se construir uma visão compartilhada, de se trazer à tona e desafiar modelos mentais predominantes e de fomentar mais padrões sistêmicos de pensamento. Em síntese, os líderes em organizações aprendizes são responsáveis por construir organizações onde as pessoas estejam continuamente expandindo a capacidade de moldar o próprio futuro – isto é, os líderes são responsáveis pelo aprendizado.
> ... PETER M. SENGE, *The Fifth Discipline:*
> *The Art and Practice of Learning Organization*, 1990

VALORES ORGANIZACIONAIS E AUTO-APRENDIZADO

No conhecimento econômico mutante do século XXI, o auto-aprendizado será uma competência essencial, e o contínuo aprendizado a única maneira de sobreviver à competitividade global. Mas a questão crucial é: como o líder insere esse espírito de aprendizado na organização? Quais são os tipos de compromissos exigidos para esse propósito? Quais são os valores organizacionais que fazem do aprendizado contínuo numa organização uma realidade? Nas páginas seguintes discuto humildade, fé e consciência com qualidade total como os três valores fundamentais do aprendizado.

Humildade

O primeiro passo no aprendizado é a humildade. É o campo onde o conhecimento se torna aprendizado. A palavra *humildade* vem de *humus*, ou solo. O campo da realidade ou o solo é um estado de potencialidade pura. O campo é fertilizado pela inteligência, pelo estímulo da semente do conhecimento no processo vivo de aprendizado. Por convenção, a humildade é compreendida como norma social ou etiqueta. Em seu verdadeiro sentido, contudo, é um estado de espírito. Uma pessoa é humilde não tanto por pensar mais ou menos sobre o que ela seja, mas porque pensa menos em si mesma.

Há uma diferença radical entre os dois modos de se olhar para a humildade. No primeiro caso, quando nos diminuímos por causa de uma norma social, estamos sendo humildes no sentido convencional e mais aceitável da palavra. Neste caso, podemos estar colocando uma aparência de humildade perante os outros, mas podemos continuar cheios de pensamentos sobre nós mesmos e sobre a nossa própria importância. Por outro lado, se somos verdadeiramente humildes, aprendemos a reduzir a energia que investimos ao pensar em nossas próprias façanhas e ao engrandecer o nosso ego. Quando nos damos conta de quanta energia da organização é despendida no engrandecimento de nossas posições e pontos de vista, percebemos que dificilmente temos energia sobrando para aprender algo novo.

Parece paradoxal, mas é verdade que, se queremos o auto-aprendizado, temos de aprender a pensar menos em nossos pequenos eus e em seu conhecimento egocêntrico. O auto-aprendizado aparece com a suspensão de nosso conhecimento existente, que tumultua nossa perspectiva de vida e impede o aprendizado do novo. Em organizações, muitas idéias brilhantes são abafadas por chefes incompetentes que parecem "saber" que "isto não pode ser feito", ou que "aquilo é muito pouco prático para ser implementado". Nada age como maior obstáculo ao aprendizado organizacional do que uma atitude mental onisciente.

Em um de meus cursos para empresas um jovem executivo perguntou-me: "Eu não sei e não estou muito esclarecido sobre muitas coisas relacionadas com o meu trabalho. Contudo, pretendo saber tudo porque sinto que é a coisa mais inteligente a fazer. Como posso acabar com esse meu problema?" Minha resposta a essa pergunta foi: "Por favor, descubra um pouco mais sobre o Ser que sabe que você não sabe muito. Seu problema será resolvido automaticamente." Para citar o que aprendi de Madre Teresa:

> O autoconhecimento nos coloca de joelhos e é muito necessário... Se você for humilde, nada irá atingi-lo, nem o prazer e nem a desgraça, porque você sabe o que é. Se você for repreendido, não se sentirá desencorajado; se alguém o chamar de santo, você não se colocará num pedestal.
> ... MADRE TERESA, *Total Surrender*, 1985

As palavras de Madre Teresa sintetizam em poucas palavras a essência do aprendizado como uma busca não-passional pelo autoconhecimento que não é contaminado pela nossa auto-imagem. Os sábios dos Upanishads chamaram esse tipo de conhecimento *atma-vidya*, ou conhecimento do verdadeiro ser. *Atma-vidya* não é conhecimento no sentido de acúmulo de informação. É um processo contínuo de esclarecimento dos emaranhados da auto-imagem que anuviam o nosso autoconhecimento. *Atma-vidya* é a última meta do aprendizado, e a humildade é seu ponto de partida.

No contexto da criação de uma organização aprendiz, um líder precisa se certificar de que o aprendizado individual também é traduzido no aprendizado da equipe. O valor da humildade é um ingrediente essencial do aprendizado em equipe. No trabalho de equipe, cada membro tem de suspender o julgamento sobre o que outros sabem ou são capazes de saber. Essa suspensão de julgamento assegura maior receptividade ao aprendizado e permite uma maior circulação de energia e informação inerente à equipe. Charles Williams sublinhou assim a importância da humildade no contexto do aprendizado em equipe: "Nenhuma mente foi tão boa que não precisou de outra mente para contrariá-la e reafirmá-la, e para livrá-la da presunção, da cegueira, da intolerância e da leviandade. Apenas nesse equilíbrio a humildade pode ser encontrada" (Williams, 1965).

Fé

O segundo valor importante sobre o qual uma organização é erigida é a fé ou confiança. A confiança é uma conseqüência da fé. Organizações tais como as Missionárias da Caridade, o Exército da Salvação e a Missão Ramakrishna são sustentadas puramente pela fé. Falando sinceramente, nenhuma organização pode sobreviver — ou mesmo aprender — sem fé. Tenho feito muitas vezes esse questionamento a mim mesmo: Há alguma coisa aprendida na minha vida que não tenha se iniciado pela fé?

Como aprendi o alfabeto? Porque tive fé em meus pais, em quem confiei. Como aprendi matemática e geografia? Tive fé em meus professores. Eu ainda aprendo coisas novas porque tenho fé na minha capacidade de aprender.

O que é verdadeiro para o aprendizado individual também o é para o aprendizado organizacional. As organizações que possuem uma fé intrínseca na sua capacidade de criar o seu próprio destino aprendem mais rápido do que suas concorrentes. A liderança inerente à organização é responsável por instilar essa fé na auto-realização entre os membros da organização. Às vezes, este processo é chamado de *efeito Pigmaleão* no gerenciamento. O efeito Pigmaleão é o resultado direto da expansão da capacidade de aprendizado da organização pela remoção dos obstáculos organizacionais ao aprendizado, como o medo de punições por erros cometidos e a extrema centralização do processo de tomada de decisões.

O medo de cometer erros pode ser mais custoso às organizações do que os próprios erros. Os líderes que valorizam o aprendizado organizacional como uma força poderosa para o desenvolvimento da organização compensam mesmo as falhas mais custosas de seus funcionários para benefício a longo prazo da organização. Certa vez ouvi a seguinte história fascinante sobre um superintendente da IBM:

> Um funcionário da IBM cometeu um erro muito dispendioso, que acarretou uma perda de alguns milhões de dólares na receita. Tremendo com medo da enormidade de sua falta, o funcionário datilografou uma carta de demissão e entregou-a ao superintendente. O superintendente olhou para a carta e gritou em resposta: "O que neste mundo faz você imaginar que iremos demiti-lo depois de termos gasto tanto na sua educação?!"

Como se define a fé no contexto do aprendizado? Rabindranath Tagore (1955) escreveu: "A fé é o pássaro que sente a luz e canta quando a aurora ainda está escura." A fé é a habilidade de manifestar a inteligência intuitiva de uma pessoa — é uma aptidão para solucionar as coisas mesmo quando há um suporte inadequado de dados. O líder capaz de perceber os padrões emergentes da realidade organizacional muito à frente de seus colegas está agindo com fé. Seu aprendizado não se baseia somente no seu intelecto — ele aprende com seus sentimentos internos e com os gentis estímulos de seu próprio coração.

A fé é uma abordagem integrada do aprendizado. Se uma pessoa cultiva a fé, aprende tanto com a cabeça quanto com o coração. Embora o aprendizado da cabeça seja preferido em nossos modernos sistemas educacionais e organizacionais, a antiga máxima de se aprender pelo coração é de grande importância. Vemos que eventos dos quais nos recordamos, em sua maioria da infância, são aqueles que têm emoções mais fortes relacionadas com eles. Prestamos atenção no nosso trabalho se o nosso coração está envolvido com ele. Os líderes que capacitam os funcionários de suas organizações a entregar seu coração ao trabalho promovem a fé no trabalho. Bill George, superintendente da Medtronic Inc., uma companhia biomédica multinacional, disse o seguinte:

> Afinal de contas, nós gastamos mais tempo no trabalho do que em qualquer outra instância da nossa vida. Não deveríamos encontrar significado no nosso trabalho, e a oportunidade de usar nossa mente e sentimentos ao apelar para os princípios animadores ou que nos dão vida internamente? Isto não é prática religiosa *per se*, mas é devotar todo o nosso ser a um objetivo mais elevado em nosso trabalho.

Nas organizações, aprendemos com os resultados visíveis de nossas ações. Há uma relação de causa e efeito entre o investimento e o resultado do nosso trabalho. Nós introduzimos um determinado processo numa unidade de manufatura e obtemos um certo produto. Mediante a observação e análise do produto, verificamos se o processo estava correto ou não. Nosso aprendizado segue a lei natural do "ver para crer". No reino da fé, que tem sua própria relação de causa e efeito, esta lei da Natureza é revertida. A fé opera segundo a lei do crer para ver. Na fé, a crença vem primeiro, e o resultado a segue. Henry Ford, o veterano da indústria automobilística dos Estados Unidos, afirmou apropriadamente: "Se você pensar que pode ou pensar que não pode, você está certo."

A Ford Motor Company apostou na crença de que cada funcionário da Ford deveria ser capaz de comprar um automóvel Ford. Essa crença produziu os resultados desejados. Foi a lei que governa a fé operando — crer para ver —, não de um modo vago e indeterminado, mas com a mesma eficácia de qualquer lei natural. O problema não está tanto na lei, mas na nossa total falta de compreensão em relação a ela. Na ciência médica, essa lei é conhecida como o *efeito placebo*, que ocorre entre pacientes que são curados simplesmente porque acreditam que serão curados, e não por causa de uma medicação.

A fé aparece como um conceito muito abstrato no mundo concreto da vida organizacional. É verdade que a fé não é uma coisa. Mas a fé também não é um nada. *Não ser algo* não significa o nada. De outro modo, "coisas" como amor, justiça e compaixão não seriam sentidas por nós na nossa vida organizacional. A fé é um estado de consciência que, embora invisível a olhos nus, manifesta suas próprias leis dadas as circunstâncias apropriadas.

Consciência com Qualidade Total

O terceiro valor organizacional que facilita o auto-aprendizado é a consciência com qualidade total. O gerenciamento de qualidade total tem se preocupado predominantemente com a questão do enriquecimento do serviço pelo levar o aprimoramento a seus produtos, sistemas e processos de trabalho. No entanto, ele tem freqüentemente negligenciado a questão do auto-aprendizado por meio da consciência qualitativa. Círculos de qualidade são uma realidade da vida organizacional em todo o mundo. Agora, o cultivo da consciência qualitativa tem de ser levado para o fio condutor da educação gerencial, para que os círculos de qualidade tenham um efeito duradouro. Isso irá resultar numa elevação espontânea do aprendizado no trabalho para o auto-aprendizado.

A consciência qualitativa surge da qualidade da atenção que despendemos em qualquer serviço em que estamos engajados. Quando nossa atenção em qualquer trabalho é total, descobrimos certa qualidade mágica no nosso trabalho. No artesanato da Antigüidade, a qualidade da atenção era o instrumento mais importante disponível aos artesãos. Sem máquinas de produção em série, exigia-se dos artesãos que fossem extremamente diligentes e atentos em seus ofícios. Em seu livro *The Art in a Craft*, Harry Remde escreveu o seguinte sobre a experiência de um oleiro ao fazer um pote:

> Misturar é a primeira experiência do oleiro na manipulação da argila. Na mistura, ele se familiariza com a argila. O movimento de suas mãos e da argila é parte do movimento circular, que é a essência do ofício. O oleiro sente a forma do vaso enquanto amassa a argila. O vaso começa a existir muito antes de a argila chegar à roda do oleiro.
> ... HARRY REMDE, *The Art in a Craft*, 1975

Isso é o que entendemos como qualidade de atenção. Com atenção total, a experiência do trabalho ou o processo de produção é completamente internalizado, a ponto de o trabalhador se tornar uma parte integrante do trabalho. A causa enraizada da nossa alienação em relação ao trabalho organizacional atual mostra que não estamos tão intimamente conectados com o nosso trabalho como estavam os artesãos da Antigüidade em relação a seus ofícios. Como um verdadeiro artesanato, o verdadeiro aprendizado ocorre no processo de atenção que damos ao trabalho. Essa atenção é a essência do aprendizado. Quanto mais profunda a atenção, maior a integração entre a cabeça, o coração e o corpo, e melhor a qualidade do artesanato. Nas palavras de Remde:

> Esse é o objetivo do ofício, tanto quanto for possível. O trabalhador aprende sobre si mesmo enquanto trabalha; enquanto aprende, o trabalho toma forma. Ele começa a compreender, a ser tão dependente do ofício como é de si mesmo... O coração palpita; a cabeça reconhece; o corpo age. Estes são os três ingredientes presentes num ofício.
> ... HARRY REMDE, *The Art in a Craft*, 1975

No trabalho organizacional, aprender não é mais do que a realização na ação. No meio da ação, temos esse lampejo intuitivo repentino sobre algo, como uma centelha de iluminação. Utilizando as palavras de J. Krishnamurti: "Nós dizemos, 'Dê-me tempo, deixe-me ter mais experiência e eventualmente irei compreender'. Mas você nunca percebeu que a compreensão surge como um lampejo, nunca através do cálculo, através do tempo?" (Krishnamurti, *On Learning and Knowledge*, 1994).

Krishnamurti definiu o aprendizado como "o presente ativo". A resolução de problemas organizacionais ocorre no presente ativo, em meio à ação. Esse presente ativo é o momento de completa atenção. Como o oleiro com o instrumento, que enquanto está totalmente focado na argila aprende por meio de vislumbres internos, os gerentes aprendem em seus escritórios.

Os líderes aprendem a cada momento num processo de auto-referência. Seu aprendizado hoje não é condicionado pelo conhecimento de ontem. Eles têm cabeça fresca e uma receptividade e agilidade mental para absorver a nova lição. Enquanto muitos de nós se tornam prisioneiros de sua experiência, os líderes mantêm-se em contato com o presente ativo. Eles aprendem não pela memória, mas pelo momento presente. Eles se expandem na pura alegria do aprendizado. Seu deleite em aprender vai além dos limites deles mesmos e iluminam a mente de seus colaboradores.

O verdadeiro aprendizado é como o acender de uma vela. Você pode acender milhares de chamas a partir da mesma vela sem diminuir a original. Líderes iluminados são como a primeira vela. Geram uma inesgotável fonte de aprendizado na organização, sem, de nenhuma maneira, diminuir a luz que brilha através deles.

CAPÍTULO 5

Liderança e Comunicação

> Há um caminho entre a voz e a presença
> onde a informação flui.
> No silêncio disciplinado ele se abre.
> No devaneio da fala ele se fecha.
>
> ... JELALUDDIN RUMI (Barks, 1995)

O SILÊNCIO COMO LINGUAGEM

O silêncio é o berço de uma linguagem. O silêncio concebe, prepara e dá à luz a linguagem. Um estado de silêncio não é simplesmente uma ausência de som; é a plenitude da inteligência inefável. O silêncio é a pura potencialidade da linguagem. Palavras ou sons são expressões materiais dessa potencialidade. Assim como a superfície barulhenta do mar é acompanhada pela vasta profundeza de água serena, o silêncio integra a linguagem ao significado e à compreensão.

O silêncio é consciência pura. É a base para a nossa compreensão da realidade. Silêncio é linguagem emergente. Usando a terminologia da física moderna, a flutuação de energia e informação no campo do silêncio cria pensamentos. Pensamentos são moléculas em movimento — neuropeptídeos que fluem num certo padrão através da rede neuronal. Quando essas "moléculas-pensamento" se desenvolvem em ritmos inteligíveis, nasce a linguagem. Se observarmos cuidadosamente o processo pelo qual a linguagem comunica significado, veríamos que não são as palavras por si mesmas que trazem significado. Em vez disso, é nas silenciosas pausas entre palavras que o significado é criado.

A comunicação através da linguagem ocorre como resultado de uma troca ou transação de significados. A lei da troca requer um valor comum entre os objetos que estão sendo trocados. Se quisermos trocar dólar por yen, o valor comum poderá ser o poder aquisitivo. Do mesmo modo, numa troca entre palavras, o valor comum é o silêncio. Todas as palavras podem ser reconvertidas em silêncio — elas emergem do silêncio e imergem no silêncio.

A liberdade de expressão tem duas dimensões. A primeira é a liberdade de expressar a linguagem; a segunda é a liberdade do silêncio. A liberdade da fala nos permite falar sobre o que sentimos que é apropriado expressar. A liberdade do silêncio nos permite explorar as mais profundas vozes internas que nos falam sem nenhuma inibição. Exercitar a liberdade da fala requer muito mais dispêndio de energia do que o exercício da liberdade do silêncio. No discurso, a energia se fragmenta em expressões verbais que nada mais são do que vibrações de energia sonora. No silêncio, a energia está integrada à consciência silenciosa. Se alguém controla o desejo de falar a cada momento, irá sentir uma onda de energia no sistema nervoso. O silêncio é energia em conservação. Por isso, o líder cultiva conscientemente a disciplina do silêncio.

As palavras tomam a forma da expressão, enquanto o silêncio é o campo da experiência. Quando a nossa expressão é verdadeira em relação à nossa experiência, nossa comunicação torna-se autêntica. A comunicação autêntica é a base para uma comunicação eficaz. A raiz da comunicação eficaz pode ser encontrada no silêncio. A palavra falada tem duas formas: uma é a forma verbal, que é som. A outra é a forma pré-verbal, que é silêncio. No estágio pré-verbal, isto é, antes de uma palavra ser articulada pelos lábios, a palavra existe como uma silenciosa vibração mental. Nós quase podemos ouvir o som mental se cultivamos o nosso silêncio. Por exemplo, antes de pronunciar a palavra *maçã*, temos uma imagem mental da maçã e uma vibração pré-verbal correspondente no nosso sistema nervoso. Quando falamos tendo um domínio consciente sobre nossas palavras no estágio pré-verbal, nossa comunicação é extremamente eficaz.

Para compreender como as palavras são criadas a partir do silêncio, tente esta experiência na seguinte seqüência:

1. Tome qualquer palavra que você possa pronunciar sem problemas; por exemplo, *líder*, e pronuncie-a em voz alta dez vezes.
2. Feche os lábios e pronuncie a mesma palavra mentalmente por um minuto; você irá sentir a nítida vibração da palavra *líder* em sua mente.
3. Mantenha os lábios cerrados e feche os olhos por alguns minutos, imediatamente após o segundo passo. Não pense em nenhuma coisa em

particular, mas preste atenção ao que aparecer na sua mente. Uma vibração muito tênue da palavra *líder* persistirá em algum local profundo da estrutura celular da sua mente. Se você estiver suficientemente alerta, perceberá como a vibração se transforma em silêncio.

Todas as grandes tradições espirituais do mundo prescrevem a disciplina do silêncio como um processo de purificação da mente. Os sábios indianos referem-se ao estado de silêncio como *mouna*. Sri Ramana Maharshi, que praticou o silêncio durante muitos anos de sua vida espiritual, explicou o conceito de *mouna* num diálogo com um devoto:

> **O devoto perguntou:** O que é *mouna* [silêncio]?
> **O Mestre respondeu:** *Mouna* não é fechar a boca. É a fala eterna.
> **Devoto:** Eu não entendo.
> **Mestre:** Aquele estado que transcende a fala e o pensamento é *mouna*.
> **Devoto:** Como atingi-lo?
> **Mestre:** Pegue firmemente um conceito e descubra-o. Dessa concentração resulta o silêncio. Quando essa prática se torna natural irá culminar no silêncio.

O mundo da Natureza está repleto de linguagem. A Natureza comunica, não através de expressão verbal, mas através de sons inaudíveis e vibrações invisíveis. A flor anuncia seu encontro marcado com a abelha pela sutil vibração de sua fragrância. A mosca anuncia uma conferência zunindo suas asas. O morcego ouve vibrações de árvores e cuida de seus interesses no silêncio da noite. O silêncio está falando perpetuamente conosco. É a linguagem mais eficiente conhecida na organização da Natureza, que lhe permite executar tarefas sem demasiada resistência. Usando ainda uma vez mais as palavras de Sri Ramana Maharshi:

> O silêncio está sempre falando; é um fluxo perene de linguagem; é interrompido pela fala. As palavras obstruem essa linguagem muda. Há eletricidade fluindo em um cabo. Por resistência à sua passagem, ela brilha como uma lâmpada ou gira como um ventilador. No cabo ela permanece como energia elétrica. Da mesma forma, o silêncio é o eterno fluxo de linguagem obstruído pelas palavras.
>
> ... T.M.P. Mahadevan, *Talks with Sri Ramana Maharshi*, 1989

Como todas as línguas, o silêncio tem uma gramática própria. Na comunicação humana, gestos silenciosos denotam vários sentidos – nomes de objetos ou idéias. Posturas silenciosas podem transmitir o sentido de uma ação ou de um verbo específico. Expressões faciais silenciosas podem ser tão descritivas quanto qualquer adjetivo. Pausas de silêncio entre palavras servem como sinais de pontuação. As formas de danças clássicas de muitas culturas antigas utilizam a eloqüência de silenciosas nuances como poderosos instrumentos de comunicação.

A sensibilidade ao silêncio é importante em qualquer forma de comunicação. Podemos comparar o estado de silêncio como um quadro-negro onde escrevemos palavras. A menos que compreendamos a natureza do quadro e a qualidade de sua constituição, nós não poderemos escrever bem. Do mesmo modo, a menos que compreendamos o nosso silêncio, não podemos entender o pleno potencial da nossa habilidade de comunicar.

Outra maneira de descrever a função do silêncio na comunicação é usar a analogia da música instrumental. Um som provocado por um instrumento musical de cordas tem duas dimensões: um tom e um subtom. O tom é um som produzido ao tocar-se uma corda com o dedo. O tom é como um som verbal que possui uma estrutura audível clara que pode ser interpretada pelos nossos ouvidos. Mas a profundeza, a densidade e a dimensionalidade da música instrumental provêm não do tom, mas do subtom, que é a vibração dissidente do som, enquanto este mergulha no silêncio. Algumas músicas de que gostamos permanecem conosco mesmo depois que paramos de ouvi-las. Isso ocorre simplesmente porque prestamos atenção e captamos o cicio da música, que carregamos conosco na profunda estrutura da nossa consciência.

Um dos tópicos importantes na liderança é a habilidade de fazer as escolhas certas. O líder tem que fazer muitas escolhas significativas no curso da vida e do trabalho. O líder inteligente sabe que as escolhas são feitas no espaço e no tempo existentes entre um certo estímulo e uma resposta apropriada. Usando um exemplo concreto, uma líder de negócios trabalhando para uma companhia de seguros se depara com um dilema no qual tem de decidir, em cinco minutos, se deve investir num negócio em particular. Ela coletou todos os dados relacionados com esse negócio que conseguiu recolher. Ainda assim está indecisa — ela é incapaz de imaginar se aquele poderá ser um bom ou um mau negócio para a sua empresa. Enquanto debate os prós e os contras de suas duas alternativas possíveis, o tempo parece estar se acabando. Nesse momento, ela se senta em silêncio com os olhos fechados e observa profundamente seus pensamentos. Então, toma a decisão final.

Muitos de nós fazem escolhas decisivas desse modo. Avaliamos nossos pensamentos com relação às possíveis conseqüências das escolhas que temos de fazer. Quanto maiores os interesses envolvidos na escolha, maior é a divisão de nossos pensamentos em campos opostos. Um grupo de pensamentos é disposto para sustentar por que uma determinada opção tem de ser escolhida. Outro grupo de pensamentos nos dá razões igualmente convincentes dizendo por que uma decisão em particular não deve ser tomada. Uma mente pouco cultivada oscila entre um grupo e outro de pensamentos e acaba decidindo impulsivamente. Mas uma mente que aprendeu a disciplina do silêncio tem uma visão completa de todos os pensamentos e, depois de um momento, esgueira-se quietamente nos lapsos de silêncio entre pensamentos. Nesse silêncio, a justa opção é escolhida com habilidade espontânea.

Como uma pessoa cultiva a disciplina do silêncio? A seqüência de passos a seguir pode ser extremamente útil para integrar o valor do silêncio na sua vida cotidiana:

1. Determine um local num dos cômodos de sua casa como o *local de silêncio*. Faça desse espaço o mais confortável que puder, para que nele você possa permanecer. Leve para ali uma cadeira adequada ou uma cama em que você possa se sentar ou deitar.
2. Por quinze minutos diários, retire-se para esse local para ter um encontro consigo mesmo.
3. Não fale quando estiver nesse local. Informe as pessoas à sua volta sobre a sua intenção de estar em silêncio para que possam compreendê-lo. É necessário que você não se disponha a atender chamadas telefônicas ou outras distrações, pois está em silêncio.
4. Sente-se silenciosamente com os olhos fechados e esteja consciente do constante trânsito de pensamentos em sua mente, que se tornará mais e mais nítido enquanto seu silêncio aumenta. Após haver praticado isto por um tempo, preste atenção a um único pensamento ou idéia, e o(a) desenvolva até o fim. Siga o pensamento até que se dissolva no silêncio da sua consciência.
5. Sinta o seu nível de energia, a compostura no trabalho e a qualidade de seus relacionamentos tornarem-se melhores depois praticar este exercício por alguns dias.
6. Quando estiver emocionalmente triste, ou antes de tomar uma decisão importante, passe um tempo nesse local resguardado. Isso será de imensa utilidade.
7. Você deve estar em um cômodo vazio, onde haja completo silêncio, ainda que sua mente esteja mergulhada em ruídos. Se, no entanto, você

tiver praticado a arte de ouvir o ruído dos pensamentos caóticos na sua mente, irá aprender o que é o verdadeiro silêncio. Você poderá sentir gradualmente como o silêncio exterior leva a um enriquecimento do silêncio interior. Buda chamou isto de "a quietude do oceano interior".

O cérebro humano pode compreender, em média, quinhentas palavras por minuto, mas a média dos seres humanos pode falar aproximadamente apenas 100 palavras por minuto. Isto nos dá um sinal de que mesmo a constituição humana é desenvolvida com uma tendência mais para a escuta do que para a fala. O silêncio é o meio da escuta. J. Krishnamurti disse certa vez que uma pessoa ouve e aprende somente num estado de atenção, num estado de silêncio. A comunicação autêntica pode acontecer onde há silêncio.

LIDERANÇA E A ARTE DE OUVIR

Mahavira, um contemporâneo de Buda, foi um mestre iluminado que fundou a religião conhecida como Jainismo. Mahavira falou sobre o caminho do *shravaka*, ou do ouvinte, como um caminho rumo à iluminação. A escuta era valorizada nas tradições sagradas por ser sinônimo de aprendizado. Uma ampla linha da literatura sagrada da Índia é conhecida como *shrutis* — esses ensinamentos foram passados de geração para geração, não como documentos escritos, mas através de escuta e memorização. Aqueles que podiam ouvir completamente tornaram-se personificações da sabedoria dos textos sagrados.

Nós aprendemos mais profundamente através de nossos ouvidos do que pelos nossos olhos. Nossos olhos apenas folheiam a superfície da realidade como uma sucessão de formas. Os olhos são muito lineares em sua percepção de imagens. Quando olhamos para uma grande multidão numa sala de conferência, os olhos percorrem a aglomeração focalizando da frente para trás, ou da esquerda para a direita. Nossos olhos dificilmente podem captar a totalidade da massa de pessoas — eles vêem apenas fragmentos da totalidade. Os ouvidos, por outro lado, recebem sons de uma perspectiva multidimensional — de perto e de longe, tanto da esquerda quanto da direita. Ao ouvir, absorvemos informação de múltiplas direções. É por isso que, quando pensamos profundamente sobre algo, tendemos a fechar os olhos e a ouvir mais através dos ouvidos.

A lógica linear da comunicação coloca a escuta como o último passo na comunicação. Mas o fato é que a comunicação, na verdade, começa com a escuta. Mesmo quando falamos, ouvimos nossas próprias vozes.

Provavelmente, ouvimos primeiro, na nossa mente, as palavras não-ditas, antes de as pronunciarmos em voz alta. Nossos diálogos interiores precedem nossa expressão exterior. A escuta profunda nos coloca em íntimo contato com nossos diálogos interiores. J. Krishnamurti disse que, quando tentamos ouvir, achamos isso extraordinariamente difícil, porque estamos sempre projetando nossas opiniões e idéias, nossos preconceitos, nosso repertório, nossas inclinações e nossos impulsos. Quando estes dominam, dificilmente ouvimos o que está sendo dito, porque estamos mergulhados numa torrente interna.

Quando os líderes ouvem, eles prestam atenção primeiro nos seus impulsos internos. Ao fazer isto, estabelecem comunicação consigo mesmos e levam à luz da consciência o ruído subliminar de suas próprias vozes. Logo que esse ruído se assenta, a verdadeira escuta começa. De outro modo, o líder impõe sua própria voz à voz da pessoa que ele deveria estar ouvindo. Isso distorce sua recepção das mensagens dos outros. O processo de escuta interior é como a sintonização do rádio interior a uma freqüência específica para se esclarecer o ruído interior; só então podemos ouvir as informações com clareza.

Ouvir, como a linguagem, tem mais do que uma dimensão. Primeiro, há a *dimensão do factual*. Nesse estágio, a linguagem é meramente um reconhecimento do fato. Por exemplo, quando alguém nos informa de que choveu na semana passada ou de que uma empresa aumentou seus lucros em dez por cento, nós ouvimos a reafirmação dos fatos. Ouvir esses tais fatos não exige muita sutileza; qualquer um com uma certa dose de atenção pode fazer isto.

A segunda dimensão da linguagem é a *dimensão do intencional*. Nesse nível, uma pessoa tem que ouvir as intenções mais sutis que estão por trás do que diz um falante. Quando um chefe diz a um subordinado, "Agradou-me hoje a sua chegada pontual ao escritório", está transmitindo uma mensagem diferente do que essas meras palavras poderiam estar comunicando. O subordinado que ouve irá ler a mensagem como: "Não me agradou sua chegada atrasada outro dia ao escritório." A escuta intencional requer mais atenção e energia por parte do ouvinte.

A terceira e mais sutil dimensão da linguagem é a *dimensão transformadora*. A linguagem possui uma certa alquimia que pode transformar o coração e a mente do ouvinte. Essa transformação chega ao ouvinte por intermédio de um processo conhecido como *empatia*. Quando a escuta é muito profunda, o ouvinte está em contato com o espírito que está por trás das palavras do locutor. Ele ouve com o coração, além dos ouvidos. O foco do ouvinte não está simplesmente nas palavras ou nas intenções que estão por trás delas, mas na energia sensível das palavras. Os que tiveram a grande fortuna de ouvir o discurso do "sonho" de Martin Luther King Jr. terão certamente experimentado o aspecto transformador da escuta.

Líderes conscientes têm habilidade para ouvir simultaneamente as três dimensões da linguagem – a factual, a intencional e a transformadora. Eles captam detalhes factuais com a precisão de um cientista, têm intuições sobre a intenção do locutor com a imaginação de um poeta e estão preparados para se transformar com o que ouvem com o fervor de um peregrino. Enfim, ouvir não diz respeito meramente à captação de informações, mas também à transformação dessa informação em inteligência. A escuta profunda facilita o fluxo de inteligência na comunicação pela remoção das barreiras físicas, psicológicas e mentais que separam o locutor do ouvinte.

Rumi (Barks, 1995) disse o seguinte:

Uma língua tem um cliente: o ouvido.

A relação entre língua e ouvido não é uma relação mecânica entre um órgão do corpo e outro. Não é ainda como se a língua extravasasse informações e o ouvido as recebesse. A relação é de unidade e de interdependência dinâmica. Os papéis da língua e do ouvido são intercambiáveis. Algumas vezes o ouvido fala e a língua ouve silenciosamente. O ouvido é um locutor criativo; ele ouve o som e cria o significado a partir desse som e, como intérprete habilidoso, transmite o significado correto. Tudo isso enquanto a língua permanece silenciosa; senão, ela teria interrompido o ouvido e distorcido a compreensão. Os líderes sabem que o objetivo de ouvir não é criar eloqüência, mas entendimento. Eles seguem o dito de Shakespeare: "Dê a cada homem o seu ouvido, mas diminua a sua voz" (*Hamlet*, Ato 1, cena III).

PALAVRAS: COMO ELAS MOLDAM O NOSSO MUNDO

"Quando uso uma palavra", disse Humpty Dumpty, num tom um tanto zombeteiro, "ela significa apenas o que eu decidi que significasse – nem mais nem menos."

"A questão é", disse Alice, "se você *pode* fazer as palavras significarem tantas coisas diferentes."

... Lewis Carroll, *Through the Looking-Glass*, 1872

A palavra não é uma invenção humana. Nem é simplesmente um instrumento de comunicação; é infinitamente mais. Ela não transmite meramente um som vazio ou uma idéia racional desprovida de força. A palavra tem muitas formas: tem um aspecto material, um significado, uma mensagem, uma estrutura visível e uma determinada qualidade vibracional. Para adentrar a mais íntima estrutura de uma palavra, a pessoa tem que participar do verdadeiro processo ou ato pelo qual a palavra passa a existir. A palavra é tanto uma criação material da realidade quanto a inteligência invisível que cria a realidade.

Todas as palavras existem na forma de semente como som. Nessa forma, a palavra é um princípio consciente mas indiferenciado. Então, o som se torna diferenciado na mente e toma a forma de um pensamento. Finalmente, torna-se fala articulada e passa por diferentes órgãos articuladores, como a laringe, a língua, o palato, os dentes e os lábios.

Na forma seminal, a palavra enquanto som não é nada mais que energia consciente. Nesse estágio, a palavra não adquire audibilidade ou amplitude, e é apenas uma intenção. Sob o impulso da percepção, essa energia consciente de intenção cria uma tensão nervosa na mente, que busca alívio por meio da fala.

Vemos então que a gênese de uma palavra é uma intenção consciente que reside no campo indiferenciado do som. De outra perspectiva, a palavra emerge do unificado campo da inteligência natural. Para ilustrar isto, vamos tomar o exemplo de duas palavras – *rocha* e *flor*. Mesmo para uma pessoa que não aprendeu o português, o som da palavra *rocha* transmitiria algo duro e pesado, enquanto que pela palavra *flor* a pessoa conceberia algo suave e delicado. Além de denotar objetos naturais, essas palavras também possuem nuances psicológicas. Por exemplo, *rocha* pode denotar alguém com um temperamento forte e inflexível. Do ponto de vista experimental, as palavras não podem ser ditas como sendo um produto da organização humana. Em vez disso, elas emergem no campo mental dos seres humanos desde o panorama da inefável inteligência da Natureza.

As palavras são as formadoras da realidade material do nosso mundo. Sem palavras, é impossível imaginar as organizações altamente especializadas de hoje. Palavras como *capital, propriedade, meta, mercado, gerenciamento, clientes e comunicação* constituem o que podemos chamar de estrutura falada da nossa organização. Se quisermos traçar a origem de algumas dessas palavras, ficaríamos surpresos ao descobrir que elas provêm, não tanto da mente dos humanos, quanto do campo evocativo da Natureza. Na idade pré-industrial, a palavra *capital* significava riqueza em termos de rebanho. Naquele tempo, o rebanho era um importante fator na produção e uma generosidade da Natureza. Do mesmo modo, a palavra *propriedade* veio da palavra latina *proprius*, que significa "a natureza inerente a algo ou alguém". Logo, do significado original de "qualidade natural", o conceito de propriedade adquiriu um significado mais material, isto é, "o estado real sobre o qual uma pessoa tem direitos legais exclusivos".

Formas e fenômenos naturais criam a profunda estrutura das palavras. No decurso da civilização, essas palavras naturais adquirem formas materiais que são praticamente divorciadas de sua fonte. Hoje a palavra *comércio* significa fazer negócios. Originalmente, essa palavra significava um hábito recorrente, ou modo de vida, ou uma estrada percorrida como quando se "trilha um caminho". Disso ela adquiriu o significado restrito de trabalho ou de uma profissão. Agora um comerciante é alguém que vende mercadorias. Do mesmo modo, *compra* significava "um lugar para o rebanho ficar", como o termo anglo-saxão *scypen*, ou um "carreadouro", como *schuppen* em alemão. A palavra em inglês *measure* (medida) tem origem na antiga expressão sânscrita *maya*, que significa uma ilusão da Natureza. O conceito de *maya* surgiu da compreensão que a antiga civilização da Índia teve de que todas as medidas nos mostram apenas superfícies fragmentadas da realidade da Natureza e, portanto, não se pode contar totalmente com elas.

Toda a nossa literatura sagrada nos diz que a palavra é um veículo consciente entre coisas e pensamentos. No Livro do Gênesis lemos: "E Deus disse: Faça-se a luz, e houve luz" (Cap. 1, vv. 1-3).

Os Vedas nos dizem: "... por aquela Sua palavra, por aquele Ser, Ele criou tudo isto, tudo o que existe." O Santo Qur'an diz igualmente: "Nossa única palavra para algo, quando o desejamos, é dizer que isso exista! E isso passa a existir." No estágio dessa concepção, a palavra é uma energia primária da Natureza, uma vibração pura de imenso potencial. A Natureza também pensa, não através da linguagem verbal, como nós fazemos, mas através de vibração sonora.

A diferença entre uma árvore e uma pedra é simplesmente uma diferença qualitativa na vibração dos mesmos átomos. A palavra mantém-se como uma ponte entre a vibração do mundo natural, que são as coisas, e a vibração do mundo mental, que são os pensamentos. O processo de conversão de pensamentos em coisas, e vice-versa, acontece mediante a palavra. O Evangelho de João fala sobre esse processo: "No princípio era o Verbo... E o Verbo se fez carne" (João 1:1, 14).

A mecânica da criação do significado de sons ou palavras manteve-se um mistério para os cientistas modernos. A noção de que a linguagem é puramente uma expressão material privada de consciência também não é cientificamente sustentável. A frase na qual Walt Whitman diz que "Todas as palavras são espirituais — nada é mais espiritual do que as palavras" talvez seja a maior verdade científica sobre a natureza e origem da linguagem. Em nossa própria vida podemos sentir a influência que algumas palavras exercem sobre nós. Palavras como *amor* e *poder* podem desencadear uma experiência de grande magnitude na nossa consciência.

As estruturas externas das palavras por si mesmas não possuem significado. É apenas a verdadeira experiência da consciência interna das palavras que as enche de significado. O potencial de um pedaço de elástico não é conhecido até que você esteja disposto a esticá-lo. Os significados das palavras podem ser compreendidos somente quando você permite à palavra que se estenda na sua mente.

As organizações modernas retiraram das palavras seu teor consciente, reduzindo-as a itens de comércio. Kathleen Raine, ecritora britânica contemporânea, disse em uma entrevista à revista *Parabola*: "Você vê, pode-se tanto preencher as palavras de significado ou pode-se esvaziar seu significado. Estamos vivendo numa sociedade lingüisticamente reducionista. Tudo significa menos e menos" (*Parabola*, agosto de 1983).

Mesmo em meio à explosão de informações que se alastrou nas organizações contemporâneas, parece que estamos falando mais e significando menos. Reduzimos a concepção plena do prazer e da riqueza do trabalho a uma única palavra: *pagamento*. Cumprimentamos nossos colegas dizendo "Bom-dia!", na maioria das vezes sem nos preocuparmos em parar para deixar o sentimento de bondade surgir através de nossa voz. Ao roubar o significado de nossas palavras, temos tirado o significado da nossa vida e do nosso trabalho.

Os líderes colocam em suas palavras uma determinada consciência do espírito das palavras. Antes de os líderes lhe dizerem "Bom-dia!", eles sentem a bondade da manhã em si mesmos. Eles apertam-lhe a mão, olham fixamente em seus olhos, respiram profundamente, focalizam sua atenção nas palavras que vêm do fundo de seus corações e dizem "Bom-dia, Zé". Você nem sequer ouve as palavras tanto quanto ouve a convicção na voz do líder e sente a energia de suas palavras. Este é o segredo da liderança de alto envolvimento.

RESOLUÇÃO DE PROBLEMAS: INTEIRANDO-SE DAS QUESTÕES

Marvin Minsky, líder no mundo da inteligência artificial, diz que você não entende nada até que aprenda algo em mais de uma maneira. A resolução de problemas organizacionais requer a habilidade de se olhar para um único problema de perspectivas multidimensionais. Por exemplo, um problema relacionado com a qualidade de um determinado produto de uma organização tem de ser vislumbrado a partir de pontos de vista de vários segmentos da organização: produção, *marketing*, fabricação e, obviamente, o cliente. Líderes, que freqüentemente assumem o papel de solucionadores de problemas, integram os múltiplos pontos de vista em sua organização, no esforço para chegar a uma solução decisiva.

Para integrar as muitas maneiras de olhar um problema, o líder tem de se inteirar das questões. Um líder que acredita na apresentação de soluções imediatas está, na maioria das vezes, acobertando o problema. A própria solução imediatista divide o problema em duas partes. Uma parte pode ser remediada com uma operação de limpeza, e a outra parte pode ser empurrada temporariamente para debaixo do tapete. O que é varrido para debaixo do tapete, no entanto, cria uma nova composição de problemas, de magnitude possivelmente incalculável. Para resolver o "problema" de uma criança chorando, uma determinada mãe utiliza uma solução imediata: dá à criança o que ela quer. Isso tranqüiliza a criança momentaneamente, e o choro cessa. Um novo problema começa com esse tipo de solução — a criança não aprende a disciplina da paciência. Este novo problema é criado à medida que a criança cresce e, anos depois, terá uma personalidade abusiva e intempestiva.

Portanto, o líder consciente, como a mãe inteligente, aprende a vivenciar suas questões em vez de dar respostas imediatas. A mãe pergunta a si mesma: Por que a criança chora tanto? Ela quer mais doce ou mais atenção? Ela está se sentindo abandonada? Tenho de dedicar mais tempo a ela? Talvez ela não esteja bem fisicamente... Com esse tipo de questionamento implacável, a mãe se aproxima de uma solução duradoura.

Em nossos sistemas convencionais de educação, os problemas são considerados estados incompletos de consciência. Naturalmente, nesse sistema, a pessoa é programada para encontrar respostas rápidas. Uma mente questionadora não é valorizada na sociedade, enquanto que respostas prontas são desesperadamente procuradas. Organizações que vivem perpetuamente na ânsia de buscar respostas rápidas se esquecem de fazer as perguntas certas. A General Motors conquistou uma grande fatia do mercado quando os carros eram comprados como símbolos de *status*. A empresa encontrou uma resposta pronta para abocanhar uma fatia do mercado: as pessoas compram carros pelo estilo, e não pela qualidade. Eles pararam de se questionar sobre a qualidade e o preço dos carros, porque estavam preocupados apenas com o estilo. Logo os fabricantes japoneses entraram no mercado com a pergunta certa: Podemos produzir carros que tenham tanto qualidade quanto estilo? Os japoneses também perguntaram: Alta qualidade significa necessariamente preço alto? Assim estavam eles se aproximando do segredo do seu sucesso no mercado automobilístico: é possível produzir carros estilizados com alta qualidade e preço mais baixo.

Se uma questão é mantida tempo suficiente na consciência do questionador, esse simples ato leva o questionador a um estado mais fortalecido de consciência. Uma questão não é nada mais que concentração de energia em um aspecto da nossa realidade que aparentemente nos anuvia. Quanto mais intenso o questionamento, maior é a concentração de energia na nebulosidade da realidade. Um estado surge em que a questão persistiu tempo suficiente para que a energia acumulada fosse transformada num nível mais elevado de consciência. Nessa consciência, a nebulosidade que permeia o problema é dispersa. Quando chegamos a uma sala escura, pegamos um palito de fósforo e o atritamos rigidamente na superfície de sua caixa. No primeiro atrito, não há luz. Então o atritamos uma segunda vez, e apenas uma faísca de luz surge e se apaga. Então o atritamos novamente, até que tenhamos uma faísca e uma chama clara. Isto acontece porque a energia na ponta do palito de fósforo atingiu um ponto de fulgor. Então podemos iluminar a sala escura.

Sócrates disse que as respostas são em grande parte ignorância confundida com conhecimento. Respostas são becos sem saída para uma mente questionadora. As respostas superficiais e sintomáticas bloqueiam a evolução do conhecimento. Respostas prontas surgem do nosso medo do desconhecido. Elas são a nossa busca pela segurança em padrões consagrados e habituais de comportamento e ação. Uma questão vive pela sua energia. Se alguém faz a pergunta correta, nenhuma resposta é necessária. A pergunta em si mesma se dissolve à luz da consciência.

O problema só aparece quando a totalidade da nossa vida é observada em partes. A desintegração da vida é a raiz de qualquer problema. Todos os problemas ambientais são conseqüência da desintegração entre o nosso ambiente interior e o nosso ambiente exterior. Percebemos essa desintegração até na nossa vida organizacional, quando há uma divisão entre nossos objetivos últimos e os trabalhos imediatos, entre nossos princípios e práticas e entre nossa cabeça e coração. Quando tratamos os sintomas externos em vez de suas causas internas, continuamos a ser uma parte do problema. As soluções que surgem de nossas perspectivas fragmentadas tornam-se problemas em si mesmas. Somos como pessoas cegas reclamando permanentemente da escuridão do mundo exterior.

Em organizações, corremos para resolver problemas sem parar para perguntar primeiro o que criou o problema. Enquanto tentamos encontrar soluções em nosso sistema atual, ficamos presos às regras do sistema existente. Não nos incomodamos em procurar por nossos meios costumeiros de ver e pensar; não controlamos os nossos pensamentos. Nossos pensamentos nos controlam. Eles condicionam o próprio modo como lidamos com os problemas.

A liderança é uma busca, e não um alvo fixo. Um líder conhece bem os seus problemas e não suas respostas. O Brihadaranyaka Upanishad descreve a busca de um líder numa elegante sentença: *neti neti charaibeti* – nem aqui, nem ali: mova-se. Esse movimento livre do líder é um movimento no campo da consciência. Ao percorrer sua jornada, o líder descobre que o problema de hoje é o resultado da solução de ontem. A resposta a essa descoberta é uma maior receptividade e o início de um diálogo consigo mesmo. Num diálogo, não existe solução final; existe apenas o fluxo da inteligência através dos recessos da mente. Quando a inteligência flui, o problema não precisa ser resolvido — ele simplesmente se dissolve.

COMUNICAÇÃO: UM ENCONTRO COM A VERDADE

Mark Reuben, superintendente de sucesso da Colgate Palmolive, disse recentemente à revista *Fortune* que "Você deve ser honesto e franco: o que você diz ao mundo exterior tem de ser a mesma coisa que diz aos seus superiores e a mesma coisa que diz a seus operários". Embora isto possa soar como um clichê, todos os líderes compreendem, em curto ou longo prazo, que a base da comunicação eficiente é a comunicação autêntica.

Um inteligente sábio indiano disse isto do seguinte modo: "Que minha palavra seja firmemente estabelecida na minha mente. Que a minha mente seja firmemente estabelecida na minha palavra." A comunicação autêntica requer unidade entre a intenção e o conteúdo, sincronicidade entre fala e pensamento, e uma consciência simultânea tanto do som como do silêncio. O conteúdo da nossa comunicação surge do *que* dizemos; a intenção provém de *por que* dizemos aquilo. A unidade do que e do porquê demanda certa qualidade de consciência. Oradores precisam estar em contato com os motivos ulteriores que propelem seu discurso. Eles devem estar certos de que o diálogo interior em sua mente não surge da maneira com que eles realmente falam.

A sincronicidade entre o nosso diálogo interior e nossa comunicação exterior significa que estamos em contato com a nossa espontaneidade. A energia dos pensamentos e a energia da fala surgem simultaneamente dessa sincronicidade. O discurso torna-se livre, fluindo como o curso de um rio do qual foram retirados todos os obstáculos. Um discurso assim carrega consigo a força do dinamismo. A comunicação que se origina da essência do Ser possui uma força natural irresistível como a do calor e do fogo.

Rajat Gupta, o primeiro líder não-norte-americano da firma de consultoria global McKinsey and Company é um comunicador eficiente. Um de seus colegas diz sobre o seu estilo de liderança: "Gupta consegue mais ao falar menos como eu nunca vi em nenhuma pessoa que conheço." A comunicação eficaz tem certa correlação com o silêncio e com a economia da fala. O líder fala apenas para facilitar a compreensão. Às vezes, a linguagem pode ser uma barreira à compreensão. Se a linguagem confunde em vez de facilitar a compreensão, seria inteligente limpar a desordem das palavras com o silêncio.

A comunicação da liderança é um encontro com a verdade. Com verdade quero dizer não meramente uma ausência de mentiras, mas uma busca ativa por aquilo que é real no seu sentido principal. Gandhi disse: "A Verdade é o meu Deus." Sua experiência com a verdade não é nada mais que uma busca, com zelo descompromissado, da ulterior lei natural que anima todas as formas e fenômenos. No final de sua jornada, Gandhi descobriu que não existe nenhuma maneira de se encontrar a verdade a não ser pelo caminho da não-violência. Cada líder descobre seu caminho para perseguir a verdade. Mas o resultado ulterior é o mesmo: uma vida que comunica o poder e a paixão pelo viver autêntico. Só então é que o líder pode dizer: "Minha vida é a minha mensagem."

A credibilidade de um líder comunica mais eloqüentemente do que suas palavras. A credibilidade vem do caráter. Defino caráter como consistência na conduta. Se um líder demonstra essa consistência nas menores ações, ele ou ela estará pronto a demonstrar essa consistência em ações maiores. A credibilidade de grande magnitude provém da credibilidade nas pequenas ações. Falta de transparência leva à falta de confiança, e isso diminui a credibilidade do líder. Gandhi chamou o segredo de o inimigo da credibilidade. No segredo nós simplesmente nos omitimos. Criamos uma barreira artificial entre a nossa natureza interior e a nossa natureza exterior. A força da nossa comunicação é reduzida em proporção à dimensão que uma barreira secreta alcança em nós.

Em última análise, o caráter na comunicação surge quando dizemos apenas aquilo que achamos que pode acontecer. Isso significa que precisamos aprender a disciplina de não nos permitirmos a falar sem pensar. Isso também significa que não devemos exagerar nem ao elogiar nem ao criticar uma pessoa. Não devemos iludir nossos subordinados nem mergulhá-los em desespero devido aos nossos acessos de ira. Os líderes aprendem a comunicar com a consciência de que suas palavras são capazes de mudar o destino das pessoas com que estão se comunicando. Eles portanto crêem na seguinte máxima de sabedoria:

> Plante um pensamento e colha uma ação;
> Semeie uma ação, e colha um hábito;
> Semeie um hábito e colha um caráter;
> Plante um caráter e colha um destino.
>
> ...ANÔNIMO, CITADO EM SAMUEL SMILES,
> *Life and Labor*, 1887

CAPÍTULO 6

Liderança e Valores Humanos

> Tente não se transformar num homem de sucesso,
> mas procure tornar-se um homem de valor.
> ... ALBERT EINSTEIN

TRADIÇÃO E TRANSFORMAÇÃO: DA METÁFORA À METAMORFOSE

A tradição, assim como a estatística, tem um modo de descobrir a realidade. Na estatística, todos sabemos que quanto maior a dimensão da amostra, isto é, quanto maior a amplitude de dados coletados, mais próxima a amostra está da realidade. No contexto de várias tradições, quanto mais uma tradição se aprofundar no tempo, maior é a chance de que ela está lhe dizendo verdades mais profundas sobre as realidades da existência humana. Alguns dos valores humanos básicos, como amor, compaixão e liberdade, que as tradições sagradas preservaram durante séculos, são, provavelmente, os elementos mais duradouros das organizações humanas.

Tradições são construídas e formadas por alguns valores, que são como contratos sociais. Esses valores não são tão palpáveis quanto a constituição de um país; eles são codificados em comportamentos e rituais humanos, e são passados adiante de geração a geração. Eles também constituem as estruturas mais profundas da realidade organizacional de culturas específicas. Se você perguntar ao gerente de uma empresa nos Estados Unidos:

"Qual é sua profissão?", você deverá receber uma resposta como "Sou um gerente de *marketing*" ou "Engenheiro de sistemas" ou alguma outra resposta relacionada com a qualificação profissional. A mesma pergunta, quando feita a um gerente japonês, levaria a uma resposta semelhante a "Trabalho para a Sony", ou "Eu sou um empregado da Toyota". Enquanto uma cultura valoriza a individualidade, a outra valoriza a comunidade.

O processo de modernização traz, às vezes, mudanças em valores culturais específicos. Por exemplo, na tradicional cultura indiana, o filho era identificado com a profissão de seu pai. Na Índia contemporânea, no entanto, esse valor foi consideravelmente enfraquecido. Em sociedades asiáticas, onde se manteve a idéia de que "mulheres não devem sair para trabalhar", estamos testemunhando uma crescente "feminização" da força de trabalho. Mas a tradição vai mais além de valores sociais. Tradições surgem de experiências vividas por pessoas sobre certas verdades da vida — como conduzir-se em sua própria vida com o objetivo de atuar eficaz e harmoniosamente. Essas verdades então são aceitas e codificadas como valores, normas e rituais pelos membros de uma sociedade.

A tradição estabelece a possibilidade de continuidade da experiência de uma certa comunidade de indivíduos, em maiores envergaduras de tempo e espaço, pela prática de certos valores. Por si mesmos, esses valores e rituais têm apenas significados simbólicos. A menos que sejam vividos e experienciados por indivíduos, eles servem de pouca coisa. Não é suficiente conhecer intelectualmente a tradição cristã, a tradição budista ou a tradição hindu. É fácil ser um cristão pela associação com uma certa igreja. Mas a verdadeira experiência da tradição cristã aparece quando tentamos viver uma vida assim como viveu Cristo. É fácil tornar-se um budista, mas não é tão fácil tornar-se um Buda. As tradições são como pegadas nas areias do tempo. Elas lhe mostram o modo como um líder viajou antes de você, isso é tudo. Se você deseja encontrar o que os líderes encontraram, você terá de viajar por suas próprias pernas. O mestre zen-budista Basho disse: "Não procure seguir as pegadas dos sábios; procure aquilo que eles buscaram."

As tradições submetem-se a mudanças não porque as verdades que sustentam não são mais válidas. Os seres humanos, por natureza, são seres criativos. Eles sempre estão buscando novas maneiras de chegar à mesma meta. As tradições também não transformam a si mesmas. Somente as pessoas passam por transformações. As tradições são simples metáforas que sugerem a possibilidade da metamorfose humana.

Para serem capazes de proporcionar a transformação humana, todas as tradições têm de se fazer contemporâneas. Elas têm de renascer muitas vezes até que seus valores comecem a se desenvolver. Na ausência de experiências vividas, as tradições são reduzidas a conchas vazias de regras insensatas. Tentar recapturar grandes verdades somente através de uma rede de regras morais e organizacionais é tão fútil quanto tentar segurar água com uma rede de pescador. Muito freqüentemente, a verdade descoberta por um líder numa determinada tradição se perde no processo de elaboração organizacional. Há uma história fascinante sobre um homem que escala até o topo de uma montanha e descobre a verdade:

> *Alguns seguidores do diabo que vieram a saber sobre esse extraordinário homem ficaram aterrorizados. Eles sentiram que aquele homem seria uma ameaça para o reino do diabo. Eles correram ao diabo e lhe relataram o incidente. O diabo ouviu-os calmamente e disse: "Não se preocupem, deixe-o descer da montanha; tudo o que preciso fazer é tentá-lo a organizar a verdade."*

Quando organizações tornam-se rígidas, elas simplesmente ritualizam a tradição; quando são dinâmicas, elas revivem a tradição para fazê-la ressurgir em novas formas e capacidades.

Organizações são complexas estruturas capazes de dinamizar a resposta a mudanças no ambiente. Cada estrutura organizacional, entretanto, precisa de uma certa porção de estabilidade proporcionada pela tradição para assimilar mudanças. O corpo humano é uma complexa organização que está se submetendo a mudanças a cada momento. Mas existe a estabilidade tão necessária na constituição humana — o código genético, por exemplo, que provê a base tradicional necessária para o dinamismo do corpo. No caso de organizações, essa estabilidade vem dos valores essenciais e de mitos e histórias sobre a organização que são passados de uma geração de empregados a outra.

Os líderes transformam a organização, não pela imitação de outras organizações bem-sucedidas, mas pela observação profunda do interior de suas próprias organizações. Eles ouvem a voz das pessoas que lá estiveram por algum tempo, as histórias de sucesso que contam, as razões que apresentam para as falhas, as aspirações que desenvolvem e os valores que compartilham. Os líderes simplesmente energizam e facilitam o fluxo espontâneo de idéias nativas, inerentes à organização. Elas constituem a tradição invisível da organização. Elas são de fato as sementes simbólicas para a transformação do interior para o exterior da organização — metáforas que possibilitam a metamorfose.

VALORES HUMANOS:
A PROFUNDA ESTRUTURA DA LIDERANÇA

"Nós existimos para fornecer valores a nossos clientes — para melhorar sua vida com preços mais baixos e alta qualidade; tudo o mais é secundário." Essa é a mensagem de uma empresa líder, a Wal-Mart. É uma afirmação de valores que caracteriza o que pode ser descrito como a tradição da Wal-Mart. Seus valores declarados dão à companhia uma continuidade no tempo e definem a razão para a sua existência contínua. Você pode imaginar alguma organização cujos membros não desejam a continuidade de sua vida? É a profunda apresentação do instinto vital de uma organização que impele seus membros a buscar valores de afirmação da vida.

Nas organizações há dois tipos de líderes: o primeiro segue o caminho do desejo, e o segundo segue o caminho do desejável. Como uma observação sagaz, o segundo tipo serve como os pilares de uma organização, enquanto o primeiro tipo serve como sua marca registrada. Valores humanos preparam o caminho do desejável. O que são então valores humanos? Como eles diferem de qualquer outro tipo de valor, como valores comerciais, valores científicos ou valores estéticos? Antes de tudo, os valores humanos são a estrutura profunda da consciência humana que determina todos os outros tipos de valores — científicos, comerciais e artísticos.

Tome o exemplo de Tata Iron and Steel Company (TISCO), a maior companhia privada da Índia no setor de fabricação de aço. A TISCO descreve a si mesma com as palavras seguintes: "Nós também fazemos aço." O valor comercial da TISCO na realização de lucros é visto pela empresa como uma conseqüência de sua abrangência de um valor humano mais amplo. Seu valor comercial reside na construção patrimonial, enquanto que o valor humano reside na construção institucional. O fato de que um valor humano essencial pode levar a um valor comercial é estabelecido pelo contínuo sucesso da TISCO como uma das empresas de maior valor da Índia.

Mesmo o valor científico é função de um valor humano mais amplo. Atualmente, os cientistas argumentam que suas descobertas básicas sobre a realidade determinam o que lhes será possível observar em laboratório. Quando olhamos para a evolução de duas formas distintas de ciências médicas — a moderna medicina dos últimos séculos e a tradicional medicina herbal — vemos como os valores humanos básicos que estão por trás de cada uma dessas duas formas de medicina determinaram o curso de sua história. A medicina moderna é baseada na premissa básica de curar a doença através de pesquisa e análise. Formas tradicionais de medicina, como *ayurveda*, são baseadas na criação da saúde pela restauração da harmonia com a Natureza que o ser humano perdeu. O primeiro tipo se preocupa com a enfermidade, e o segundo se preocupa com a saúde — física, mental e espiritual. Hoje a pessoa vai ao médico para saber o segredo de uma doença; mas ninguém pergunta ao médico: "Por favor, qual é o segredo da minha saúde?"

Os valores humanos são as raízes invisíveis dos valores da organização. Eles determinam a razão pela qual a organização existe. Valores humanos são diferentes de valores comerciais, pois não são guiados tanto pela vontade de obter como pelo desejo de doar. A Sony quer que seus empregados "sintam o puro prazer que provém do avanço, da aplicação e da inovação da tecnologia que beneficia o público em geral". A Sony prospera pelo desejo de dar a seus clientes prazer e felicidade. Seu desejo de conseguir uma maior fatia de mercado para si está subordinada a valores humanos mais amplos.

A incumbência de um líder numa organização é alimentar as raízes dos valores organizacionais, que consiste em nada mais que a básica aspiração humana — a vontade de dar. Os valores humanos provêm do nosso estado mais profundo do ser, onde não estamos questionando: "O que eu posso ganhar com isso?" Em vez disso, no mais profundo, nós humanos estamos dizendo: "Como posso contribuir? Como posso compartilhar o meu ser com outros? O que eu posso deixar para a posteridade?" Numa organização, cada um de nós está procurando pela liberdade de ser um ser verdadeiro e pela liberdade de servir com o melhor da nossa capacidade. Nossas aspirações mais profundas não são realmente encontradas no desejo de querer mais, mais e mais para nós mesmos, mas no desejo de dar mais de nós mesmos — no querer ser maior que a vida. Um líder é uma projeção dessa aspiração comum.

Numa pesquisa conduzida em doze organizações da Índia, entre mil gerentes espalhados por todo o país, os pesquisadores perguntaram: Quais são algumas das qualidades que você procura num líder? As respostas se fixaram nos cinco atributos seguintes como necessários a um bom líder:

1. Dinamismo;
2. Caráter inspirador;
3. Visão;
4. Valores éticos;
5. Força espiritual.

Ficou evidente, pelas respostas, que os gerentes indianos estavam definindo a liderança a partir da mais profunda perspectiva dos valores humanos essenciais, e não como uma função de habilidades superficiais. Os valores essenciais de liderança, como caráter, força espiritual e visão, mantêm-se como a base das mais elevadas aspirações dos gerentes atuais. O estudo posterior revelou uma congruência cultural inerente à tradição da Índia, que levou gerentes de diferentes regiões do país a aderir à mesma ordem de valores a despeito das diferenças de idade, sexo, língua e qualificações.

Num artigo de 1993 na revista *Time*, James Walsh observou como as sociedades confucianas da Ásia, como as de Cingapura e Taiwan, estão desafiando o liberalismo ocidental com suas próprias idéias sobre os valores democráticos. A ética de Confúcio é um legado de uma grande corrente de sábios antigos, incluindo Lao-tsé. Essa ética enfatiza os seguintes valores humanos: padrões comunitários, respeito aos idosos e a autoridades e responsabilidades civis em vez de direitos civis. O sistema de valores de Confúcio defende a tradição de hierarquias e obrigações implícita nas estruturas sociais e em teorias psicológicas da maior parte das culturas orientais. Essas culturas demonstram sua reverência sagrada ao líder, a quem Confúcio compara com o vento: "A grama deve inclinar-se quando o vento soprar sobre ela."

A capacidade de liderança na democracia de Confúcio é determinada por um valor humano profundamente arraigado: a habilidade de trazer harmonia às relações humanas. O confucionismo enfatiza o princípio da harmonia em todos os aspectos de relacionamentos, pessoais, sociais e organizacionais. Mêncio, antigo discípulo da escola de Confúcio, falou sobre cinco harmonias básicas:

> ... entre pai e filho, deve existir afeição; entre legislador e ministro, deve existir retidão; entre marido e mulher, deve existir atenção às suas funções; entre anciãos e jovens, deve existir uma ordem apropriada; e entre amigos, deve existir lealdade.
>
> ... Mêncio, in Wing-sit Chan,
> *A Source Book in Chinese Philosophy*, 1963

Na moderna Taiwan, o antigo valor humano da harmonia ainda resiste como o princípio essencial de liderança na política e nos negócios. Nas palavras de Yao Chia-wen, um líder do partido político democrático: "A harmonia é mais importante na nossa sociedade; sendo assim, as pessoas não colocam tanta importância em igualdade ou liberdade pessoal" (*Time*, 14 de junho de 1993).

HIERARQUIA E A NOVA ORDEM NAS ORGANIZAÇÕES

Hierarquia é uma palavra suja nos negócios contemporâneos. Organizações hierárquicas, que ainda persistem na maior parte do mundo, são vistas como companhias obesas, pouco calóricas e de baixa energia. A vanguarda, atualmente, é uma organização em rede, na qual a informação flui de uma parte a outra como uma bailarina na ponta dos pés. As metáforas visuais são bastante atraentes para se ignorar. Assim também funciona entre organizações hierárquicas, que, como os dinossauros, estão destinadas a ter uma morte evolucionária. Entretanto, ao apressar a dissolução das hierarquias nas organizações contemporâneas, há uma difundida falta de compreensão sobre a verdadeira natureza da hierarquia e suas implicações para o desenvolvimento humano.

Um dos conceitos mais equivocados sobre hierarquia é o de que ela existe apenas na estrutura física de uma organização. Ignoramos as evidências das hierarquias na organização psicológica dos seres humanos. Em organizações contemporâneas, uma pessoa ouve sobre empregados espertos e eficientes, significando que há uma presença hierárquica de trabalhadores lentos e ineficientes. Há áreas-chave de desempenho, o que significa que há áreas em que a performance deve ser mantida num nível relativamente baixo. No jargão moderno, devem existir evidências de diminuição de dimensões verticais e piramidais nas organizações, mas há certamente mais e mais cortes de pessoal, visto que existe uma hierarquia invisível entre aqueles que podem e os que não podem sobreviver.

Na Natureza a hierarquia está tão presente como a força da gravidade. A água flui de um plano mais alto para um plano mais baixo. A prata tem maior potencial que o chumbo, logo a eletricidade flui de uma haste de prata para uma haste de chumbo quando ambos estão mergulhados numa solução condutora. Toda a cadeia alimentar é uma terrível hierarquia de formas de vida mais evoluídas alimentando-se de formas menos evoluídas. Na Natureza as hierarquias aparecem como uma ordenação de relações, que tem como objetivo básico facilitar o fluxo da energia.

A evolução dos seres humanos representa um progresso do potencial humano. A espécie que conhecemos como *Homo sapiens* não é o produto final do impulso evolucionário da Natureza. O ser humano que conhecemos hoje é apenas um estado transitório, e não um destino estável. Em outras palavras, a evolução humana é uma evolução da consciência. No contexto de nossas organizações modernas, essa evolução da consciência está se afirmando e as hierarquias estão sendo redefinidas.

O que estamos testemunhando em organizações em rede não é uma abolição de hierarquias, mas uma reorganização das hierarquias que existem em diferentes dimensões. Organizações são compostas de estruturas de múltiplas dimensões. Estamos acostumados a enxergar apenas uma dimensão linear da hierarquia — a estrutura física da organização descrita como um quadro organizacional na forma de uma escada ou de uma pirâmide. Mas outras dimensões existem simultaneamente às hierarquias funcionais; essas são hierarquias de responsabilidades efetivas, diferente das hierarquias de designação. Há ainda hierarquias de idade, hierarquias de conhecimento e informação e hierarquias de estabilidade emocional. Todas essas múltiplas estruturas de hierarquias se fundem na complexa estrutura de relacionamentos, através do que as organizações efetivamente funcionam. As organizações em rede de hoje nada mais são do que a descoberta dessa dimensão relacional da organização. Elas não tornam redundantes as hierarquias funcionais; elas apenas permitem que os potenciais de diversas outras hierarquias sejam destravados em uma rede maior de relacionamentos.

Nenhuma relação pode existir sem uma diferença de potencial. Ainda que seja uma relação entre dois metais, entre membros de uma família ou nos contextos mais amplos de organizações. As precondições para qualquer relacionamento são não apenas a diversidade, mas também uma diferença no potencial. Em organizações japonesas, o relacionamento de *sempai-kohai* é um relacionamento entre o irmão mais velho e o irmão mais novo. Há uma diferença de perspectiva nesse relacionamento. O irmão mais velho não é necessariamente melhor que o irmão mais novo em habilidade, mas ele é mais responsável por ser de idade mais elevada. O privilégio de ser o mais velho acarreta mais autoridade, mas também mais responsabilidade. Ele deve manter a obediência, mas também tem de dar o exemplo. O irmão mais novo trata o mais velho com respeito. Esse respeito não é mais que o reconhecimento emocional do fato de que o mais novo deve alcançar o potencial mais elevado do mais velho.

Nas relações mais íntimas que existem no interior de uma pessoa, há um montante de valores pelos quais avaliamos nossos pensamentos e ações. Essa interpretação qualitativa do nosso próprio progresso como seres humanos é o que proporciona a energia motivadora para a evolução dos seres humanos. A liderança em organizações é um movimento progressivo em direção a um estado de consciência mais elevado. Esse estado mais elevado não é algo que se opõe a algo mais baixo. *Estado mais elevado* significa um estado que pode abarcar o menos elevado e, ao mesmo tempo, estimular no menos elevado o ímpeto de alcançar a dimensão do mais elevado.

Líderes conscientes compreendem o valor da hierarquia como uma forma mais profunda de democracia. Para eles, as pessoas e as coisas não se mantêm estáticas, como mais ou menos elevadas. O relacionamento entre ambos emerge junto à evolução da consciência. O valor comum entre o mais e o menos elevado é esse relacionamento dinâmico. O líder compreende que ser grande requer tanto potencial e perseverança quanto a virtude de ser humilde. Golda Meir disse certa vez a um conhecido: "Não seja tão humilde. Você não é tão grande." Líderes conscientes não falam sobre a inexistência de hierarquias. Em vez disso, crescem intuitivamente através do mutante caleidoscópio de hierarquias que se misturam e aparecem na vasta unidade da consciência pura. Eles olham para hierarquias humanas e naturais de uma perspectiva nova. Eles compreendem, como o mestre zen, que as hierarquias são relativas — o que é absoluto é a consciência pura:

Antes da iluminação, montanhas são montanhas e águas são águas;
Durante a iluminação, montanhas não são mais montanhas e águas não são mais águas;
Depois da iluminação, montanhas são novamente montanhas e águas são novamente águas.

Um líder compreende a organização de todas as formas e fenômenos da Natureza como um jogo interdependente de posições e perspectivas. Hierarquias em organizações humanas são apenas isso — um amálgama de posições e perspectivas. Isso é o que constitui o campo de relacionamentos inerentes a uma organização. As posições superiores dos líderes apenas dão a eles perspectivas maiores. Líderes verdadeiramente conscientes usam sua posição não para conseguir maiores privilégios, mas para descobrir melhores perspectivas da realidade organizacional.

VALORES COMPARTILHADOS: LIDERANÇA COMO RELACIONAMENTO

O valor último da liderança não é posicional, mas relacional. Russi Mody, o líder corporativo mais carismático da Índia, acredita que a principal fonte de força do líder está nos relacionamentos humanos. Numa conferência a meus estudantes MBA ele disse:

A Bíblia é o único livro sobre gerenciamento moderno que eu já li. A Bíblia contém a sabedoria dos Dez Mandamentos. Dois dos mandamentos são: A. Faça aos outros aquilo que você deseja que lhe façam; B. Ame o seu próximo como a si mesmo... Esta é uma filosofia sobre a qual podem ser construídas boas relações industriais, um bom gerenciamento pessoal pode ser praticado e excelentes relações humanas desenvolvidas.

A essência dos relacionamentos humanos está no fato de uma pessoa não enxergar a outra pessoa como um objeto externo. Em vez disso, a pessoa sente em si mesma o que a outra pessoa está sentindo. Essa é verdadeira empatia. A expressão em sânscrito para isso é *Tat twam asi*, que significa literalmente "Eu sou você". Quando alguém tem um relacionamento profundo, a barreira entre *Eu* e *Você* é transposta por uma inexplicável comunhão de espírito. A mãe sente essa comunhão com seu filho, o amante a sente com sua amada, o devoto a sente com o divino, e o líder a sente com seu seguidor. Nessa comunhão, há um total abandono do ser, e somente nessa comunhão ocorre a verdadeira comunicação.

Lonnie Barbach escreveu o seguinte num artigo do *Chicago Tribune*:

> Quando você procura por relacionamentos que dão certo, as pessoas são boas amigas e tratam umas às outras com respeito, elas compartilham valores e confiam umas nas outras. Confiança é a base. Sem isso você não se sente seguro. Se você não se sente seguro, você não pode ser vulnerável. Se você não é vulnerável, você não pode ser íntimo.

Intimidade no relacionamento surge do auto-abandono. É o ato de baixar a guarda de nossos eus inseguros, de estar aberto à observação. Quando não temos nada para defender, tornamo-nos verdadeiramente invencíveis. A filosofia de Gandhi da não-violência era uma filosofia de falta de defesa. Sendo totalmente vulnerável, Gandhi podia desarmar mesmo o mais formidável de seus oponentes. Como o próprio Gandhi disse: "É para mim um problema de satisfação perene que eu mantenha a afeição e a confiança daqueles a cujos princípios e políticas eu me oponho" (Fischer, 1962).

Ao construir relacionamentos numa organização, os líderes não têm de necessariamente levar todos ao seu ponto de vista. Isso não é possível em grandes organizações, nas quais existe a tendência para divergências e vozes em desacordo. Se líderes tentam acabar com qualquer oposição às suas visões ou ações, eles acabam criando muros de resistência à frente de seus adversários. Sendo indefesos e transparentes, eles desarmam seus oponentes, que não têm o que atacar. Gandhi venceu seus oponentes ao apelar e despertar para o que ele chamou de sua *força-da-alma*. Quando líderes operam de um ponto de referência mais elevado de conduta e ação, eles podem se relacionar mesmo com aqueles que se posicionam contra eles.

Max DePree disse: "Você deve olhar para a liderança com os olhos do discípulo." Os líderes têm a inevitável tarefa de precisar acomodar milhares de mentes em busca de uma meta organizacional. Como eles o fazem? Swami Vivekananda, ele próprio um grande construtor institucional, disse que, para fazer isso, o líder tem de ser "um servo dos servos". O líder consciente lidera por trás. Ao optar por servir, eliminam a parcialidade, preconceitos e dogmas do repertório de suas ações. Assim obtêm o mandato moral para liderar, embora tenham vindo apenas para servir.

MOTIVAÇÃO DA LIDERANÇA: A LEI DA DOAÇÃO

"Muitas vezes por dia eu compreendo o quanto minha própria vida interior e exterior é construída com o trabalho de outros homens, tanto vivos quanto mortos, e como tenho de me aplicar sinceramente para dar em troca tanto quanto eu recebi." Essas não são as palavras de um santo, mas de um cientista — Albert Einstein, cuja vida foi a saga de uma busca pelas verdades eternas da vida. Uma vida de doação é uma vida de auto-expansão. Ao doar, o ser torna-se uma expressão do eterno ciclo de criação, preservação e transformação da Natureza. Doar é o processo criativo de transformação do ser em Ser. Ao doar, o ser de uma pessoa torna-se parte do fluxo perene de energia do cosmos. Dar é crescer.

A inspiração para doar surge espontaneamente num líder. Um líder consciente entende o paradoxo da Natureza no qual a lei de doação funciona em direção oposta à lei de posse. Enquanto uma pessoa se apodera de mais dinheiro, poder e *status*, ela acumula. Ao armazenar o que acumulou, ela se torna sempre mais pobre. Essa pobreza é o produto da lei limitadora da prosperidade material. Toda riqueza material diminui com o tempo e em circunstâncias desfavoráveis. A mente acumuladora está sempre insegura de que sua riqueza será tomada por alguém. Uma grande parte da energia dessa mente é desperdiçada nessa ansiedade por manter o que conseguiu. Essa insegurança é o preço da consciência empobrecida.

A Natureza transforma esse princípio na lei da doação. Doar é a capacidade construtiva de acomodar, não de acumular. Enquanto desenvolvemos a capacidade de acomodar o outro, elevamos nossa energia limitada rumo a uma geração e produção maior. Em síntese, ao dar, nós enriquecemos a nossa consciência. Quanto mais retiramos o ar de um quarto, mais ar entra. Se tivéssemos fechado o quarto por todos os lados, o ar deveria acumular-se por algum tempo. Mas esse ar logo se tornaria envelhecido, e morreríamos nele.

O taoísmo descreve este processo de doação através da expressão simbólica do vazio. A capacidade de um pote de barro depende do vazio de espaço que tem, e não tanto do material que contém. O que existe na forma material serve para a posse; e o que não existe na forma material, mas em termos de espaço ou capacidade, serve à eficácia. É por isso que Lao-tsé afirma:

> O Homem do Chamado não acumula posses.
> Quanto mais ele faz aos outros,
> Mais ele possui.
> Quanto mais ele dá aos outros,
> Mais ele tem.
>
> *... Tao Te King*

Quando a flor desabrocha, as abelhas voam para ela sem serem convidadas. Os líderes aprendem pela experiência que a lei da doação resulta no florescimento de um novo estado de consciência. Esse estado de consciência ativa a afluência ou o "fluxo interior" de recompensas materiais da Natureza. A consciência, que é uma afluência espiritual, é a causa primária, e a afluência material é a conseqüência. Entre a causa e a conseqüência, a mecânica da lei de doação opera. A riqueza aparece à pessoa com afluência espiritual tão espontaneamente quanto a chegada das abelhas, e tão sem esforço quanto o ar que enche um quarto vazio.

O apego às posses resulta no fardo da acumulação. Pelo contrário, a riqueza é o preenchimento do ser que provém da doação. "Dê o que você deve dar. Isso retornará a você... Mas não pense nisso agora... isso retornará a você num pacote multiplicado por mil", disse Swami Vivekananda. Quando damos com um sentido de abundância, sempre nos encontramos em abundância. Essa é uma lei infalível da Natureza.

Ao dar com prazer, os líderes despertam a inviolável lei do reino da Natureza. Eles compreendem que um dia a Natureza irá tomar o que não é dado. O corpo, a mente, o poder, os privilégios e tudo aquilo de que gostamos irá refluir com o curso do tempo. Os cabelos irão tornar-se grisalhos, a pele irá enrugar, os olhos irão falhar e o intelecto irá enfraquecer. O que será mantido em circulação mesmo quando não estivermos por perto são as coisas intangíveis que doamos — os pequenos atos de amor, os presentes de serviço, o companheirismo e a compaixão. Kahlil Gibran escreveu o seguinte:

> Há aqueles que dão pouco do muito que têm — e dão por reconhecimento, e seu desejo secreto torna seus presentes insalubres.

E há aqueles que têm pouco e dão tudo.
Esses são os que acreditam na vida e nas recompensas da vida, e seu cofre nunca está vazio.
Esses são aqueles que dão com prazer, e esse prazer é a sua recompensa.
E há aqueles que dão com dor, e essa dor é o seu batismo.
E há aqueles que dão e não sentem dor ao doar, nem buscam prazer, nem dão como um ato de virtude; ...
Está tudo bem em dar quando se pede, mas é melhor dar quando não se pede, através da compreensão; ...
Diz-se freqüentemente, "Eu daria, mas apenas a quem merece".
As árvores do seu pomar não dizem isso, e nem os rebanhos do seu pasto.
Eles dão por sua vida, quando reter é perecer.

... KAHLIL GIBRAN, *The Prophet*, 1923

Equipes autogerenciadas em organizações contemporâneas energizam-se pelo princípio da autodoação. Para tanto, nenhum grupo de trabalho pode funcionar sem a doação incondicional de seus membros. O espírito de equipe é desenvolvido quando a doação é feita espontaneamente. Madre Teresa disse às suas irmãs Missionárias da Caridade: "Dêem, ainda que doa." No trabalho de equipes organizacionais, os membros dão seu trabalho, seu conhecimento e sua atenção. Eles também oferecem seus ouvidos e a voz. Finalmente, acabam entregando seu coração e seu espírito. A liderança é a tarefa de orquestrar as oferendas especiais que cada membro da equipe traz à organização. O papel do líder é o de transformar os esforços condicionados dos membros da equipe em doações incondicionais.

O PAPEL DA LIDERANÇA: PROMOVER A UNIDADE NA DIVERSIDADE

Encontrei a Sra. Bobby Gutman, vice-presidente para a diversidade global da Motorola, numa reunião de bolsistas da Fulbright em Chicago. Gutman percorreu o mundo e viu mais diversidade de culturas do que a maioria de nós já conheceu em toda a vida. Ela tinha algo profundo a dizer sobre a necessidade de se respeitar a diversidade no local de trabalho. Ela disse:

A diversidade é um bom negócio. A massa cinzenta do cérebro não é monopólio de uma cultura, de uma etnia ou de um país. Ela está distribuída equilibradamente pela população humana. Então, faz sentido reunir o máximo possível de massa cinzenta como um interesse do negócio.

... BOBBY GUTMAN

Eu nunca tinha ouvido um motivo mais convincente para valorizar a diversidade em organizações pelo mundo. Gutman valoriza os dois princípios de relações humanas na Motorola: (1) respeito constante pelas pessoas; (2) integridade descompromissada.

Esses são os dois pré-requisitos para se gerenciar a diversidade em qualquer organização, em qualquer lugar. O respeito pelas pessoas não é uma cortesia cosmética. Não é como no provérbio: "Estando em Roma, faça como os romanos." Esse respeito significa *re-espeito*. A sílaba *espeito* tem a mesma raiz que a palavra *espetáculo*; *espectar* significa ver. *Re-espectar*, portanto, significa rever, ou ver novamente. O respeito genuíno aparece somente da vontade de ver uma pessoa não como uma mera conhecida, mas como alguém com quem podemos aprender, alguém que merece uma segunda observação. Respeito é um tema ativo — ele modifica a nossa atitude em relação aos nossos colaboradores e vizinhos. Esse tipo de mudança de atitude traz mais harmonia e promove a diversidade.

A integridade descompromissada, valor básico para se compreender a diversidade, vem do respeito por si mesmo. Somente quando aprendemos a nos respeitar é que podemos respeitar os outros. O eu e o outro estão ligados por um valor comum — o valor de humanidade. Num nível mais profundo, esse campo comum existe na nossa unidade espiritual. O Dalai Lama, falando sobre sua própria compreensão da realidade interconectada do eu e do outro, disse: "Na verdade, o eu e o outro são parentes como este lado da montanha e aquele lado da montanha. Da minha perspectiva, eu sou eu e você é o outro; mas, da sua perspectiva, você é eu e eu sou o outro" (Dalai Lama, 1995).

O Dalai Lama captou intuitivamente a realidade de uma organização, que Peter Senge descreveu em *The Fifth Discipline* como *sistemas pensantes*. Senge fala de "um quadro em que se vê o inter-relacionamento em vez de coisas" (Senge, 1990). Tal quadro não pode ser visto através da lógica linear do pensamento, que invariavelmente fragmenta a realidade em objetos isolados e compreende a diversidade como uma divisão. Nós devemos esclarecer que a diversidade é diferente da divisão. A divisão se origina da estrutura analítica de pensamentos. Na divisão não há conexão entre as partes divididas. Cada parte está separada como o leite e o queijo. Na diversidade, existe entre as diversas partes um sutil fio de unidade. Homem e mulher representam não uma divisão, mas uma diversidade na Natureza. Há sempre entre o homem e a mulher uma possibilidade de união. Essa unidade não pode ser captada pelo pensamento; pode somente ser percebida pelo amor.

Para se compreender a diversidade, um líder precisa sair do círculo limitado da lógica para o libertador círculo do amor. Como nos diz um personagem em *O Pequeno Príncipe*: "Apenas com o coração pode-se enxergar corretamente; o essencial é invisível aos olhos" (Saint-Exupéry, 1971). Líderes em organizações precisam elevar sua perspectiva da utilidade na diversidade para um sentimento mais radical de unidade na diversidade.

Unidade na diversidade é o segredo da organização da Natureza. Através deste processo, a Natureza mantém seus vários constituintes num estado de equilíbrio dinâmico. Na organização de um ecossistema, o solo, as plantas, os insetos e os animais existem como uma rica diversidade. E ainda são unidos numa inter-relação não só entre eles, mas também com o sistema total. O equilíbrio da unidade na diversidade é muito dinâmico. Nesse ecossistema, cada espécie está evoluindo rumo à unidade. Essa evolução é o que conhecemos como amor.

No padrão das organizações criadas pelos seres humanos vemos o reflexo da busca rumo à unidade a que todos os sistemas da Natureza aspiram. Senge escreveu:

> Na engenharia, quando uma idéia sai de uma invenção para uma inovação, diversos "componentes tecnológicos" se reúnem. Emergindo de desenvolvimentos isolados em campos separados de pesquisa, esses componentes formam gradualmente "uma ordem de tecnologias" que são cruciais para o sucesso mútuo. Até chegar a essas formas ordenadas, a idéia, ainda que possível no laboratório, não atinge na prática o seu potencial.
>
> ... Peter M. Senge, *The Fifth Discipline: The Art and Practice of Learning Organization*, 1990

O estímulo dado ao ambiente de unidade, no qual as qualidades componentes e complementares dos seres humanos podem se unir num relacionamento, constitui a cultura da diversidade. A General Electric Company adotou a causa da diversidade aspirando "criar um ambiente de trabalho que enfatize o nosso comprometimento em tratar-nos mutuamente com dignidade, confiança e respeito, pelo reconhecimento das crenças, dos valores e das diferenças de cada um" (Pollar e Gonzalez, 1994).

Entretanto, não é suficiente que os líderes simplesmente reconheçam intelectualmente que existe uma certa unidade em meio à diversidade em suas organizações. Os líderes devem sentir essa unidade no seu sangue, nos seus ossos. Esse sentimento provém de *ekatmanubhuti*, expressão clássica da Índia que significa unidade de espírito. Nesse estado de sentimento, os líderes reconhecem que a unidade na diversidade é a profunda democracia que fundamenta a organização da Natureza. Eles então começam a dar valor aos relacionamentos internos em suas organizações, como se fossem tanto sentimentais quanto funcionais. A liderança se torna uma personificação de *ekatmanubhuti*, unidade de espírito, que é o mais elevado valor humano.

Pode a dimensão espiritual da nossa relatividade ser incorporada nos tipos de organizações que encontramos todos os dias? Tenho o exemplo de uma organização na qual esse fato está ocorrendo. Quero contar-lhes aqui a história da companhia biomédica Medtronic Inc., nas palavras de seu superintendente, Bill George:

> A Medtronic foi fundada há mais de quarenta anos por um líder espiritual chamado Earl Bakken. Certamente, Earl é um grande inventor, que criou a primeira bateria operada para uso de marca-passo. Ele também é um grande visionário, que em 1960, quando a empresa estava próxima da falência, escreveu uma declaração missionária que traçou o futuro da Medtronic pelos próximos cem anos. Mas, ainda mais importante do que isso, Earl é o líder espiritual, ou "alma" da Medtronic, a despeito [do fato] de que esteve retirado por quatro anos.
>
> A missão que traçou há mais de trinta anos, da qual não se alterou uma palavra, clama à Medtronic para reintegrar as pessoas à plenitude da vida e da saúde. Nossos 9.000 empregados são totalmente dedicados a essa missão, não importando se trabalham no laboratório de pesquisa e desenvolvimento, na fábrica, no departamento de contabilidade ou no hospital.
>
> Earl ainda se encontra com cada novo empregado da Medtronic, por todo o mundo. Nessas sessões de três horas com 15 a 20 funcionários, ele descreve a base e a missão da companhia, responde às perguntas e então premia cada funcionário com um medalhão simbólico de seu trabalho com a Medtronic... Earl ainda cuida de sua espiritualidade no mercado. Você o verá em cada grande reunião médica ao redor do planeta na exibição da Medtronic, das oito da manhã às seis da tarde, falando, tanto com jovens médicos quanto com os mais idosos, sobre a importância de seu trabalho de salvar vidas com produtos da Medtronic.
>
> A mais recente preocupação na nossa organização é enfatizar a "liderança por valores" em vez do "gerenciamento por objetivos". Acreditamos que, se todos nós, tanto funcionários quanto gerentes, concordarmos nos valores que guiam o nosso trabalho, os funcionários serão altamente estimulados a compreendê-los. Esta ênfase é especialmente importante para as muitas equipes de trabalho autodirigidas que estão se transformando na espinha dorsal da nossa estrutura organizacional.

O que são esses valores? Eles são, antes de tudo, a reintegração das pessoas a uma saúde plena; depois, servir nossos clientes com produtos e serviços de qualidade incomparável; reconhecimento do valor pessoal dos funcionários; oferecer lucros e dividendos justos aos nossos acionistas e manter a boa cidadania como uma empresa. Não surpreendentemente, esses valores são tirados diretamente do sistema Medtronic, que é bem compreendido por todos os funcionários da Medtronic. E os resultados dos últimos trinta anos, ou dos últimos oito anos, parecem validar essa abordagem: US$1.000 investidos em 1960 nas ações da Medtronic teriam o valor de US$1.650.000 hoje.

Na Medtronic, não misturamos religião e negócios, mas certamente não nos envergonhamos do aspecto espiritual do nosso trabalho e do significado mais profundo da nossa missão de salvar vidas.

... BILL GEORGE, Medtronic, Inc.

VALORES HUMANOS E GERENCIAMENTO DA MUDANÇA

À medida que a maioria dos negociantes ao redor do mundo está se tornando mais e mais global, a retórica da mudança é ouvida por todos os lados. A mudança e seu gerenciamento parecem ter assumido um significado sem precedentes, especialmente entre negociantes asiáticos, que estão teimosamente crescendo à luz da economia de mercado, a partir de obscuros mundos de controles governamentais e de um ambiente de negócios defensivo.

Na tela de fundo de pronunciadas descontinuidades com os modos ultrapassados de se conduzir negócios em algumas economias em desenvolvimento, vê-se uma crise de visão e uma rápida erosão dos valores humanos no local de trabalho. Na agitação das mudanças organizacionais, que vieram a significar a comercialização de todos os esforços humanos, esconde-se a possibilidade distinta da perda das identidades humanas em geral e a submergência de identidades culturais em particular. Em nome da globalização, valores humanos locais e intuições específicas de culturas estão sendo arrastadas, resultando numa falta de raízes psicológicas e na perda da energia vital da organização.

Depois de conseguir independência do domínio britânico em 1947, a Índia procurou transformar-se de uma economia predominantemente agrária numa moderna nação industrial. Jawaharlal Nehru, primeiro primeiro-ministro da Índia livre, teve uma visão da Índia como nação em posição de orgulho no mundo. Sob a liderança de Nehru, a gradual exposição da Índia ao Ocidente caminhou de mãos dadas com uma atualização tecnológica de grande escala. Isso colocou em foco o tema emergente do gerenciamento da mudança como um acompanhamento da revolução tecnológica.

Para começar, essas mudanças foram iniciadas com o intuito de desenvolver novas estruturas adotadas em larga escala por modelos ocidentais contemporâneos, e algumas vezes obsoletos. Quando modelos diversificados como esses deixaram de existir, sistemas de gerenciamento baseados em coordenação e controle, uma vez imitando o Ocidente, foram introduzidos. Essas mudanças estruturais e sistemáticas tornaram-se crescentemente sem sentido, à medida que ignoraram as dinâmicas básicas e o espírito dos valores humanos característicos do solo indiano.

Por exemplo, organizações tradicionais, que eram administradas como famílias indianas, com suas nativas equações psicológicas de relacionamento com a organização, de respeito aos mais velhos e de interesse pelos membros mais jovens, procuraram impregnar-se de sistemas "modernos". Os novos sistemas eram baseados em equações impessoais no trabalho, dissolução de hierarquias tradicionais e dependência de relacionamentos assumidos contratualmente – sistemas incongruentes com a semente básica da psique indiana. O resultado tem sido uma dolorosa incompatibilidade de papéis e identidades, de sistemas e pessoas, de estratégias explícitas e valores implícitos.

Conceitos populares de gerenciamento moderno, como círculos de qualidade, *kaizen* e gerenciamento por objetivos e seu arranjo de técnicas, estão agora sendo incorporados em toda parte como soluções potenciais para se encarar os desafios da mudança, enquanto a Índia adentra a economia global na última década deste século. Mas o produto tem sido o gerenciamento de crise, gerenciamento de caos ou gerenciamento de estruturas de manipulação. Nada mais que gerenciamento de mudança no real sentido do termo.

Têm havido exceções a esse padrão de gerenciar a mudança, baseado na imitação de outros modelos bem-sucedidos. O dr. V. G. Kurien, pioneiro no movimento de fazendas cooperativas na Índia, foi bem-sucedido ao criar estruturas institucionais locais para a mudança técnica e socioeconômica nas aldeias de Gujarat, no oeste da Índia. A mais notável dessas instituições é conhecida como o Padrão Ananda de Cooperativas. A filosofia de liderança de Kurien é baseada no gerenciamento da mudança através de uma síntese do gerenciamento profissional e da sabedoria folclórica: "Eu acredito que nossas cooperativas de laticínios e de sementes oleaginosas mostraram que, quando a energia e a sabedoria de nossos fazendeiros são unidas ao gerenciamento profissional, não há limites para o que se pode atingir" (Kurien, 1978).

As características em destaque do Padrão Ananda de Cooperativas são:

1. Elas consistem num grupo de vilas cooperativas, que se comprometem com a associação coletiva de uma união de cooperativas.
2. As cooperativas selecionam entre seus integrantes um grupo de líderes nos quais confiam, para proteger os interesses da associação produtiva como um todo.
3. As cooperativas cuidam de instalações como fábricas de laticínios. É através dessas cooperativas que os fazendeiros podem contratar profissionais como gerentes, tecnólogos e médicos veterinários.
4. A estrutura institucional serve como um instrumento para trazer tecnologia moderna a serviço dos trabalhadores rurais mais pobres.
5. Pelo fato de essas instituições serem direcionadas e controladas pelos representantes escolhidos por seus aldeões, cada trabalhador rural participa das mudanças técnicas e socioeconômicas.
6. Essas instituições desenvolveram seu próprio sistema de valores que determina a tomada de decisões. Por exemplo, o médico veterinário que não consegue curar os animais ou que não chega pontualmente e deixa morrer um animal é demitido. Do mesmo modo, um produtor que conduz um negócio leiteiro privado "à parte" é inelegível para representar seus membros e colegas. Há, portanto, uma aceitação recíproca e automática de normas disciplinares, entre o produtor e o profissional.

O sucesso estrondoso na Índia do Padrão Ananda de Cooperativas e o crescimento de sua reputação internacional demonstraram uma simples verdade sobre o eficaz gerenciamento da mudança. A verdade é que instituições baseadas em valores oriundos da sabedoria local e que reconhece o direito de autodeterminação das pessoas pode proporcionar uma duradoura mudança.

Países asiáticos como a Coréia do Sul e Cingapura implementaram processos de mudanças em suas organizações empresariais não pela imitação de práticas gerenciais do Ocidente, mas por um processo de discriminação seletiva. Eles foram bem-sucedidos ao abrir as espontâneas reservas de energia de seu pessoal em sua marcha rumo à modernidade.

Essas sociedades orientais tradicionais se mantiveram coesas pela virtude de cuidar de sua ética coletiva, que valoriza o esforço e a recompensa do grupo. Elas também responderam à dinâmica da transformação, não com mudanças estruturais rápidas e sintéticas, mas com a paciência e a perseverança com que as pessoas subordinaram suas ambições pessoais à causa da nação. Nessas sociedades, sistemas de leis são tão importantes quanto os valores básicos intrínsecos de liderança.

Vale a pena mencionar aqui a história de Francis Fukuyama, comentada no seu provocante livro *The End of History and the Last Man*: "Para nós do Ocidente, temos que questionar por que a democracia de Confúcio, em vez de se encontrar num estado de evolução mais semelhante ao nosso, descobriu uma rota em direção à modernidade do século XXI que nós não conhecemos" (Fukuyama, 1992).

Enquanto a ética de Confúcio hoje é justamente exaltada como a fonte da transformação da Ásia oriental desde "países não desenvolvidos" a nações economicamente poderosas, os países menos afluentes como a Índia, que muito perseguiram a miragem do Ocidente, estão começando seriamente a buscar sua alma numa volta às suas raízes.

IDENTIDADE E MUDANÇA: UMA PERSPECTIVA DOS VALORES HUMANOS

Na Natureza, todos os processos de mudança ocorrem com base na continuidade. As estações mudam, a primavera se segue ao inverno, o dia torna-se noite — tudo isso segue a continuidade de um ciclo temporal. Nenhuma mudança pode ser implementada sem continuidade. Em organizações, o sistema de referência de nível é o exemplo de um padrão de continuidade com que o progresso é medido. A conhecida expressão "A mudança é a única coisa constante no mundo de hoje" ("Nada perdura a não ser a mudança" — Heráclito) é por si mesma um reconhecimento de que a mudança é precedida de uma continuidade de perspectiva que é sempre mantida.

Numa organização humana, a mudança ocorre tendo como base estável a identidade humana. Como seres humanos, aceitamos a mudança que eleva o nosso sentimento de bem-estar — a nossa identidade. Qualquer mudança que ameace a nossa identidade básica sofre resistência. Essa é a lei da natureza humana. Mantendo essa hipótese em mente, eu gostaria de apresentar os dez postulados seguintes relacionados com o gerenciamento da mudança:

1. Qualquer processo de mudança baseado predominantemente em considerações tecnoeconômicas, em detrimento de valores humanos, está destinado a arruinar os relacionamentos interpessoais e intrapessoais da organização.

2. O gerenciamento da mudança deve assegurar não apenas que a harmonia básica entre seres humanos não seja perturbada, mas também que o equilíbrio entre seres humanos e a Natureza seja mantido.
3. A resistência à mudança não é um mal necessário que devemos exterminar. Deve-se enxergar claramente como um mecanismo de defesa da natureza humana resistir a qualquer coisa que ameace sua identidade.
4. O gerenciamento da mudança não deve ajustar-se apenas a mudanças do comportamento, das habilidades e das atitudes das pessoas, mas devem também procurar aflorar mais valores fundamentais, baseados na transformação das pessoas. Essa transformação inclui tanto a inovação da visão do futuro quanto a restauração retrospectiva de boas idéias do passado.
5. A base para a mudança efetiva não deve ser apenas uma informação objetiva e uma coleção de dados como "fatos", mas deve incluir também o domínio subjetivo da sabedoria, que nasce da cultura local.
6. A mudança requer uma abordagem holística e integrada dos problemas da organização, sustentada como uma extensão de comunidades maiores como a sociedade e o país, e não pode acontecer apenas com inovações tecnológicas isoladas.
7. A inovação da estrutura e da tecnologia deve ser precedida pela alteração e enriquecimento da consciência humana. Mudar ou não mudar — esta é uma questão mais decisiva do que como mudar.
8. Valores organizacionais que expressam crenças, práticas e códigos de conduta podem ser identificados por valores humanos subliminares e, freqüentemente, inconscientes, específicos de uma cultura. Eles expressam uma realidade mais profunda e um propósito de existência para a organização e seus membros. O gerenciamento da mudança terá de redescobrir, peneirar e recriar os profundos padrões da realidade que existem além da estrutura da organização e de seu contexto imediato.
9. Um ato de mudança cria uma sutil tensão entre a ordem existente das coisas e a ordem potencial que reside no futuro. O líder que gerencia a mudança terá de encontrar essa tensão e, conscientemente, canalizá-la em direção a uma harmonia maior e, conseqüentemente, à maior eficiência da organização.
10. Nesse sentido, líderes que são agentes de mudança devem começar por um estado de consciência que possibilite desencadear uma autotransformação e auto-renovação antes de provocar uma real mudança nos outros. Voltando ao que disse Gandhi: "Primeiro eu tenho de ser a mudança que eu quero ver no meu mundo" (Fischer, 1962).

O gerenciamento da mudança deve ater-se a um ritual de renovação pelo qual as organizações podem transcender a verdade racional de sua existência de um plano mundano para um espiritual — da mera descontinuidade para uma maior continuidade e harmonia. Essa transcendência não nega sistemas, procedimentos ou lucros. Mas quando tudo isso é reconhecido, uma perene visão da vida é afirmada com o desabrochar de profundas linhas de continuidade diante da mudança. Essa continuidade vem de valores humanos cruciais, de mitos, de tradições do passado e da história local e evolucionária de uma cultura.

Uma organização, como uma nação, também tem uma identidade composta das identidades coletivas de suas pessoas e de suas crenças, práticas e valores. Sistemas podem ser acionados e estruturas manipuladas, mas uma identidade é praticamente impossível de se apagar. O gerenciamento da mudança tem sucesso apenas quando essas identidades são renovadas constantemente pela construção de instituições inerentes à organização, para que as pessoas se reabasteçam e clamem pela essência espiritual que herdaram.

Os líderes como agentes de mudança necessitam explorar as raízes de sua herança da história supramundana da organização. Os líderes têm de se perguntar: "O que é esse espírito humano de empreendimento que colocou a organização em primeiro lugar?" Para aqueles de nós em posições de liderança que ainda são céticos sobre a compreensão do nosso passado para o futuro do nosso presente, eu não posso fazer outra coisa senão citar estas maravilhosas linhas de um livro chamado *The Scientific Outlook*, de Bertrand Russell: "Os homens, no passado, muitas vezes eram provincianos no espaço, mas os homens dominantes da nossa época são provincianos no tempo. Eles sentem pelo passado um desprezo que ele não merece e pelo presente um respeito que ele merece ainda menos" (Russell, 1931).

CAPÍTULO 7

Liderança e Amor

> Essa doação até a dor — esse sacrifício — é também o que eu chamo de amor na ação. Todo dia eu vejo esse amor — em crianças, homens e mulheres.
> ... Madre Teresa

LIDERANÇA: AMOR NA AÇÃO

Meu primeiro encontro com Madre Teresa foi em sua casa em Calcutá. Fui para lá com uma missão específica: encontrar o segredo do seu sucesso como a líder espiritual mais conhecida do mundo. Fundadora das Missionárias da Caridade, Madre Teresa tem desde então recebido a formidável reputação de ser "uma santa viva". Eu, então, cheguei à sua residência, localizada numa estreita viela de Calcutá, com grande respeito e desejando saber o quanto dessa líder célebre eu conseguiria saber em meio à investida de visitantes de todas as partes do mundo, que a procuravam todos os dias.

Encontrei uma mulher muito modesta em um sari indiano de algodão branco. Os oitenta anos de idade e o marca-passo em seu coração não deixaram marcas em seu espírito caridoso. Seu entusiasmo era pueril e contagiante. Nossos olhos se encontraram. Foi impossível não ficar impressionado pela intensidade de seu olhar. Falamos sobre a organização que ela estava dirigindo. Ela me contou, com tranqüila determinação, como foi que estabeleceu sua missão em praticamente todos os países do mundo, e como foi difícil fazê-lo na China. Ela também me contou, de modo bem-humorado, como tinha sorte por poder viajar gratuitamente para todo lugar, porque nenhuma empresa aérea lhe cobraria a passagem.

Mas, e o segredo de sua liderança, Madre? Eu estava curioso para saber o que a fez, como diz o Secretário Geral das Nações Unidas, "a mulher mais poderosa da Terra". Sua resposta chegou a mim como a revelação de uma extraordinária gentileza: "Um trabalho pequeno feito com grande amor." Desde então eu costumava ver Madre Teresa como a personificação dessa profunda filosofia de liderança — *um trabalho pequeno feito com grande amor*.

Percebi que, fisicamente, seria impossível realizar esses grandes feitos do esforço humano, como construir a Grande Muralha da China, conquistar o Monte Everest ou, do mesmo modo, formar uma bem-sucedida empresa multinacional, a menos que houvesse um esforço sustentado de um tipo extraordinário. Perguntei-me se haveria algo imponderável na constituição humana que tornasse possível sustentar tanta força de trabalho. Ficou claro para mim que a grandeza do esforço vem da intensidade do amor, que é o espírito que está por trás da ação. A liderança é a manifestação da invisível energia do amor expressa através do meio visível da ação.

Bill George, superintendente da Medtronic, é o exemplo de um líder que segue essa filosofia de liderança. Bill encontra inspiração nas palavras de Kahlil Gibran: "Trabalho é amor que se torna visível." É possível ouvir na voz de Bill a convicção de uma pessoa que experimentou a energia do amor em seu trabalho de liderança na Medtronic. Numa de suas apresentações a estudantes de administração de empresas, Bill segue citando toda a passagem de Gibran como se estivesse entoando uma apaixonada oração: "Trabalho é amor que se torna visível. E se você não pode trabalhar com amor, mas somente com repugnância, é melhor que deixe o seu trabalho, sente-se às portas do templo e peça esmolas àqueles que trabalham com prazer" (Gibran, 1970).

Bill identifica-se completamente com a missão da Medtronic, que é "ajudar as pessoas a viverem plenamente sua vida". Ele disse: "Restituímos às pessoas a totalidade da vida. Com essa missão eu me identifico facilmente." Essa intensa identificação com o propósito do trabalho de uma pessoa é o que Madre Teresa chama de trabalho pequeno feito com grande amor.

Amor no contexto do trabalho não é um substantivo, mas um verbo. Amar não é simplesmente reconhecer o valor objetivo de um dado trabalho. É, na verdade, o processo de criar valor em qualquer trabalho que fizermos. Prestar atenção nos detalhes, dando mais energia ao processo e não ao produto, e o envolvimento espontâneo do ser no trabalho, são os alicerces do amor na ação. Quando fazemos um pequeno trabalho com grande amor, nosso trabalho torna-se automaticamente grande. Bill George experimentou isso dizendo que "a luz brilha em você — e então você deixa que outros a vejam".

Quando definimos o amor como um mero sentimento, não reconhecemos a infinita capacidade organizacional do amor em nossa vida diária. O amor é o princípio unificador que mantém os átomos em órbita, cria campos magnéticos e gravitacionais e sincroniza o movimento dos planetas no nosso universo físico. No nosso universo psicológico, o amor gera nossos instintos sociais e familiares, constrói amizades, une amantes e cria afinidade entre pessoas nas organizações. No reino espiritual mais vasto, o amor eleva o organismo humano além das necessidades físicas e sociais, rumo a uma maior integração com o cosmos.

O equilíbrio criativo da civilização humana é mantido por causa do conflito entre o interesse por si mesmo e o altruísmo, entre a nossa competição pela sobrevivência e a nossa cooperação pela manutenção. Não se pode nem sequer imaginar uma sociedade humana que exista meramente na lógica da sobrevivência dos mais adaptáveis. Sem o fator de equilíbrio de qualidades como a cooperação e a empatia, mesmo a sobrevivência seria difícil. Nossa sobrevivência física está ligada à causa e ao efeito do dar e do receber. Para o reino vegetal, damos dióxido de carbono e recebemos em troca o oxigênio. Nossa sobrevivência psicológica depende do cuidado e da consideração com os outros. Nossa sobrevivência espiritual depende do nosso senso de contato com uma grande realidade, que assegura a nossa continuidade além das dimensões temporais da vida.

O amor é o valor comum que está presente em nossas estruturas de referência tanto competitivas quanto cooperativas. Na competição, o amor torna-se um meio de se atingir um fim: como quando amamos nosso trabalho porque ele irá nos trazer maiores recompensas do que aos nossos colegas. Na cooperação, o amor torna-se um fim em si mesmo, como quando gostamos de trabalhar pelas nossas famílias por nenhuma outra razão que não a mera experiência de compartilharmo-nos com os outros.

O amor é o impulso evolucionário que nos empurra de uma programação mental competitiva em direção ao instinto de cooperação. Além da cooperação, o amor floresce puramente como um estado de ser que transcende as dicotomias da competição ou da cooperação. Nesse estado, estamos em contato com a pura energia do amor que unifica o átomo e o universo. O amor é uma energia pura não condicionada pela realidade exterior. Os sufis expressam assim sua experiência do amor puro como um encontro com o divino:

> O amor é a Sua essência.
> O amor é a Sua presença.

Os líderes conscientes são atentos ao amor na ação. Eles sabem que, se o trabalho é criação, o amor é o impulso criativo que está por trás desse trabalho. Esses líderes seguem a misteriosa fonte do amor, não numa esfera objetiva de ação, mas dentro de seu próprio coração. O amor não é um mero sentimento presente na superfície da experiência; ele precisa ser procurado nas profundezas do ser e na fonte essencial de grandes ações.

A NATUREZA DO AMOR: TRÊS HÁBITOS DO CORAÇÃO

Lembro-me novamente das fascinantes palavras do *Pequeno Príncipe*, que nos falam sobre a natureza do coração:

— Adeus — disse a raposa. — E aqui está o meu segredo, um segredo muito simples: somente com o coração é que podemos enxergar corretamente; o essencial é invisível aos olhos.
— O essencial é invisível aos olhos — repetiu o pequeno príncipe, para ter certeza de que não se esqueceria.

... Antoine de Saint-Exupéry,
O Pequeno Príncipe, 1971

O coração tem sido considerado pelos mestres da Antigüidade como uma fonte potencial de sabedoria e inteligência. As tradições sagradas dizem que um coração puro é a base para a pureza e clareza da percepção. Pela palavra *coração*, obviamente, os antigos não se referiam ao coração biológico. Eles estavam se referindo ao *chakra do coração*, considerado como a sede da inteligência emocional. Os grandes mestres sabiam que as emoções, assim como o intelecto, precisam ser cultivadas. Eles então desenvolveram os três hábitos do coração como importantes deveres da vida. São eles:

1. O hábito do desejo;
2. O hábito da paixão;
3. O hábito da plenitude.

Antes de tudo, associamos o coração com o desejo, como no ditado: "Comi como mandou o meu coração." O desejo é o primeiro estímulo da vida no universo biológico — é o impulso principal da vida. Quando a energia do desejo trabalha apenas no nível físico, ela é regulada por um mecanismo de controle construído na nossa natureza psíquica. Nosso desejo por água é saciado assim que a sede do corpo é atendida. Mas o problema surge quando o desejo supera o limite do físico e adentra o mundo da mente. Isso acontece porque a experiência física indigesta deixa seu resíduo na mente na forma de memória. É a memória da sensação prazerosa não atendida que faz nascer o desejo.

Os mecanismos do desejo mental são os seguintes: Quando protagonizamos um evento físico através de nossos cinco sentidos, movemo-nos num tempo linear. Esse movimento surge com o início do evento e termina quando acaba a sensação do evento. Quando a experiência dessa sensação não termina com o evento, a experiência é transferida do corpo físico para a mente, que ainda vive a experiência. Essa experiência não atendida torna-se imediatamente uma parte da memória. Enquanto o evento físico é um processo irreversível no tempo, a experiência enquanto memória é reversível. Isso resulta no nosso desejo por uma experiência prazerosa logo depois do término do evento. A falta de sincronicidade entre o evento e a experiência faz nascer esse desejo.

Quando o nosso desejo de uma experiência prazerosa torna-se uma resposta disfuncional de hábito, podemos concluir que nosso entusiasmo transformou-se verdadeiramente em vício. Mesmo nossa ação rotineira pode transformar-se em vício quando somos incapazes de abandonar nosso apego mental ao trabalho, no qual não estamos mais envolvidos fisicamente. Um exemplo disto é a tensão mental do local de trabalho que carregamos para casa. A atividade no escritório terminou, mas continua na nossa mente. Essa atividade dissipa energia. Mas continua como uma sutil subcorrente de agitação na nossa memória, e afeta a qualidade de nosso trabalho.

Líderes conscientes agem segundo a essência de seu coração. Seu desejo pela ação é extravasado totalmente no contexto imediato da ação. Eles agem aqui e agora com grande amor. Desse modo, dominam o desejo em vez de serem dominados por ele. Se essa ação é total e instantânea, ela não é expelida em atividade e agitação nervosa. É então que o líder pode afirmar ter cultivado o primeiro hábito do coração — canalizar a energia do desejo para o caminho do desejável.

A segunda maneira pela qual o coração se expressa é através da paixão. A paixão é uma forma sustentada do desejo por algo. Quando alguém diz "tenho paixão por música", está expressando seu amor a longo prazo pela música. A paixão é uma qualidade do coração. É outra forma de amor que consiste num sentimento de dissolução do ser em algo belo e inspirador. Como alguém cultiva a paixão? Ela pode ser cultivada em primeiro lugar? J. Krishnamurti diz o seguinte sobre isso:

Não pergunte como se adquire paixão. As pessoas são suficientemente passionais quando conseguem um bom trabalho, ou abominando uma pobre pessoa, ou invejando alguém; mas eu estou falando de algo completamente diferente — uma paixão que *ama*. O amor é um estado no qual o *eu* deixa de existir.
... KRISHNAMURTI, *On Learning and Knowledge,* 1994

Pela paixão, o coração do líder se eleva do oscilante impulso do desejo egocêntrico a uma inabalável chama de aspiração. Quando a paixão constitui uma meta de vida, os líderes abandonam os estímulos de seu ego e passam a viver pelo outro. Isso é o que Gandhi e Madre Teresa fizeram quando descobriram sua paixão pela verdade e pelo serviço. Krishnamurti escreveu o seguinte:

O amor, eu lhe asseguro, é paixão. E sem amor, o que quer que você faça — seguir este ou aquele guru, ler todos os livros sagrados, transformar-se num grande reformista, estudar Marx e fazer uma revolução — não será de nenhum valor, porque quando o coração está vazio, sem paixão... não pode haver a entrega de si mesmo.
... KRISHNAMURTI, *On Learning and Knowledge,* 1994

O segundo hábito do coração é, portanto, guiar a chama da paixão rumo à compaixão. Na liderança, a compaixão é a culminância da paixão do líder. Sendo compassivos, os líderes desenvolvem laços integrais de fraternidade com seus seguidores.

O terceiro hábito do coração mostra que ele tudo vê na sua totalidade, e não em partes. O intelecto de um ser humano computa figuras e fenômenos por meio dos processos gêmeos de fragmentação e análise. Pensamentos intelectuais manifestam-se num nível denso da mente. Essa mente procede passo a passo como um pedreiro que constrói uma casa tijolo a tijolo. Além do intelecto, uma outra camada sutil da mente está centrada no coração. Essa mente capta intuitivamente uma forma, assim como um grande artista vê toda a paisagem através de olhos iluminados. Esse é o segredo do hábito da plenitude do coração.

Plenitude é o resultado de uma experiência de unidade interna do Ser. Quando estamos unidos internamente, podemos enxergar a vida em uma multiplicidade de dimensões. Na plenitude, não vemos a mera superfície da realidade, mas sondamos as maiores profundezas. A plenitude é uma experiência, é um sentimento. É uma volta ao centro do nosso ser. Nas palavras de Lord Byron:

> Eu não vivo em mim mesmo, mas me torno
> Parte do que existe ao meu redor; e, para mim,
> As altas montanhas são um sentimento...
> ... LORD BYRON, *Childe Harold's Pilgrimage*, canto 3, 1816

Quando vemos por fragmentos com nossa mente superficial, usamos apenas uma pequena parte da nossa capacidade de ver. É como assistir a um filme vendo foto por foto. Na plenitude temos a chance de sentir a riqueza e o dinamismo da vida. O líder empresarial que está diretamente em contato com seus subordinados e aperta suas mãos a todo momento sente a plenitude. Se o mesmo líder se familiariza com seus subordinados através de impressos computadorizados, ele irá vivenciar apenas um fragmento, e não uma pessoa plena. Albert Einstein descrevia a rara experiência da plenitude quando disse que pequeno é o número daqueles que vêem com seus próprios olhos e sentem com seu próprio coração.

Os três hábitos do coração permitem que líderes conscientes escolham o caminho do desejável em vez do caminho de muitos desejos; eles energizam esses líderes para transformar a paixão em compaixão oniabrangente, e fortalecem esses líderes para que vejam a vida como uma totalidade interdependente, em vez de um amontoado de imagens separadas.

DA LIDERANÇA *HIGH-TECH* À LIDERANÇA *HIGH-TOUCH*

> O mestre disse ao negociante: "Assim como os peixes morrem numa região seca, você morre quando se enreda no mundo. O peixe precisa voltar à água — você precisa voltar à solidão."
>
> O negociante fica horrorizado: "Devo então deixar meu negócio e ir para um mosteiro?"
>
> Não, não. Continue no seu negócio e entre no seu coração.
> ... KENNETH GOODPASTER

Esta bela historieta é de um antigo professor de Harvard, um homem com um coração verdadeiramente grande, Kenneth Goodpaster. Aprendi lições sobre liderança ética com Ken e dei-me conta de que a liderança não é cerebral, mas uma experiência de contato. Ken tem uma agenda das mais cheias, viajando de uma região a outra do mundo, ensinando, dando seminários para empresas e achando tempo para sua família. Ainda em meu contato com ele ao longo de um ano, sempre o vi se preocupando com as menores coisas, como se cada tarefa fosse tudo o que ele tinha para fazer. No fim de uma reunião, ele lavava as xícaras de café quando todos haviam saído. Olhando para o modo como Ken ajusta sua vida e seu trabalho, percebi que o líder consciente pode pensar de modo abstrato, mas vive com sua atenção voltada para detalhes concretos.

O segredo da liderança do tipo *high-touch* é simplesmente este: prestar atenção a detalhes e colocar neles o seu coração. Na liderança contemporânea, há um mercado decrescente para discursos pomposos e pensamentos sofisticados. O que todos os seguidores querem ver é uma vida vivida em detalhes, de acordo com princípios estabelecidos. A idéia que os seguidores fazem dos líderes não é feita do prestígio de que gozam, mas de infinitésimos detalhes da vida cotidiana.

O toque é um poderoso meio de comunicação na nossa vida. Líderes que estão familiarizados com a linguagem do toque sabem que ele produz um profundo impacto na mente da pessoa que o recebe. O toque pode ser puramente físico, como um aperto de mãos, mas até mesmo o impacto emocional de um toque físico é inconfundível. As mãos de líderes podem ser poderosas mensageiras de suas emoções. Seguidores respondem no sentido físico e emocional dizendo: "Oh! Fui tocado pela gentileza do seu gesto."

Earl Bakken, da Medtronic, entende a importância da liderança *high-touch* ao viajar pelo mundo de Minneapolis a Tóquio ao encontro de cada um de seus nove mil funcionários, em pequenos grupos de quinze a vinte pessoas por vez. Os empregados valorizam a dádiva do contato com o líder. Na Medtronic, os relacionamentos se mantêm como resultado disso. A cada 4 de julho, Linda Marcelli, diretora distrital da Merrill Lynch, regala centenas de pessoas de sua equipe de auxiliares com a comida que ela mesma prepara. Para ela, esse é um "trabalho de amor". Linda é alguém que acredita na força da liderança *high-touch*. Ela diz: "Se um de meus consultores financeiros está com algum problema, eu lhe dou um abraço."

Na evolução da consciência humana, o toque exerce um papel significativo. A maioria de nossas informações da infância aparece através do toque. À medida que envelhecemos e começamos a perder nossos sentidos, é o sentido do toque que persiste, mesmo quando todos os outros sentidos se tornaram inertes. Nós captamos literal e figurativamente a essência da realidade através do toque.

As dimensões do sentido do tato vão além dos planos físico e psicológico. Muitas civilizações antigas eram cientes do aspecto espiritual do toque. Na Índia, a essencial natureza espiritual do toque era conhecida como *sparsa tattva*. A sabedoria espiritual do mestre ao discípulo às vezes era comunicada pelo *sparsa* ou toque. A tradição da cura em muitas culturas antigas via um uso consciente do toque. Embora o toque seja uma arte esquecida hoje em dia, as modernas pesquisas médicas reconhecem o seu valor terapêutico. Pesquisas recentes mostraram que bebês que são tocados mais freqüentemente pelos pais têm melhor saúde física e psicológica quando crescem.

Líderes que acreditam no valor do *high-touch* também vêem o impacto do toque em seus colegas. Esses líderes transmitem sua energia e entusiasmo a qualquer pessoa que toquem. E essa transferência de energia não tem de acontecer necessariamente por meio de um contato físico. Ela pode acontecer através de um olhar carinhoso, ou ainda por um gentil olhar de aprovação. Pode acontecer através de felicitações de aniversário manuscritas ou ainda num momento de silêncio compartilhado com um colega que passou por uma tragédia pessoal.

Gandhi entendeu a importância da liderança *high-touch* numa organização humana. Ele disse: "O trabalho manual é aprendiz da honestidade. Talvez o trabalho de suas mãos seja um sinal de gratidão e respeito à condição humana." Grandes líderes como Gandhi pensam nas mãos, não apenas como instrumentos do corpo e da mente, mas também como parceiras espirituais. Seja um aperto de mãos ou um *namaste* indiano, o primeiro encontro face a face entre dois seres humanos muitas vezes envolve o uso das mãos. Ambos são gestos profundos que constroem pontes de compreensão entre as pessoas.

Na nossa sociedade altamente tecnológica, os líderes tendem a manter contato com a realidade através de botões e de impessoais painéis de controle. Os relacionamentos formados pelos métodos de alta tecnologia, como faxes e correios eletrônicos, têm suas próprias vantagens, pois padronizam e economizam o custo e o tempo de comunicação. Mas, nessa busca pela padronização dos procedimentos de comunicação, os líderes perdem o caráter único do tradicional toque humano. William Hauser, chefe do departamento técnico da AT&T durante muitos anos, disse-me como sentiu a perda de contato humano com o advento da comunicação por correio eletrônico (*e-mail*). Veterano na AT&T, Hauser percebeu como as pessoas se reúnem cada vez menos em seus escritórios, e preferem o correio eletrônico ou teleconferências transmitidas de suas casas. Isto, entende Hauser, resultou na perda do valor do contato humano na organização.

Líderes como Hauser não estão sozinhos na compreensão dos problemas criados pelos sistemas de comunicação de alta tecnologia. É interessante que, com a introdução dos telefones celulares e *pagers*, o que faz aumentar a mobilidade na comunicação, parece haver mais urgência por se estar em contato entre os líderes atuais de alta tecnologia. A comunicação em rede criou uma situação paradoxal ao tornar o contato humano impessoal, enquanto ao mesmo tempo reúne mais e mais pessoas na rede. Eu sinto que isto é uma indicação de que mesmo os instrumentos de tecnologia responderam a uma necessidade humana intrínseca: a necessidade de intimidade.

LIDERANÇA E INTIMIDADE: A CONSCIÊNCIA FEMININA

Uma organização é uma rede de relações íntimas. A organização é maior que a soma de suas partes constituintes — não porque as partes são meramente somadas, mas porque estão relacionadas. A organização como um todo é um padrão relacional que se mantém mesmo quando membros individuais vêm e vão. As folhas de uma árvore crescem e morrem a cada estação, mas o padrão dinâmico de toda a árvore é mantido. A íntima relação que existe entre as pessoas em uma organização tem portanto tanta substância quanto as próprias pessoas. Essa energia indefinível de intimidade é um fator que determina a eficácia da liderança.

A intimidade é um estado de consciência. Não é simplesmente uma proximidade física. Duas pessoas podem ser íntimas até mesmo quando estão pensando numa mesma freqüência de onda. É preciso uma qualidade especial de consciência para ser verdadeiramente íntimo. Eu gostaria de chamar essa qualidade especial de *receptividade*. Há um rico repertório de atributos da qualidade da receptividade. A capacidade de ouvir, a virtude da paciência, a arte de acomodar e compreender uma pessoa num dado contexto e a espontaneidade de permitir a emoção e a intuição guiarem a tomada de decisões — estes são alguns dos fatores da receptividade. A qualidade da receptividade é uma forma aprimorada de instinto inerente aos seres humanos, que ajuda a aperfeiçoar o processamento da informação. Isso permite que a pessoa fique mais íntima dos detalhes contextuais da informação.

"Eu sigo os meus instintos. Você nem sempre enxerga o seu caminho até que você seja bem-sucedido", disse Rebecca Mark, superintendente da companhia global de energia Enron Development Corporation. Quando o governo local da Índia cancelou o projeto de dois bilhões de dólares para energia da Enron, Rebecca foi útil ao reanimar o acordo. Isso foi feito diante da inflexível oposição do governo e da opinião pública adversa que o projeto havia gerado. Foi uma notável virada num negócio que poucos superintendentes pensariam mesmo em reavivar. Mark foi capaz de mostrar, através da persuasão, o que a influência financeira da Enron não pôde fazer. Foi o triunfo de um instinto receptivo além da mera força organizacional.

A receptividade alimenta o espírito de acomodação. Rebecca Mark disse: "Eu estou questionando constantemente: Até onde posso ir? Quanto posso fazer?" Receptividade é a habilidade de impulsionar os limites da nossa capacidade para absorver e aceitar a realidade. A receptividade é o pólo oposto dos motivos de força e agressão. A receptividade surge, não do amor da força, mas da força do amor. Ela fortalece espiritualmente a pessoa. Ninguém mais do que Napoleão Bonaparte reconheceu o poder do espírito sobre a força nos últimos dias de sua vida. Ele disse: "Você sabe o que mais me surpreendeu no mundo? A inabilidade da força em criar qualquer coisa. A longo prazo, a espada é sempre vencida pelo espírito."

A consciência feminina é verdadeiramente receptiva. Ela aceita, tolera e transforma. O feminino abraça o impulso agressivo da exteriorizada energia masculina e o transforma numa ordem maior de criatividade. O vento tem uma presença suave e invisível, e ainda assim pode mover montanhas de areia quando sopra num deserto. A água é gentil e pode ser facilmente contida, e ainda assim pode cavar sua trilha através das pedras. Lao-tsé utilizou a fascinante analogia da água para transmitir a força da consciência feminina:

> Em todo o mundo, não há nada mais suave e frágil do que a água. E, no entanto, nada se compara ao modo como ela trabalha contra a dureza. Nada pode mudá-la. Todos na Terra sabem que o frágil vence o forte e que o flácido vence o sólido.
>
> ... *Tao Te King*

Devo deixar claro que a consciência feminina não é um atributo exclusivo do sexo feminino. É um estado de consciência que existe como uma lei da Natureza e que rompe o limite entre os sexos. Jesus Cristo na cruz é a mais elevada personificação do poder feminino da tolerância diante da força bruta. Gandhi condensou a suave embora obstinada força da não-violência sobre a agressão. Um estado de tolerância e não-violência contém mais energia do que uma ação violenta, assim como se requer maior capacidade para deter um carro em movimento do que para impulsioná-lo.

A liderança exige a capacidade para absorver as energias conflitantes entre membros de um mesmo grupo. Esse mecanismo de absorção do choque torna possível ao líder ser uma confluência de diversas energias.

Ao personificar a qualidade receptiva da consciência feminina, o líder consolida a energia dissipativa de sua organização numa eficácia maior.

Todas as organizações se desenvolvem em duas fases principais. A primeira é a fase da conquista; a segunda é a fase da consolidação. A conquista representa a expansão da energia através da construção de uma maior capacidade, da conquista de novos mercados, do crescimento da força humana, da inovação tecnológica, da criação de novos produtos e do fluxo de um capital maior. A consolidação representa a conservação da energia através do desenvolvimento de habilidades importantes, treinamento contínuo dos trabalhadores, melhora da qualidade dos produtos existentes e aumento da capacidade para utilização.

As organizações, como as manobras militares, progridem no ritmo da conquista e da consolidação. A conquista é o ritmo da consciência masculina. A consolidação segue as leis da consciência feminina. Os líderes estão em contato com esse ritmo. Ao incorporar tanto os aspectos masculinos quanto os femininos da consciência, os líderes sabem intuitivamente quando conquistar e quando consolidar.

Em seu livro *Brainsex*, Anne Moir e David Jessel descrevem o que chamam de "estilo matriarcalista de gerenciamento". Eles dizem que, enquanto os homens seguem o caminho aparentemente correto, as mulheres costumam perguntar: qual é a coisa mais responsável a se fazer? Enquanto os homens estão envolvidos em relacionamentos ou funções, as mulheres estão envolvidas em relacionamentos ou sentimentos: "É difícil para a mente masculina compreender a grande inserção de dados — tanto factuais quanto emocionais — que faz a tomada de decisão feminina ser de abordagem mais elaborada, mais ampla e equilibrada" (Moir e Jessel, 1989).

Algumas culturas criaram, no curso de sua história evolucionária, a identidade do feminino num sentido de maior elasticidade e receptividade. Numa cultura como a da Índia, a admissão de mulheres altamente qualificadas para posições de liderança em todas as esferas da sociedade reflete esse fator sócio-histórico ao determinar sua qualidade de liderança. Anu Aga, superintendente da grande companhia indiana Thermax, diz: "Na nossa sociedade as mulheres têm sempre que se adaptar e, conseqüentemente, internalizam sua elasticidade. Por exemplo, na maioria das famílias indianas, a mulher vive na casa do marido. Como resultado, ela tem de se ajustar tremendamente."

Em sociedades tradicionais como a da Índia, onde o trabalho doméstico da mulher não tem valor financeiro, há uma pressão crescente para que elas trabalhem em escritórios e então retornem às suas casas para o que se chama, no jargão empresarial, de expediente secundário. Isto causou uma mudança notável na perspectiva de liderança das mulheres. Essas mulheres lideram não apenas sendo habilidosas em suas casas, mas também assumindo novas responsabilidades no escritório. A responsabilidade é uma característica de liderança recentemente descoberta entre as mulheres indianas. Não que as mulheres não sejam responsáveis em suas casas, mas essa responsabilidade até agora não foi reconhecida como algo que tenha valor.

Ousarei descrever-lhe agora a história de uma jovem trabalhadora que vive em Bombaim, no oeste da Índia. Pela sua história, podemos saber como, sofrendo pressões em dois expedientes, na casa e no escritório, ela encontrou para si mesma mais liberdade para agir. Esse sentimento de liberdade de ação surgiu com um preço: ela tem de resistir e se adaptar mais. Sua busca por liderança na empresa é uma notável demonstração de elasticidade, que é característica da consciência feminina. Aqui temos um relato íntimo de um dia na vida de uma trabalhadora indiana:

Esta é a história de uma mulher como poucas. Vamos chamá-la de Sangeeta. Ela trabalha numa agência de publicidade. Tem trinta, talvez trinta e cinco anos de idade. É difícil dizer sua idade apenas observando-a. Sua juventude, como um ocaso, permanece no seu rosto em pálidas tintas. E suas feições, sem o traço de pó compacto ou da agressiva combinação de rímel e batom, transmitem um frescor que encanta.

Sangeeta é uma entre muitas que compõem a força de trabalho que percorre a selva comercial urbana, das dez da manhã às cinco da tarde, todos os dias. Dia após dia: um desfile de penteados, rabos-de-cavalo, cabeças avermelhadas e bolsas elegantes. Há um certo ritmo no andar de Sangeeta que a destaca das desleixadas pessoas em seu cotidiano de trabalho na cidade. Se você a observar atentamente, poderá ver a marca dos óculos em seu nariz e um par de olhos brilhantes e confiáveis. Olhos que brilham intensamente como luzes de trânsito, e você parece saber exatamente quando seguir em frente ao apresentar-se.

Puxo uma conversa com ela:

— O que faz trabalhar uma mulher que trabalha?, eu lhe pergunto, pensando ter feito uma pergunta muito inteligente.

Mas a resposta de Sangeeta é tão nítida quanto seu nariz aquilino:

— Aquilo que faz uma incansável dona de casa trabalhar ... o desejo de autoexpressão.

Espantado com sua resposta, decidi acompanhá-la ao escritório.

Encontro sua mesa coberta de lápis coloridos, esboços pela metade, uma miscelânea de coisas. Na parede há um grande repelente de mosquitos que diz: Liberdade à Meia-Noite.

— No ramo da publicidade fazemos você ir em busca do impossível — diz ela com um meio sorriso.

Parece-me irônico que a mulher que trabalha faça precisamente isso durante toda a vida – ir em busca do impossível.

Sangeeta precisa cumprir uma maratona doméstica em casa. Segue-se a isso uma corrida ao local de trabalho. E, finalmente, essa corrida de obstáculos no escritório. Percebi que descascar um abacaxi é uma tarefa muito mais difícil do que preparar uma folha de balanço. Tendo passado miseravelmente em ambos os trabalhos, sinto meu coração bater pela mulher que os realiza com tanta graça.

Assombro-me com o modo como uma mulher que trabalha combina o frio profissionalismo com o calor da casa. Ela contribui para a difícil arte do gerenciamento com suas habilidades naturais, e pode arrumar um oscilante local de trabalho com um simples bosquejo – um sorriso criado.

Sangeeta, enquanto isso, está entretida em seu trabalho. Seus dedos ágeis trabalham incansavelmente para fazer uma cópia de anúncio. Por um momento, ela levanta as pestanas enquanto me fala sobre seu trabalho em casa:

– Em casa há o meu marido, que é um companheiro bem divertido, quando tudo está indo bem para ele. Mas, sempre que aparece um pequeno problema, ele se comporta como um búfalo num salão de beleza. Eu acho que todo homem sonha em ser um Napoleão perante sua mulher. E cada combate tem de ser travado no campo de batalha chamado casa.

Observando suas narinas inflamarem-se de ira, eu discretamente mudo de assunto.

– Quantos filhos você tem? – pergunto.

– Oh! Sou mãe de um monstrinho de três anos e há ainda outro em preparação. Eu não sei em que ele vai se transformar. Meu filho é um desordeiro! Ele herdou o hábito de seu pai de agitar o mundo todo por um pequeno problema. Todos têm a paciência da mãe como certa. Ninguém considera que ela também é um ser humano e tem o direito de se revoltar às vezes. As pessoas pensam que a mulher que trabalha está dançando balé no escritório. Eles nunca estão dispostos a nos considerar seriamente. Nem em casa nem no mundo exterior.

Sangeeta pára e respira profundamente.

Posso sentir sua frustração. E a agonia de sempre ter de se preocupar com a aparência num mundo louco e desvairado. Ela equilibra-se numa corda bamba onde um pequeno lapso significa perder o prestígio. Ela pode sorrir reservadamente, mas não reagir como um homem. Ela pode bisbilhotar, mas nunca o suficiente para suspeitar-se de que tem um caso. A mulher que trabalha tem de se esforçar para fazer o papel de mãe, de funcionária, de enfermeira e de amante compreensiva. E ela tem de se esforçar para se manter sempre bela. Sua glória viceja na mística de sua jovialidade e beleza. Ela vive com o receio de que sua magia não sobreviva às agruras do tempo e das estações. O claro pensamento de que ela tem de viver a vida de uma reclusa, longe dos holofotes, a persegue.

Enquanto penso sobre tudo isso, o telefone toca na mesa de Sangeeta. Ela atende e ouve ansiosamente. Responde às instruções do outro lado da linha com ocasionais "Sim, senhor" para preencher o diálogo. Tirando por um momento o fone do ouvido, ela diz: "Meu diretor. Ele acabou de me pedir para visitar um cliente. Meu filhinho não está bem. Pensei em ir mais cedo para casa hoje. Mas o meu trabalho é muito importante. Tenho de ir agora."

Enquanto ela se prepara para sair, esta trabalhadora parece para mim um enigma andante. Estou impressionado com a destreza com que ela desempenha seus papéis. Antes de nos separarmos, Sangeeta sorri para mim suavemente:

– Quando escrever sobre mim, diga a seus leitores que sou mais do que simplesmente um rosto bonito. Diga-lhes que sou uma guerreira livre.

Consigo apenas murmurar respeitosamente:

– Sim, senhor!

LIDERANÇA: O CAMINHO DO AMOR INCONDICIONAL

Alguém perguntou certa vez a Abraham Lincoln: "Por que o senhor ama seus inimigos quando deveria destruí-los?" Lincoln respondeu: "Senhora, eu não os destruo quando faço deles meus amigos?" A maneira de Lincoln era o caminho do amor incondicional. O amor simplesmente existe. Ele não é condicionado pela mente nem construído pelo pensamento. Ele não tem pólo oposto. O ódio não é o oposto do amor, pois o amor não tem oposição. O amor é um estado de auto-existência plena. É energia pura que sustenta relacionamentos entre formas e fenômenos da existência. O ódio não possui realidade existencial. É meramente um condicionamento mental fabricado. O ódio não tem presença real, é meramente a ausência de amor. Quando existe amor, não existe ódio.

Pode um líder cultivar o amor incondicional? Talvez não. Tudo o que é cultivado torna-se uma resposta condicionada da mente. Não se mantém incondicional. Então, como alguém experimenta o amor incondicional? Isso pode ser feito simplesmente quando testemunhamos e superamos nossos condicionamentos. Temos de simplesmente remover os bloqueios mentais que impedem a corrente de livre fluxo do amor. Dizer "este homem é o diabo encarnado" e "aquela mulher é totalmente sem coração" são exemplos do condicionamento na vida cotidiana que nos impedem de amar. Ou então ficamos atrelados a imagens congeladas de nossos conceitos preconcebidos sobre as pessoas e a estereótipos culturais sobre nossas preferências pessoais. Todas essas são barreiras que nos impedem de sentir o amor incondicional.

Nas empresas, vemos freqüentemente grupos de interesses, círculos sociais e facções. Todos esses grupos apenas ajudam a impedir o fluxo do amor incondicional nas organizações. Eles ostentam padrões de comportamento auto-servientes, criam imagens prejudiciais das pessoas e dificultam os relacionamentos autênticos entre os membros da organização. Os líderes que sucumbem a esses círculos viciosos de interesse próprio perdem o contato com o amor incondicional. Quando passam por cima das divisões artificiais criadas pelo desejo de poder e pelos preconceitos, eles se encontram novamente no amor. J. Krishnamurti escreveu:

> Quando removemos a divisão entre o "eu" e o "você", entre "nós" e "eles", o que acontece? Só então, e não antes, talvez possamos usar a palavra "amor". Amor é aquele algo extraordinário que surge quando não existe "eu" dentro de um círculo ou de paredes.
> ... J. KRISHNAMURTI, *On Learning and Knowledge*, 1994

O muro que separa as pessoas numa organização nada mais é que a circunferência de um círculo cujo centro é o ego. Se esse centro não existe, não haverá circunferência, nenhuma fronteira para separar uma pessoa de outra. Os líderes conscientes entendem o processo de dissolver as fronteiras do seu ego como um modo de se chegar ao amor incondicional. Bill George, da Medtronic, disse:

> Uma das coisas que você deve fazer nesse processo é encontrar uma maneira de tirar os egos do caminho, e isso tem que começar com o superintendente. As pessoas no topo de grandes organizações têm egos muito fortes. Isso não é só verdade nos negócios. Isso existe no Congresso, na medicina, no judiciário.
> ... BILL GEORGE, Medtronic Inc.

Nas organizações, o líder exerce o poder de três modos diferentes. O primeiro é o *modo do medo*. Essa é a base de todos os tipos de ditadura. Hitler assumiu o poder através da intimidação. Seu poder era coercitivo e baseado na psicose do medo que ele era capaz de transmitir às massas. O medo permite que um líder mantenha o controle temporário, mas nunca um relacionamento duradouro. O lado sombrio do medo é o ódio. Eles andam juntos. Pessoas que lideram criando o medo também recebem ódio — esta é uma lei natural.

O segundo modo de liderança é o *modo da cenoura e do bastão*. Isto é, liderança por meio de recompensa e castigo. Em organizações industriais, dinheiro, gratificações e promoções determinam a parte da cenoura; o bastão vem das rejeições, demissões e tratamentos com desprezo. Esta é uma maneira razoavelmente segura de se conseguir que o trabalho seja feito, mas não assegura que o trabalho realizado seja o melhor possível. Ao adotar a abordagem da cenoura e do bastão, os líderes incutem em seus subordinados o caminho mais curto para o sucesso — buscar o prazer e evitar a dor. O perigo óbvio de se seguir esta rota é o de que os seres humanos são reduzidos a mecanismos de estímulo e resposta. Eles trabalham meramente pela utilidade, e não por inspiração autêntica.

O terceiro modo de liderança é o do *amor incondicional*. O líder não abandona a disciplina e a punição ao amar incondicionalmente. Mas o verdadeiro motivo pelo qual o líder disciplina seu seguidor é o amor genuíno. O líder é como a mãe arquetípica, que disciplina a criança apenas pela segurança de seu bem-estar. Ela não é a mãe que exige retorno dos investimentos para si; ela nem sequer exige gratidão da criança. Ela simplesmente ama sem impor nenhuma condição. Quando os líderes podem amar seus seguidores dessa maneira, eles não precisam investigar o desempenho de suas equipes. O desempenho surge naturalmente dos seguidores, que dão o melhor de si por um sentimento de confiança e de pertencer a uma organização. Seu trabalho então torna-se verdadeiramente um trabalho de amor.

A metáfora do jardineiro cai como uma luva para se compreender o caminho do amor incondicional. O jardineiro sabe qual é o segredo para produzir um canteiro de flores. Ele olha para o seu jardim como uma extensão de si mesmo. Ele rega as plantas regularmente. Usa a tesoura para podar galhos secos e facilitar o crescimento. Evita o excesso de raios solares nas plantas que estão brotando e protege-as do sol. Ara o solo, coloca adubo e cuida do jardim com todo o seu coração. Ela não força as plantas a florescer; elas simplesmente florescem por si mesmas, em seu próprio tempo. Elas desabrocham suas pétalas coloridas e exalam suas fragrâncias, seus talentos únicos em resposta ao amor incondicional do jardineiro.

Líderes conscientes são como o jardineiro que simplesmente facilita o crescimento. Tudo o que fazem é amar incondicionalmente, como a chuva que cai igualmente sobre montanhas e vales. Esses líderes não param para saber se alguém merece ou não o seu amor. Amar sem a expectativa de retorno tem suas recompensas. Os líderes têm um senso de gratidão e de realização quando existe alguém para receber o seu amor. Seu prazer não é menor do que o do jardineiro que, depois de uma estação de árduo trabalho, vê sua própria energia manifestar-se numa profusão de cores. Cada flor é a testemunha viva de um trabalho de amor.

CAPÍTULO 8

Manuscrito da Natureza: O Manual da Liderança

> O livro da Natureza é como uma página escrita ou impressa com caracteres de diferentes tamanhos, em muitos idiomas diferentes, entrelinhados e entrecruzados, e com uma grande variedade de notas e referências à margem. Há a impressão grosseira e a impressão delicada... É um livro que é lido com mais proveito por quem lê mais devagar ou se demora pelo caminho.
> ... JOHN BURROUGHS

A CONSCIÊNCIA NA NATUREZA

Era prática entre os legisladores da Índia antiga retirarem-se para as florestas a fim de renovar suas perspectivas sobre os assuntos mundanos. Na quietude da floresta, podiam ponderar, refletir e lançar-se numa jornada de autodescoberta. Esse retiro era uma importante fase em toda a vida de uma pessoa do mundo, e era conhecido em tempos antigos como *vanaprastha*, ou o "estágio da floresta". Acreditava-se entre antigos mestres que havia consciência nas profundezas escondidas da Natureza. E essa consciência era acessível ao ser humano, que podia entrar em íntima comunhão com a linguagem da Natureza.

Há uma fascinante parábola chinesa chamada "O Som da Floresta", traduzida para o inglês por W. Chan Kim e Renée Mauborgne. Ela descreve as lições aprendidas por um jovem príncipe chamado T'ai, na China do III século. A essência da parábola diz:

O rei Ts'ao mandou seu filho, o príncipe T'ai, ao grande mestre Pan Ku, para aprender os fundamentos da boa liderança. Quando o príncipe chegou diante do mestre, foi aconselhado por ele a ir sozinho à floresta Ming-Li. Passado um ano, pediram ao príncipe que voltasse ao mestre e descrevesse a ele o som da floresta.

Depois de passar meses na floresta, o príncipe T'ai voltou e Pan Ku pediu-lhe que descrevesse tudo o que pôde ouvir. Respondeu o príncipe:

– Pude ouvir os cucos cantando, as folhas sussurrando, os beija-flores zunindo, os grilos cricrilando, a grama crescendo, as abelhas zumbindo e o vento murmurando e cantando...

Antes mesmo que o príncipe pudesse terminar, o mestre lhe disse para voltar à floresta e procurar algo mais para ouvir.

Perplexo com o capricho do mestre, o príncipe T'ai voltou à floresta. Durante dias seguidos ele não ouviu nenhum som que já não tivesse ouvido antes. Então, enquanto estava sentado silenciosamente junto às árvores, começou a estar consciente de tênues sons que nunca havia escutado. Quanto mais profundamente escutava, mais claros eles se tornavam. Gradualmente, uma nova luz de sabedoria começou a despontar e ele resolveu voltar a Pan Ku.

O mestre lhe perguntou o que mais tinha ouvido. O príncipe respondeu com reverência:

– Pude ouvir o inaudível – o som das flores desabrochando, o som do sol aquecendo a Terra e o som da grama bebendo o orvalho da manhã.

Pan Ku estava fascinado pelo fato de seu discípulo ter descoberto o segredo da floresta e disse:

– Para ser um bom líder, é preciso saber ouvir o inaudível.

... Parábola Chinesa,
traduzida para o inglês por W. Chan Kim e Renée Mauborgne

Na inaudível linguagem da Natureza há uma união absoluta entre som e sentido. Há no som da floresta uma pureza de expressão que não pode ser encontrada nas vozes dispersas da selva de concreto das corporações. Tudo na Natureza é, na verdade, a efusão de uma linguagem inaudível. Só os seres humanos limitam esse fluxo através do condicionamento social. Se tivermos ouvidos aguçados, poderemos ouvir as vibrações atemporais da verdade no farfalhar das folhas, no zumbido das abelhas ou na ondulação das águas de um rio. A Natureza articula a estrutura vibracional de todas as formas desta Terra dentro do fluxo unitário da consciência.

A palavra sânscrita *mantra* descreve da melhor maneira a linguagem da Natureza consciente. Um *mantra* não é uma fórmula mística. É a forma original da linguagem na qual o som e o significado se correspondem completamente. A linguagem do *mantra* pode ser entendida coerentemente em relação às suas raízes primárias de significado. Essas raízes não têm significados com limites rígidos — elas geralmente são vibrações sonoras inteligentes que ajudam a criar significados e a dar forma ao que não tem forma.

O dr. David Frawley, eminente erudito das ciências védicas, nos diz em seu livro, *Wisdom of the Ancient Seers*, que os *mantras*

> ... refletem um modo de ser que se manifesta em todos os níveis, uma qualidade de energia, um espectro ou amplitude de vibração de significado que tem certa característica, mas nenhuma indicação isolada. Eles são como números primários dos quais podem surgir complexas equações, mas nas quais sempre podem ser resolvidas.
> ... DAVID FRAWLEY, *Wisdom of the Ancient Seers*, 1992

A raiz sânscrita *stha* e a raiz sonora inglesa *st* nascem do mesmo som original, que indica estabilidade. Elas deram origem tanto a palavras associadas em inglês como *stay, still, stop, stand, stable* e *stall*, quanto a palavras semelhantes em sânscrito como *stithi* e *sthan*.

Tudo na Natureza está repleto de *mantra*, que nada mais é do que um som primordial não distorcido pelos ruídos mecânicos da nossa civilização. A vibração sonora é uma expressão vívida da consciência na Natureza. O som é também o formador da realidade material do mundo. Quando estamos íntimos com sons primordiais, ou *mantras*, tornamo-nos co-criadores da realidade material. Líderes que ouvem a despercebida voz da Natureza adentram em um plano diferente de consciência. Nessa consciência eles são capazes de penetrar profundamente nas tácitas vozes das pessoas e desenvolver lampejos intuitivos na natureza humana.

Freqüentemente dizemos que temos consciência. A verdade, entretanto, é que a consciência é que nos possui. Tudo o que precisamos fazer é permitir que a consciência de nossa natureza funcione através de nós. A consciência humana é apenas um microcosmo da suprema consciência da Natureza. O corpo humano, que é um maravilhoso instrumento, evoluiu ao longo dos milhares de anos de incansável esforço da Natureza consciente. A mente humana, que concebeu e deu nascimento a civilizações admiravelmente inspiradoras, foi formada no embrião da consciência cósmica. Rabindranath Tagore expressou essa idéia de um modo encantador:

> O mesmo fluxo de vida que corre dia e noite em minhas veias percorre o mundo e dança em dimensões rítmicas.
> É a mesma vida que brota em júbilo do pó da terra em inúmeros tapetes de grama, e culmina em tumultuosas ondas de folhas e flores.
> É a mesma vida que está cristalizada no oceânico berço de nascimento e de morte, em fluxo e refluxo.

Eu sinto que meus membros se tornaram gloriosos pelo toque desse mundo vital. E meu orgulho está, desde a refluente pulsação das eras, dançando no meu sangue neste momento.

... RABINDRANATH TAGORE

Neste nosso antropocêntrico mundo de corporações, temos progressivamente marginalizado a Natureza como um recurso inerte. A ronda predatória da tecnologia tornou nossa vida confortável, mas ao mesmo tempo nos afastou de nossa própria natureza. O mistério e a santidade do relacionamento entre ser humano e Natureza têm sido violentamente arrasados pela onisciente mente racional, que sabe muito pouco sobre sua própria origem.

No limiar do século XXI, a liderança precisa parar e ponderar sobre o manuscrito da Natureza. Mesmo no insano ímpeto pelo progresso tecnológico, os líderes precisam refletir sobre a sabedoria atemporal dos caminhos da Natureza. Um líder precisa ser um visionário romântico para apreciar a fascinante precisão e harmonia no gerenciamento da Natureza. Essa é uma harmonia nascida de uma busca absoluta pela verdade e beleza — uma busca pela simbiose e um instinto infalível da unidade na diversidade.

O líder consciente se dá conta de que a Natureza nunca se levanta como um demônio egocêntrico e diz: "Eu sou o monarca de tudo o que inspeciono." Mesmo a mais alta árvore reconhece com humildade seu débito com o solo. Os elementos da Natureza dificilmente exploram-se uns aos outros, como se fossem recursos passivos. Eles não se dominam ou saqueiam numa busca insana. Tudo na Natureza está consciente do fato de que, no bem-estar do todo está o bem-estar de cada um. Portanto, a Natureza está buscando conscientemente reabastecer e compartilhar todas as coisas de que se tenha utilizado. A nuvem dá de volta à terra, na forma de chuva, aquilo que tomou do mar. A flor sabe que a abelha não é um fardo, mas trabalha juntamente com ela na jornada da vida.

TRÊS LEIS DA LIDERANÇA CONSCIENTE

A Natureza é uma infindável combinação e repetição de pouquíssimas leis. Ela faz vibrar o velho conhecido ar em inúmeras variações.

... RALPH WALDO EMERSON

Quando saímos do complexo labirinto da vida empresarial para observar a vastidão da Natureza, somos tomados pela pura simplicidade do mundo natural. Essa simplicidade não é monótona ou monocromática. Há uma diversidade tremenda de cores e sons na organização da Natureza. Ainda assim há um discernimento espontâneo com que a Natureza manipula essa diversidade de formas e fenômenos num todo harmonioso. Como um líder capacitado, a Natureza produz os mais estonteantes resultados com meios muito modestos.

Uma teia de aranha é um exemplo da fantástica organização na Natureza. A teia começa com uma simples estrutura em forma de Y feita da secreção da aranha. A aranha tece ao redor dessa estrutura básica para produzir uma teia de crescente sutileza. Há uma tremenda flexibilidade e adaptabilidade na organização da aranha. Quando a teia é destruída parcial ou totalmente por um agente externo, como uma brisa, a aranha é capaz de reparar os danos e de reconstruí-la rapidamente. Se a brisa é de grande intensidade, a aranha é capaz de construir uma teia com fios de seda mais espessos, que podem resistir à investida violenta. A aranha em sua teia demonstra uma disciplina e ordem que o líder, como arquiteto de uma organização, perceberá ser digna de emulação.

A liderança na organização da Natureza surge de uma consciência que pode abarcar o todo. Para ser capaz de abarcar o todo, essa consciência tem de estar atenta à relação entre as coisas e seus contextos, e não meramente entre as coisas. Uma diferença fundamental entre uma organização humana e a organização da Natureza é esta: a pessoa normalmente muda o contexto para acomodar as coisas, enquanto que a Natureza muda as coisas para adaptá-las ao contexto. Para citar um exemplo, no contexto de um clima frio, a Natureza cria vida vegetal e animal que possa resistir a esse frio. Quando os seres humanos constroem casas em regiões de clima frio, eles tentam alterar as condições do clima fazendo provisões para sistemas de isolamento e aquecimento central. Enquanto a Natureza põe mais ênfase no contexto integral, os seres humanos tendem a subordinar o todo pela sobrevivência das partes.

Hoje, o maior desafio que a liderança encara está em ser capaz de conseguir o equilíbrio entre o sustento de todo o contexto de uma organização enquanto cuida da identidade de cada um. As preocupações ambientais e éticas de organizações modernas apontam em direção ao mesmo dilema. Eu acho que somente a Natureza tem uma resposta para este dilema da relação entre a parte e o todo. Para isto, precisamos observar três leis da liderança consciente, que retirei do manuscrito da Natureza. Elas são as seguintes:

1. A lei da concentração completa;
2. A lei da percepção desapegada;
3. A lei da transcendência.

A primeira destas leis é a *lei da concentração completa*. A concentração permite que a Natureza atinja uma pureza de propósitos. Essa pureza vem do ajuste de elementos desorganizados da Natureza num todo coerente. Uma solução de água salgada abandonada ao léu exibe esse fenômeno natural. Na solução, os componentes dissolvidos do sal tendem a se concentrar em cristais de sal, que nada mais são do que sal puro.

Pureza é força, e concentração é a mecânica da construção dessa força. A pequena glande concentra em si toda a energia e informação para dar nascimento a uma árvore de carvalho gigante. Um atleta de sucesso concentra toda a sua energia num grupo específico de músculos, o que lhe dá força para superar a oposição. O líder empresarial concentra-se em questões centrais de sua empresa, que lhe dão grande poder de influência para o sucesso de sua organização.

O que separa o ser humano do animal é o grau de concentração. Um cachorro não pode aprender música ou inglês, simplesmente porque o cachorro não pode se concentrar em um tema por um período continuado de tempo. Do mesmo modo, a diferença entre um ser humano comum e um Albert Einstein é o grau de concentração que um Einstein coloca em seu trabalho. Quando líderes se concentram num objeto ou numa idéia por um período continuado de tempo, eles geram uma grande quantidade de energia pura. Pela força da lei natural, os líderes são capazes de usar essa energia a serviço da organização.

A concentração no contexto do funcionamento mental pode ser definida como a habilidade natural da mente em manter-se concentrada num objeto ou pensamento. Como se pode cultivar a concentração completa? A maioria das tradições espirituais do mundo desenvolveu práticas para o cultivo da total concentração da mente. A tradição yoga do hinduísmo definiu a concentração unilateral da mente como o estado de *ekagra*. Uma prática iogue é a de recolocar ordem no trânsito caótico de pensamentos concentrando a mente na respiração.

Tratarei detalhadamente desse exercício nas próximas páginas. Na tradição budista theravada, a disciplina do cultivo da atenção concentrada é conhecida como *samatha*. Na tradição islâmica, a palavra *dhikr* é usada para denotar o desenvolvimento do poder de concentração, pela repetição dos nomes de Alá. Na tradição judaica, a expressão *kavanah* significa uma forma concentrada de oração, que induz a um estado alterado de consciência.

É fácil concentrar nossa mente em algo que apele aos nossos sentidos, como um belo rosto ou uma comida saborosa. Mas atingir a mesma qualidade de concentração nas coisas mundanas da vida requer certa disciplina da mente. É essa mesma disciplina que nos ajuda a treinar nossa memória na infância.

Estar atento às menores de nossas ações, tais como caminhar ou respirar, torna possível à nossa mente, habitualmente dispersa, convergir regularmente para uma determinada atividade. Com a prática constante, torna-se fácil para a mente concentrar-se dessa maneira. Assim como o arqueiro puxa a seta em direção a si mesmo para atirá-la com força em direção ao alvo, a mente que é puxada para um foco interior torna-se um instrumento eficiente para uma ação exterior.

Líderes conscientes sabem que a concentração é o caminho mais curto para se conseguir qualquer coisa. Concentrar-se é encontrar-se. A arte da concentração está em adquirir a capacidade de retirar a consciência de todas as coisas, exceto da única meta que se está perseguindo. Uma vez que os líderes tenham aprendido o "como" da concentração, eles podem concentrar-se em qualquer coisa sem dificuldade.

A segunda lei da liderança consciente é a *lei da percepção desapegada*. Este parece ser um estado paradoxal: como alguém pode estar consciente de algo e ainda manter-se desinteressado? Cada vez que me pedem para explicar esse ponto nos meus seminários de liderança, uso uma analogia que me foi ensinada pelo meu professor. "Imagine", digo, "a mão de uma mãe segurando a mão de uma criança de dois anos que acaba de aprender a andar. A mãe tem de suavizar seu controle de modo suficiente para permitir que a criança ande livremente. Mas ela tem de ser firme o suficiente para assegurar-se de que a criança não perca o equilíbrio."

Quando nos concentramos fortemente em algum objeto ou pensamento, tendemos a erigir um muro de resistência contra a consciência plena. Por exemplo, quando lutamos para ouvir um anúncio num metrô lotado, tentamos firmemente nos de-sintonizar de outros ruídos. Nesse esforço, perdemos alguma energia para construir uma resistência ao que consideramos um barulho indesejado. Mas os que aprenderam a disciplina de concentrar seus pensamentos num objeto ou numa idéia por um período considerável de tempo, não sentem a necessidade de resistir à invasão de qualquer coisa na sua percepção. Sabemos de líderes que podem manter-se concentrados mesmo em meio ao barulho e às perturbações. Eles podem concentrar-se em algo específico e ainda estar conscientes de todo o ambiente ao redor.

J. Krishnamurti descreveu esse estado de consciência como "atenção sem escolha". De acordo com Krishnamurti, a percepção sem escolha é uma transformação psicológica fundamental que pode ser desenvolvida pela atenção sem julgamento e não-reativa aos acontecimentos de todo dia. Na chama da atenção pura, tanto os acontecimentos externos como as experiências internas ficam sob o mesmo foco. O observador desapega-se do ato da observação. Nesse desapego, a atenção é total.

A lei da percepção desapegada permite que os líderes entrem num estado mais profundo de atenção. Nessa atenção, eles chegam, além das dimensões do pensamento, a um estado de consciência incondicional. Nela, o pensador não tenta mais concentrar-se num determinado pensamento. Eles são simplesmente testemunhas desapegadas do trânsito de pensamentos, como meros espectadores. O pensador é uma testemunha, e não um juiz. Não afetado mais pelos seus pensamentos, o pensador pode vê-los aparecer e desaparecer como nuvens no céu.

Nesse estágio, os pensamentos começam a diminuir em número; o espaço entre os sucessivos pensamentos vão ficando maiores. Esses espaços são como o oceano sem ondas do silêncio infinito. Esse silêncio não tem nome nem forma. O domínio do que não tem nome nem forma é sobre o que a percepção incondicional diz respeito.

Toda a Natureza vivencia a percepção incondicional. O pássaro não sabe o nome do céu; ele simplesmente é consciente de uma vasta dimensão, onde é livre para se mover. A abelha não reconhece a complexa forma de uma flor; ela simplesmente é consciente de onde está o mel. Ao dar um nome nós criamos um muro entre a realidade e a experiência que temos dela. Quando chamamos uma árvore de árvore, nós a separamos do solo, que é uma parte inseparável do ecossistema da árvore. A consciência sem denominação é uma experiência poderosa que permite que o líder compreenda todo o contexto de um objeto, pensamento ou idéia.

Na percepção desapegada há sempre menos pensamento e mais consciência. A experiência é como desatar um nó de pensamentos e libertar o fio da consciência. Essa consciência é conhecida como *sakshi*, testemunha, em sânscrito. A mesma energia que estava sendo consumida por pensamentos caóticos agora está totalmente disponível à testemunha. A testemunha está alerta e ativa, mas não envolvida em pensamentos. *Sakshi* pode ser encontrada por todos nós no silencioso vazio entre dois pensamentos.

Como o ganso que vive na água e ainda assim não se molha, *sakshi* habita em pensamentos sem neles atolar. A disciplina envolvida nesse processo é conhecida na meditação budista *vipassana* como "atenção descoberta". Na atenção descoberta, os líderes percebem que simplesmente têm pensamentos, mas que não são os seus pensamentos — eles são algo mais do que os pensamentos. Pela lei da percepção desapegada, os pensadores nadam espontaneamente no vazio entre dois pensamentos como um mergulhador de águas profundas. Entram então em outro plano de consciência. Nisso o mar da consciência não apresenta a ruidosa superfície de pensamentos, mas o silêncio, feito de consciência pura. Quanto maior o desprendimento dos líderes em relação a seus pensamentos, maior é seu acesso à consciência pura.

Essa busca pela consciência pura nos traz à terceira lei da liderança consciente: a *lei da transcendência*. Essa lei segue automaticamente a lei da percepção desapegada. O cientista que procura pela evidência da verdade sob um microscópio é um observador desprendido. Quanto mais aguçada a sua observação, mais próximo ele chega da verdade que está por trás da forma ou fenômeno observado. Chega um momento em que a observação é tão pura que o cientista, afinal, descobre a verdade. Nesse ato, o observador, o objeto observado e o processo de observação se juntam numa única experiência. Essa é a experiência da transcendência.

Na observação desapaixonada, os líderes são cientistas que se relacionam com o mundo real. Na transcendência, os líderes são como o visionário que se relaciona com o mundo do possível. A linha divisória entre o real e o possível é aquele algo intangível que chamamos de *visão*. O real é o mundo dos fatos – é um mundo em que podemos atuar através de nossos sentidos. O possível é o mundo da verdade. A verdade é um fenômeno invisível que não pode ser captado pelos fatos; ela só pode ser imaginada e compreendida pelo Ser.

Nas organizações, ouço freqüentemente a expressão *checar a realidade* no contexto da liderança gerencial. A complicada parafernália da pesquisa de mercado e das pesquisas sobre a resposta do cliente constitui um dos instrumentos de checagem da realidade nas empresas. Eles checam a realidade ou apenas afirmam o que é verdadeiro? O verdadeiro é o que pode ser visto, quantificado e usado imediatamente. O real é muito mais do que o verdadeiro. A semente é uma verdade – a realidade é o carvalho gigantesco que dorme na semente como uma possibilidade. Em termos objetivos, a semente, é algo pequeno; mas, em termos da realidade, a semente é sinônimo da própria vida. Apenas por meio da lei da transcendência a verdade pode se transformar na realidade.

A transcendência está ocupando um espaço cada vez maior na nossa vida. Nós transcendemos o tempo trazendo de volta memórias de acontecimentos passados. O tempo se acelera quando nos encontramos em grande companhia. Nós transcendemos o espaço quando esquecemos que estamos em meio a um trabalho envolvente. Transcendemos nossas limitações físicas no nosso desempenho máximo ou quando estamos diante de um grande perigo. Nossos egos são transcendidos quando estamos profundamente apaixonados. Cada um desses atos de transcendência coloca-nos em contato com uma realidade mais ampla em nós mesmos.

A lei da transcendência nada mais é do que a transformação da energia da vida de uma forma em outra. Às vezes nos referimos à transcendência com uma palavra-tabu: *morte*. A morte não é o fim da vida, como normalmente se acredita; é simplesmente a transcendência da energia vital de uma forma para outra. A morte no mundo da Natureza é sempre precursora de uma nova vida, assim como o inverno é o precursor da primavera. A morte dá à Natureza uma oportunidade de evoluir para uma nova realidade. Não apenas o místico, mas também o físico observa a morte como uma mera ilusão forjada pela mudança da forma. Novamente, lembre-se aqui do comentário de Einstein sobre a morte de seu amigo: "Essa morte não significa nada. Para nós, notadamente físicos, a distinção entre passado, presente e futuro é apenas uma ilusão, ou melhor, uma inflexível ilusão."

A Natureza atua no drama da transcendência em seu eterno ciclo de nascimento, evolução e dissolução. Uma semente transcende as limitações de sua forma ao abrir-se à energia receptiva do solo. A semente contém internamente o roteiro de sua vida vegetal, mas essa vida não pode se manifestar até que a semente decida morrer em sua forma atual. Assim que a planta começa a se desenvolver a partir de uma semente, ela logo se confronta com os limites de seu crescimento. Depois de um certo tempo, a planta percebe que não pode mais crescer, ela pode apenas envelhecer e perecer.

Antes que a planta seque, a inteligência interior inerente a uma planta totalmente desenvolvida estimula-a a transcender a realidade de sua forma presente e a produzir uma flor. A flor brota de um botão e assume uma nova forma. Mas a flor sabe que deve transcender antes de murchar. Então a flor transcende sua forma produzindo fragrância. Esse perfume, sucessivamente, transcende as limitações de espaço ao alastrar-se por toda parte. As abelhas são atraídas pela fragrância e polinizam a flor. A flor torna-se muitas sementes. Então, a única semente que obedeceu à lei da transcendência, é agora uma parte da continuidade da vida — de uma semente finita, ela se torna uma possibilidade infinita.

A liderança é um processo consciente de descobrir e alimentar infinitas possibilidades num ser humano. Não permitindo nenhuma limitação auto-imposta na sua própria realidade transcendental, os líderes permitem espontaneamente que seus seguidores transcendam a si mesmos, elevem seu potencial individual, excedam os limites de sua capacidade e atinjam o auge de seu desempenho. Mark Twain disse certa vez: "Fique longe de pessoas que tentam depreciar suas ambições. Pessoas pequenas sempre o fazem, mas as realmente grandes fazem você sentir que também pode, de algum modo, tornar-se grande."

Podemos praticar a lei da transcendência libertando-nos progressivamente de nossa sede de acumular coisas, objetos, vícios, e do nosso desejo de ser importante ou poderoso. Renunciar a isso não nos diminui de nenhuma forma, não nos faz menos influentes ou menos poderosos. Ao contrário, isso amplia a nossa capacidade humana para a ação de infinitas maneiras. Quando disso nos libertamos, libertamos, na verdade, Deus. Deixamos que a inteligência da consciência pura se manifeste em nós e através de nós. Madre Teresa descreveu isto como "o caminho da entrega total".

RESPIRAÇÃO: PONTE PARA A TRANSCENDÊNCIA

Nossa respiração é uma ponte para a nossa realidade transcendental. Respirar é muito mais do que o ato fisiológico conhecido como respiração. É um processo sutil que nos une à nossa existência vasta, ilimitada. Em palavras simples, nossa respiração nos torna real e verdadeiramente existencial! Com cada inalação nós respiramos milhões de átomos do universo. Com cada exalação expiramos milhões de partículas de nós para o universo. Tente esta experiência: segure a respiração por um minuto. Você irá saber como é sentir que está perdendo o contato com a vida. Se você não pode respirar livremente, seu Ser existencial torna-se prisioneiro do seu próprio corpo e a morte passa a fitá-lo insolentemente.

No estado comum de nossa mente, dificilmente somos conscientes do fato da nossa respiração. Somente quando concentramos nossa consciência na respiração é que começamos a compreender a sutileza do seu processo. Veja o que acontece com a sua respiração quando você está irritado. Ela se torna cada vez mais superficial; seu peito arqueja e suas narinas inflam para acomodar tanto ar quanto possível. Quando o padrão normal de sua respiração é desintegrado, você perde o equilíbrio, tanto mental como fisiologicamente. Todas as nossas experiências emocionais estão intimamente ligadas ao modo como respiramos. Um gerenciamento apropriado da respiração constitui-se na refinada arte de viver em harmonia com a existência.

A sabedoria clássica da Índia e a ciência da Yoga, descrita sistematicamente por Rishi Patanjali aproximadamente em 200 a.C., enfatiza o *pranayama*, ou o controle da bioenergia através da ação disciplinada da respiração. O *pranayama* restaura o equilíbrio de nossa respiração normalmente caótica e traz um ritmo suave à nossa vida estressante e mecânica. Ao concentrar a consciência em nossas inalações e exalações, começamos a corresponder ao mistério da existência.

O mais simples dos exercícios respiratórios pode ser praticado pela inalação e exalação conscientes. Enquanto você expira, diga mentalmente a si mesmo: "Com cada exalação eu vou para o mundo exterior." E enquanto você inspira, diga a si mesmo: "Com cada inspiração eu volto a mim mesmo." Este ritmo de externalizar e internalizar é um dos mais fundamentais da vida. Externalizar implica exteriorização de energia. Internalizar é o processo de interiorização da mesma energia. A vida humana é uma pulsação de energia que oscila entre os modos exteriorizado e interiorizado de consciência. Toda a Natureza responde a esse ritmo de descanso e atividade.

Os antigos mestres da Índia perceberam que a respiração não é uma matéria inorgânica, mas uma entidade orgânica que integra o funcionamento de diversos elementos da vida. Eles se deram conta de que o *prana*, ou respiração vital, é a unidade básica de energia que perpetua a vida. De acordo com eles, essa energia fundamental se expressa em cinco correntes primárias de vida. Elas são o *prana* (respiração de saída), o *apana* (respiração de entrada), o *vyana* (respiração retida), o *udana* (respiração ascendente) e o *samana* (respiração estável). O *pranayama* é a antiga disciplina de regular essas correntes de vida para a vida efetiva.

Quando olhamos para as múltiplas funções levadas a cabo pelo processo da respiração, começamos a entender por que os antigos eram tão interessados em desenvolver a ciência da respiração. Eles julgaram o valor da respiração pelos efeitos notáveis que a respiração disciplinada produz. Primeiro eles notaram que respirar de uma certa maneira permitia regular o calor do corpo. Os mestres tibetanos eram capazes de suportar o frio do Himalaia em seu corpo esguio por meio do *samana*, isto é, uniformizando a temperatura do corpo. Então eles perceberam que através da disciplina de *udana*, ou respiração ascendente, eles podiam atingir o domínio sobre a fala e a comunicação. Mesmo as chamadas funções involuntárias do corpo, como batimentos cardíacos, podem ser reguladas por meio da respiração disciplinada.

A mera atenção à nossa respiração nos permite desvelar os muitos segredos sobre nosso corpo e nossa mente. Os antigos mestres indianos descobriram que o corpo humano tem três dimensões diferentes: o corpo denso, o corpo sutil e o corpo causal. O corpo denso está envolvido em funções físicas básicas; o corpo sutil é a sede das funções mentais e emocionais, e o corpo causal é a fonte da consciência.

Quando habitamos apenas o nosso corpo denso, vivemos num mundo parcial e fragmentado. Somos como o dono de uma mansão de muitos andares que vive apenas no térreo da casa. A ligação que une o corpo denso e o corpo sutil ou corpo mental, está sendo descoberta hoje na pesquisa médica. Os antigos sabiam há milhares de anos da existência do eixo corpo-mente-consciência que constitui o ser humano. E, o mais importante, eles sabiam que o caminho para ter acesso à natureza multidimensional do nosso ser é através da respiração consciente.

Mostrarei agora um exercício de respiração de três passos que é uma parte essencial nos meus seminários de liderança. Este exercício é tirado da clássica yoga indiana, psicologia na qual fui iniciado por meu mestre. Modifiquei as lições que aprendi de modo a torná-las mais simples. Estes três passos, quando praticados regularmente durante 15 minutos e duas vezes por dia, irão ajudá-lo a compreender e ativar o poder das três leis da liderança consciente na sua vida diária. Esse exercício inicialmente parece ser uma técnica entediante. Entretanto, uma vez que você tenha superado o enfado de fazê-lo rotineiramente, você se dará conta, assim como aconteceu comigo, de que é um estado espontâneo e prazeroso de estar.

Passo 1: Experimentando a Lei da Concentração Completa

Sente-se confortavelmente com os pés plantados firmemente no chão. Não fique numa postura desleixada ou tensa. Equilibre-se na cadeira de modo suficientemente confortável para que você possa se manter assim durante dez a quinze minutos. Será melhor se a coluna vertebral, o pescoço e a cabeça estiverem numa linha reta enquanto você está sentado.

Feche os olhos e fique atento ao seu corpo. Lentamente, concentre a atenção na respiração. Com os olhos fechados, fique totalmente consciente enquanto inspira e expira. Mantenha-se alerta, durante não mais do que alguns segundos, ao silencioso intervalo entre a inspiração e a expiração. Não retenha a respiração em nenhum momento.

À medida que você respira consciente e profundamente durante aproximadamente quinze minutos, você vê algo fascinante acontecer. Sua mente fica automaticamente concentrada, e sua respiração adquire um ritmo suave. Esta é a experiência da lei da concentração plena.

Passo 2: Experimentando a Lei da Percepção Desapegada

Ainda concentrado no corpo e na mente através da respiração consciente, com os olhos fechados, eleve a atenção de sua respiração para seus pensamentos. Desta vez, não se concentre. Esteja apenas tranqüilamente atento ao fluxo constante de pensamentos no seu cérebro. Você deverá visualizar seus pensamentos passando como um trânsito congestionado numa rodovia ou, ainda melhor, como nuvens no céu. Não fique preso a seus pensamentos; seja apenas uma testemunha. Observe o intervalo entre seus pensamentos. Nunca se preocupe se a sua atenção se perder; simplesmente a traga de volta com uma gentil persuasão. Lembre-se de que você não é os seus pensamentos – você apenas os está observando.

Seus pensamentos irão gradualmente diminuir em número. À medida que você se desapega mais e mais deles, você cresce em consciência. Essa consciência é o que anteriormente foi descrito como *sakshi*. Neste estágio, sua respiração automaticamente fica mais lenta, e você fica preparado para conhecer o que é transcendência.

Passo 3: Experimentando a Lei da Transcendência

Com os olhos fechados, leve sua consciência para logo acima do topo de sua cabeça. Não se concentre. Relaxe completamente a sua atenção. Imagine que você está gentilmente abrindo-se no topo de sua cabeça como as pétalas de uma flor desabrochando uma a uma para receber a luz do sol. Essa abertura é apenas uma metáfora visual para permitir que a sua estrutura psicossomática experimente um sentimento progressivo de transcendência. Enquanto você visualiza o desabrochar de uma flor e sente a liberação da sua fragrância no ar, você é transportado psicologicamente a um plano de pura luz e consciência. Aí não há concentração, nenhum desejo para segurar ou libertar – deixe-se fluir.

Quando esta experiência atinge um ápice, todo o seu ser se sente unido em corpo, mente e sentidos, numa experiência integral. Nesse estágio, sua respiração quase pára. A transcendência nada mais é do que a realização da união consigo mesmo e com o seu ambiente.

O encerramento deste exercício é tão importante quanto todo o exercício. Ao final da transcendência, é importante ficar consigo mesmo com os olhos fechados durante alguns minutos. Um encerramento abrupto seria como perturbar o seu sistema nervoso. Esse exercício produz melhores resultados quando feito em pequenos grupos, de preferência com um guia. Contudo, cada pessoa pode fazer experiências com as três leis da consciência para entender como a respiração disciplinada pode alterar a realidade de alguém.

O TRABALHO DA NATUREZA: INÉRCIA, DINAMISMO E CONHECIMENTO

O trabalho da Natureza é uma feliz síntese entre inércia, dinamismo e conhecimento. Estes são os três modos fundamentais de expressão na Natureza. São três processos que podem ser observados em ação tanto no universo físico quanto no psicológico. A inércia é o estado de passividade – é a forma seminal de uma ação física ou psicológica. Na vida inerte, a vida é envolvida internamente antes que possa evoluir externamente. Dinamismo, o segundo aspecto, é o movimento da não-ação à ação e da passividade à paixão. Este é o estágio de crescimento e evolução das formas e fenômenos. Conhecimento, o terceiro processo, representa outra dimensão da evolução – a evolução da consciência. O conhecimento não cresce no plano físico tanto quanto no plano psicológico.

O mundo mineral representa a inércia. As rochas mantêm-se as mesmas por milhões de anos – a mudança em si é muito lenta para ser detectada através de nossos sentidos convencionais. O reino vegetal representa um movimento gradual da inércia para o dinamismo. As plantas são capazes de se desenvolver rapidamente, mas elas ainda estão enraizadas em um lugar. Seu dinamismo é estático. A vida animal, por outro lado, é mais dinâmica. Os animais podem se mover e lidar com seu universo.

A terceira qualidade da Natureza, o conhecimento, é algo amplamente adormecido nas plantas e presente num estágio muito rudimentar no reino animal. Nos seres humanos, vemos a primeira evidência real da autoconsciência. O poder do pensamento e da ação consciente no universo humano vem desse conhecimento de si mesmo. Estar completamente consciente de si mesmo é a mais alta expressão da evolução humana. A Natureza não é uma posição fixa, mas uma disposição. Está sempre tentando evoluir em certa direção. A natureza humana é um acúmulo de várias disposições ou qualidades. A inércia, que é uma qualidade das mais primitivas formas de vida na Terra, está implantada na natureza humana como preguiça, indolência e estagnação. É antiético movimentar-se. A inércia, contudo, não é necessariamente disfuncional, porque ela ajuda a conservar a energia. Um pedaço de terra onde nada está nascendo por um longo tempo restabelece sua fertilidade através da inércia.

A qualidade do dinamismo, que é uma característica visível da personalidade da Natureza, empresta ímpeto à ação. O dinamismo é o princípio ativo que está por trás da regeneração da Natureza. No sentido físico, é o movimento oposto à inércia. Enquanto a inércia é a força da preservação, o dinamismo é o agente da mudança. A natureza humana, que é dominada pelo dinamismo, faz nascer pessoas ativas. Culturas e nações que têm uma preponderância de homens e mulheres dinâmicos se destacam por sua grande riqueza — cidades resplandecentes, indústrias gigantescas e modos de vida tecnologicamente orientados. No entanto, a despeito de todas as suas vantagens, o dinamismo pode ser prejudicial se não for acompanhado de conhecimento. Dinamismo sem consciência tem vida curta e está fadado à autodestruição. A civilização romana, que prosperou sobre as asas do dinâmico hedonismo, ruiu como um castelo de cartas na ausência de uma liderança iluminada.

Como o dinamismo se transforma na qualidade do conhecimento? Este é um dos mais notáveis segredos da Natureza. Os antigos mestres da Índia entenderam que a Natureza, incluindo a natureza humana, evolui por dois caminhos paradoxais. Um é o caminho de *pravritti*, no qual a Natureza exterioriza sua energia e irrompe numa profusão de formas, corpos e cores. No universo psicológico dos seres humanos, *pravritti* abre o caminho do desejo e da ambição.

O segundo caminho da Natureza é o de *nivritti*. Essa é a energia interiorizada e percebida internamente pela Natureza. Nesse caminho, a Natureza hiberna, interrompe o crescimento e armazena a energia que, de outro modo, seria gasta em expressões externas.

No sentido psicológico, *nivritti* representa a força da introspecção e conscientização. Quando o dinamismo que parte da Natureza é interrompido temporariamente por *nivritti*, a mesma energia dinâmica curva-se de volta a ela e transforma-se numa força de maior sutileza. Essa energia assume a qualidade de iluminação. Assim como uma barra de ferro aquecida a uma elevada temperatura concentra sua energia térmica na forma de luz, a energia do dinamismo, quando suficientemente concentrada, assume a qualidade da iluminação.

A consciência desperta, ou iluminação, que é o terceiro componente básico na evolução de um ser humano, marca a diferença entre os aspectos subumanos e animais dos seres humanos e a sua natureza superior. Com o alvorecer da consciência, o ser humano aspira ao mais alto estrato na evolução da Natureza. A intuição começa a funcionar e a pessoa começa a manifestar uma certa clareza de visão e empatia por todas as formas de vida na

Terra. A iluminação dá um rumo significativo ao dinamismo e impregna a inércia de um papel positivo para estabilizar a ordem da Natureza.

Na Natureza, o princípio e o processo da liderança trabalham juntos. O processo é a relação visível entre vários aspectos da Natureza; o princípio é a lei subliminar que mantém esses processos em ordem. Inércia, dinamismo e consciência são tanto princípios quanto processos. Eles determinam em que direção a vida irá evoluir na Natureza e como isso irá acontecer.

Os seres humanos assumiram uma liderança sobre todas as outras espécies nos reinos da Natureza ao obedecer ao princípio evolucionário da consciência. Isso lhes deu uma superioridade sobre o dinamismo da vida animal e sobre a inércia do reino vegetal. Ao mesmo tempo, a espécie humana é um processo interminável da Natureza. A vida humana ainda está no processo de evolução em direção a estruturas mais elevadas da Natureza. Essa evolução é uma expansão e revelação progressiva da consciência.

O líder consciente faz uso apropriado tanto dos princípios quanto dos processos de inércia, dinamismo e conhecimento. Rajat Gupta, superintendente da McKinsey, deixa que alguns problemas permaneçam indefinidos porque ele é consciente de que um certo grau de inércia é mais útil para se resolver um problema do que uma ação prematura ou agressiva. Ele disse: "Inclino-me a deixar que as coisas se arranjem sozinhas. Nove entre dez problemas desaparecem se você não se apega a eles. Você precisa lidar com o décimo. Eu normalmente não me preocupo com as coisas até que precise."

O segredo da ação correta é deixar que a ação se manifeste no momento certo, em vez de forçá-la antecipadamente. O líder sábio pode conter o dinamismo para alcançar a iluminação. Lao-tsé descreveu a essência disso em poucas palavras: "Quem quer que pratique a não-ação ocupa-se de não estar ocupado, encontra sabor naquilo que não tem sabor: ele vê o grande no pequeno e o muito no pouco" (Wilhelm e Oswald, 1995).

O CICLO DA NATUREZA: ENCONTRO COM O TEMPO

A Natureza nunca se apressa; seus sistemas se sucedem a passos curtos. Os brotos afloram imperceptivelmente, sem pressa ou confusão, como se os curtos dias de primavera fossem uma eternidade. Por que, então, deveriam os homens se apressar, como se qualquer coisa menor que a eternidade fosse deixada para o último momento?

... HENRY DAVID THOREAU (Volkman, 1960)

A Natureza é o exemplo perfeito da arte da espera. O impulso evolucionário da Natureza leva alguns milhares de anos para aperfeiçoar-se à forma de uma única flor. Quando observamos os processos naturais, percebemos que há uma certa sabedoria implícita no paradoxo: o mais rápido é o mais lento. Com que freqüência agimos contra as leis da Natureza, apenas para dar-nos conta de que despendemos um esforço muito maior para reorganizar a nossa confusão? Em muitas culturas, a paciência é confundida com a preguiça. Na verdade, há uma energia consciente envolvida na paciência que alimenta o ímpeto em direção à atividade certa no momento certo. A Natureza demonstra isso dia após dia.

Apenas os seres humanos parecem ter problemas no manejo do tempo. Aparentemente, nenhuma outra espécie na Terra sofre deste peculiar problema da nossa civilização industrial. Para mim, o problema do tempo parece ter emergido com a invenção do relógio. O relógio é o progenitor do tempo cronológico. Embora ele sirva a uma função bastante útil, a de padronizar o tempo em todo o mundo, o relógio cria uma noção fictícia do tempo como um movimento irreversível, uniforme e linear de energia.

Na Natureza o tempo nunca é linear, mas cíclico. As leis da Natureza nos dizem claramente que o tempo também não é irreversível. Vemos o retorno do tempo no nosso universo psicológico, na forma de memórias de acontecimentos passados. Da memória da Natureza física, as estações retornam ano após ano, a safra cresce, o Sol nasce e se põe e os planetas giram continuamente em suas órbitas.

Todas as civilizações antigas consideraram o tempo como sendo, não apenas um mecanismo cronológico impessoal, medido por um relógio, mas como uma entidade viva que nasce, vive e morre, como um ser humano. Na Índia, a palavra para tempo é *kala*, que também significa morte. Nas antigas civilizações da América do Sul, há evidências do culto ao tempo como uma entidade viva. Havia um bom tempo e um tempo ruim, um tempo propício e um tempo desfavorável. As pessoas viviam no tempo assim como viviam no espaço, evitando as armadilhas e dando passos no momento certo, como se houvesse um chão firme.

Estivemos rindo das crenças supersticiosas dos antigos até que Albert Einstein provasse que o tempo, assim como o espaço, é um fenômeno relativo. Por causa de Einstein, chegamos a perceber que o tempo não é determinado meramente pelo relógio, mas é criado pela consciência. Einstein disse: "Pouse a sua mão sobre uma fornalha quente por um minuto — parecerá como se fosse uma hora." Essa renovação da percepção do tempo como um fenômeno relativo levou-nos de volta à sabedoria dos antigos que perceberam o tempo como uma qualidade relativa, em vez de uma quantidade absoluta.

A despeito da moderna percepção do tempo como uma viagem cronológica, deve-se dizer que o tempo não é uma via pública de sentido único, mas também um apartamento particular. Estou falando aqui do tempo pessoal. No contexto espacial, o que vemos depende do local onde estamos. No contexto temporal, nossa perspectiva do tempo influencia o modo como o processamos na nossa consciência. Quando nossa consciência tem a chance de se expandir no tempo, como quando estamos apaixonados, o tempo corre com velocidade vertiginosa. Quando nossa consciência é contraída num determinado tempo, assim como quando estamos realizando uma tarefa desagradável, o tempo parece um fardo pesado em nossas costas.

À parte do tempo cronológico, que é unidirecional, há o tempo biológico e o psicológico, que são não-lineares e multidimensionais. O tempo cronológico emerge da fragmentação do tempo em passado, presente e futuro. Nesse tipo de tempo, o presente é sempre referido em relação ao passado ou ao futuro. É como se o presente fosse inexistente. Uma olhada no movimento dos ponteiros de um relógio analógico revela que seu movimento não é suave, mas abrupto. Os ponteiros saltam do passado para o futuro, desviando-se do momento. Esse movimento linear do tempo cronológico em cortes e sobressaltos acelera o nosso relógio psicológico. Como resultado, nunca estamos presentes no momento mas sempre presentes no passado fictício ou no futuro imaginário.

Essa inabilidade progressiva de viver no momento, no aqui e agora da realidade, nos separa da realidade. Vivemos no tempo conceitual do relógio, em vez de no tempo real de nossos universos biológico e psicológico. A síndrome do *stress* que impregna as organizações modernas deriva do fato de que, em resposta às pressões temporais externas, nosso relógio interno corre contra o nosso ritmo natural. O ritmo de nossos batimentos cardíacos, de nossa respiração e secreções hormonais é desajustado pelos ritmos mecânicos das máquinas e cronogramas de trabalho. Os inexoráveis ponteiros do relógio e a sensação de esvaecimento do tempo aprisionam nossa consciência como se avançássemos pouco a pouco em direção aos prazos finais que nós mesmos criamos.

Viver apenas no tempo cronológico nos confina em um sistema fechado, no qual conceituamos o fluxo irreversível da vida ao longo do tempo. Essa percepção do enfraquecimento do ser ao longo do tempo exaure nossa energia e produz em nós o medo de que o tempo passe. Esse medo não é somente desalentador, mas também cria um grande vazamento de energia psicológica. A única maneira de reverter esse curso do tempo é viver o presente, no aqui e agora.

A Natureza nos ensina a viver no aqui e agora. A borboleta vive de momento a momento, enquanto há tempo suficiente. A gota de orvalho pousa por segundos em uma folha de grama, e ainda assim não se impacienta. As violetas e as flores-de-maio abrem-se gentilmente para receber o verão, e elas nunca parecem ter pressa. A ocupada abelha nunca sofre de *stress*. Tudo na Natureza nos demonstra o maravilhoso segredo do gerenciamento do tempo sem ser manejado por ele.

A Natureza vive simultaneamente num mundo temporal e atemporal. Todas as mudanças no mundo natural pertencem ao tempo. Por trás do processo dessas mudanças está o princípio da continuidade, que é imutável e atemporal. Esse processo faz sentido apenas em relação ao princípio. O princípio é a referência.

Os líderes conscientes trabalham no tempo mas vivem no mundo da atemporalidade. Suas vidas servem como gloriosas conexões entre seus predecessores e as gerações não-nascidas de amanhã. As ações dos líderes conscientes são inspiradas não tanto pela pressão das necessidades de sua própria sobrevivência, mas pelas mais altas aspirações da vida, para que se perpetue. Gandhi legou um testemunho sobre as aspirações atemporais de um líder consciente (Fischer, 1962):

> "[Enquanto] tudo ao meu redor está sempre mudando, sempre morrendo, há por trás de tudo o que muda uma energia vital que é imutável, que tudo unifica, que cria, dissolve e recria... Posso ver então que, em meio à morte, a vida persiste, em meio à mentira persiste a verdade, em meio à escuridão persiste a luz.
> ... MOHANDAS K. GANDHI

MANUSCRITO DA NATUREZA: MEDITAÇÕES PARA LÍDERES

A Liberdade do Céu

> O solo, retribuindo o serviço, mantém a árvore presa a ele;
> o céu nada pede e a deixa livre.
> ... RABINDRANATH TAGORE, *Fireflies*, 1955

Um cansado viajante, voltando à casa depois de um estafante dia de trabalho, encontra uma cidade deserta, sem alma. O sol deslizou sem cerimônia por trás dos arranha-céus. Postes de luz começaram a tremeluzir soturnamente sob uma densa névoa. O tumulto do tráfego abafa a voz de um pássaro pousado num fio elétrico. O viajante sente a agonia de ter de morar nessa cidade-prisão.

O viajante olha para o céu como consolo e descobre que até o céu de Deus foi eclipsado por cartazes gigantes. Para muitos de nós, o céu ainda se mantém como uma lembrança constante de que somos seres essencialmente livres e habitantes do infinito. O infindável azul que vemos acima de nós desafia a geometria do espaço urbano. O céu é para nós um convite aberto para experimentar a liberdade do que não tem forma.

A liberdade é um estado de consciência. Ela não está fora de nós. Nossa procura por sermos livres é, então, uma busca interior — uma viagem interior para nos libertarmos das prisões que nós mesmos criamos. Muros de pedra, disse o poeta Lovelace, não fazem uma prisão; nossos bloqueios mentais fazem. As barras de ferro de nossos medos e preconceitos nos retêm num cativeiro psicológico. Eles não nos deixam saborear a liberdade que, por nascimento, é nosso direito. Os Upanishads dizem que a meta original dos seres humanos é a obtenção da liberdade, ou *moksha*, que os budistas chamam de *nirvana*, ou a extinção da escravidão.

A infinita graça que forma a majestade do céu também nos envolve. Cada vez que contemplamos o céu, estamos em contato com a nossa onipresença. O vasto céu não está separado de nós; é apenas uma parte de nós, e proclama, na majestosa linguagem das estrelas, a mensagem da nossa própria liberdade.

Os lamas tibetanos freqüentemente ensinam seus discípulos a meditar sobre o céu. Os discípulos são orientados a ficar deitados de costas, preferencialmente a céu aberto, para que tenham uma visão clara do céu. Alternativamente, são orientados para observar o céu enquanto estiverem em pé ou sentados numa postura confortável. A pessoa deve se certificar de que sua visão não seja obstruída por outros objetos durante a observação. Enquanto se contempla o vasto azul do céu, a consciência se expande progressivamente. Depois de algum tempo, as sensações limitadoras de tensões mentais e corporais se esvaem. Lentamente, começa-se a sentir o júbilo e a liberdade de imergir na fonte de consciência pura.

A Mensagem das Montanhas

> Para se ver a grandiosidade de uma montanha, é preciso manter uma certa distância.
>
> ... ANGARIKA GOVINDA

As montanhas nos ensinam a arte do desapego. Elas nos inspiram a transcender o mundano e a nos elevar, em aspiração e força, a tudo o que há de mais elevado e puro no mundo. A montanha ouve silenciosamente a magnífica música do vento, enquanto este varre sua face rochosa. Serena pela abundância das chuvas e pelos estrondos dos trovões, a montanha se mantém como o mais duradouro monumento da Terra.

As montanhas impuseram desafios constantes à motivação do homem. Peregrinos, viajantes, turistas e alpinistas olharam para as montanhas como símbolos de suas aspirações. A fascinação dos picos é a atração pelos nossos aspectos desconhecidos e não-conquistados. Na nossa psique há uma montanha que corresponde àquela na Natureza física — a única diferença entre elas é uma diferença de escala e perspectiva.

As montanhas encobertas de neve não nos permitem apenas desempenhar façanhas de resistência, mas também nos enchem de um sentimento de assombro e de um sentimento do sagrado. É preciso abandonar muitos confortos corporais durante o processo de escalada de uma montanha. Ao renunciar ao nosso apego a esses confortos das planícies, estamos em contato com uma consciência do sagrado. O Monte Kailas, na Índia, o pico do Monte Fuji, no Japão, o T'ai Shan, na China, todos têm sido reverenciados como locais sagrados na consciência das civilizações mais duradouras do mundo.

A transfiguração de Jesus e sua transformação numa realidade aconteceu numa montanha. Maomé ouviu as revelações de Alá numa gruta no Monte Hira, nas proximidades de Meca. Os sábios do Himalaia encontraram verdades atemporais no seio das montanhas. Fisicamente e simbolicamente, as montanhas transportaram os seres humanos de todas as épocas a estados reflexivos de consciência.

No desafiante silêncio terreno da montanha encontramos uma atração vertical a um estado mais elevado de consciência. A altitude física impulsiona para uma jornada psíquica a um plano mais elevado. Aqueles de nós que já meditaram profundamente na montanha sabem intuitivamente disto. Escalar uma montanha é uma ação física rigorosa. O alpinista aprende grandes lições sobre atingir metas no processo de escalada. René Daumal nos transmitiu este notável fragmento de sabedoria sobre escalada de montanhas que tem grande significado na nossa peregrinação pela liderança:

> Mantenha o olhar fixo no caminho para o topo, mas não se esqueça de olhar imediatamente à sua frente. O último passo depende do primeiro. Não pense que você está lá apenas porque você vê o pico. Observe o seu andar, esteja

ciente do próximo passo, mas não deixe que ele o distraia da meta mais elevada. O primeiro passo depende do último.

... René Daumal, "Mount Analogue",
citado em *Parabola*, novembro de 1988

As Lições de um Jardim

Levantai a pedra, e lá irás me encontrar; talhai a madeira, e eu estarei lá.

... Os Aforismos de Jesus,
Oxyrhynchus Papyri, século III

Se você permanecer durante certo tempo num jardim japonês, verá uma paisagem em miniatura da mente humana. Você poderá chamá-la de a visão da mente. Você verá flores, moitas, arbustos e uma diversidade de folhagens das quais você não saberá o nome. Para mim, um jardim sempre pareceu uma fascinante moldura do mundo interior de um ser humano.

As sólidas rochas são como a fortaleza de valores que estão profundamente enraizados no coração, e que nos dão um sentimento de estabilidade num mundo em constante transformação. O correr das águas, brilhando sob o sol, é o fluxo claro de entendimento que abre seu caminho através da densa massa de ignorância. O suave e úmido solo é um fértil leito de emoções onde cresce uma profusão de cores e formas — o sereno lírio branco, a tímida rosa e o empolado cravo.

O pinheiro medita, como um sábio, ladeando o jardim. Formigas rastejam pela terra como uma obstinada corrente de pensamentos. Se você desfizer seu caminho movendo uma pedra, elas se reagrupam novamente — esta é a natureza das formigas. A fina areia branca recebe as pegadas de um esquilo assim como nossa mente dispersa capta vestígios de qualquer visão ou ruído perdidos.

O vento desenha seu grafite, assim como as impressões de nossos sentidos, sobre tudo o que existe no jardim. Ele toca a insinuante superfície das folhas, murmura entre folhas secas e escreve sua mensagem na areia.

Enquanto me sento para refletir sobre o jardim, um repentino lampejo intuitivo me vem: se a mente é como um jardim, então ela deve ser criação de um jardineiro, que é o mestre dessa criação única. O jardim deve ter surgido da consciência do jardineiro — o sentimento de tensão e harmonia, o contraste e a coerência em suas muitas formas — tudo isso deve ter vindo da mente do jardineiro. A paisagem exterior é, portanto, uma simples projeção da paisagem interior.

Levantei a hipótese de que a nossa mente, como o jardim, é talvez a projeção de uma Mente mais elevada. Nossa mente é apenas a expressão finita de uma inteligência maior, que nos concebeu. Embora estejamos pensando que somos nós, também é possível que sejamos pensados por uma entidade maior. Não estaríamos, portanto, conectados ao Ser superior, assim como o jardim está integralmente conectado ao jardineiro? Talvez o único caminho para se estar em contato com a mente superior é suspender as fronteiras de nossa mente limitada e nos dissolvermos no ilimitado, assim como o jardim exterior e o jardim interior imergem na mente do jardineiro. Uma oração veio ao meu coração no meio de todos esses pensamentos:

> Deixe-me ser apenas uma canção,
> Um universo de pensamento, sentimento e ação.
> Deixe-me tocar todo o mundo
> Assim como os raios do Sol velam o planeta escuro.
> Deixe-me ser humilde como uma folha de grama
> E tolerante como uma árvore,
> Que dá sombra mesmo àquele
> Que se prepara para cortá-la.

O Universo que se Organiza

Falamos freqüentemente sobre nós mesmos no nosso ambiente. Eu gostaria de mudar essa afirmação à luz da minha própria experiência. Eu gostaria de dizer que a pessoa *é* o ambiente. Isso pode resultar numa crise de percepção entre aqueles de nós que estão acostumados a definir o limite exterior do ser como o princípio do ambiente. Se, entretanto, definirmos nosso ambiente não em termos de objetos, mas simplesmente como um arranjo de relacionamentos, fica claro que nada pode ser parte do nosso ambiente se não estiver relacionado conosco. Tudo o que estiver relacionado conosco torna-se uma parte de nós.

Mesmo a mais distante estrela que podemos enxergar na nossa galáxia tem certa relação conosco. No momento em que nossos olhos vêem a estrela, as retinas dos olhos entram numa relação direta com a estrela. A luz da estrela se reflete em nossos olhos. A estrela torna-se tão parte de nossos olhos quanto nos tornamos parte da estrela. Se você meditar profundamente sobre isso, perceberá que é absolutamente verdade.

Nós vivemos não num mundo de objetos, mas num universo de relacionamentos. Mesmo os chamados objetos não são meros objetos; são relacionamentos. A casa na qual você vive não é um objeto; é um relacionamento entre tijolos, madeira, areia, cimento e a mão que a construiu. O carro que você dirige é um relacionamento entre suas várias partes mecânicas e eletrônicas, o combustível e o motorista. Você é um feixe de relacionamentos e uma ponte entre seus ancestrais e sua posteridade.

O único processo que faz um mundo relacional viável é o processo da auto-organização. O casulo contém um arranjo de relacionamentos que podem se reorganizar e tornar-se uma borboleta. Um pedaço de carvão é um relacionamento entre inúmeros átomos de carbono. Quando esse relacionamento muda, os mesmos átomos de carbono se combinam na forma de um diamante. Uma massa de barro com um odor fétido torna-se, através de uma mudança nos relacionamentos entre seus átomos, a fragrância de uma bela flor. Líderes conscientes vêem uma borboleta no casulo, um diamante no carvão e uma flor num monte de barro, simplesmente porque eles são conscientes do poder de um universo que organiza a si mesmo.

O universo da auto-organização é finito em sua expressão e infinito em seus princípios. É finito no sentido de que dá voltas em torno de uma entidade específica a partir da qual flui a organização. Mas o princípio da relatividade inerente a uma organização é universal e vai além de uma entidade específica. Uma organização constrói sua identidade comercial por uma série de produtos ou negócios essenciais. A corporação auto-organizadora, no entanto, vai além dos produtos em si, na busca de novos relacionamentos entre produtos e pessoas. A Sony tinha sua identidade comercial no negócio de gravadores de fitas de áudio e fones de ouvido. Logo sua força de auto-organização construiu um novo produto baseado no relacionamento entre um gravador e um fone de ouvidos – o Walkman. O Walkman foi o início de um novo relacionamento entre a Sony e seus clientes. A capacidade auto-organizadora da tecnologia computadorizada erigiu pontes de relacionamentos entre computadores e comunicação, entre computadores e transporte, entre computadores e gerenciamento, e assim por diante.

Se olharmos intimamente para a nossa própria natureza, vemos sua notável capacidade de se organizar. O embrião humano, retirado do mundo exterior por nove meses, se organiza em relação à sua identidade essencial. Quando esse embrião emerge à luz do Sol, é uma entidade capaz de viver uma vida de imensa complexidade.

Auto-organização é a lei do ser de toda vida sensível no nosso universo. Os antigos mestres da Índia perceberam isso claramente quando estavam em busca do que chamaram de *dharma*. *Dharma* é a propriedade emergente de todas as formas vivas que permite que elas se relacionem com seu meio ambiente. O *dharma* não é aparente porque é inerente, não a objetos, mas a relacionamentos. A semente pode expressar o seu *dharma* apenas em relação ao solo. O peixe pode expressá-lo apenas em relação à água. O poder e o conhecimento da auto-organização estão implícitos no *dharma* de todas as formas de vida. Somente dentro do quadro de relacionamentos é que o processo de auto-organização torna-se explícito.

Os líderes conscientes não estão em busca de poder ou conhecimento. Eles estão simplesmente em busca do Ser. Nessa busca, vêem que a raiz de todo o poder e conhecimento mora no profundo interior do *dharma* do Ser. No momento em que uma pessoa descobre o seu *dharma*, ela espontaneamente descobre o seu relacionamento único com o mundo. Ela é como o pássaro que, com a primeira agitação de suas asas, descobre seu relacionamento com o ar. O poder de voar do líder está nesse relacionamento.

Cada um de nós em posição de liderança está fazendo a mesma pergunta em diferentes linguagens e em diferentes contextos. A questão é: como posso dar o melhor de mim? Muitos de nós percebem que podemos oferecer o melhor de nós quando estamos verdadeiramente relacionados com nós mesmos, com o nosso próprio *dharma*. Somente nesse relacionamento podemos encontrar nossa afinidade com o mundo todo.

CAPÍTULO 9

Epílogo: O Caminho Sagrado da Liderança

> Jesus disse: Tornem-se transeuntes.
> ... EVANGELHO SEGUNDO TOMÉ, livro 42.

REALIDADE VIRTUOSA: A PEREGRINAÇÃO DA LIDERANÇA

Uma peregrinação é diferente de todos os outros tipos de viagem. Numa peregrinação o destino está dentro de nós. A verdadeira peregrinação é tanto uma viagem no espaço e no tempo como uma viagem da consciência. A liderança é uma peregrinação da consciência. Líderes de todos os campos do esforço humano servem como provedores de perspectivas que dão direção à vida. Eles vêem a vida não apenas no contexto do objetivo, mas também a partir da vantajosa perspectiva do possível.

Nisso os líderes são pioneiros do mundo. Eles descobrem novas faces da realidade. Viajam a espaços desconhecidos e, depois de terem visto o que até então era invisível, clamam: "Venham! Aqui está um novo mundo." Os seguidores sabem que é perfeitamente seguro fazer essa viagem, porque o líder já a fez antes. Eles começam sua jornada com toda a fé no líder. Tanto o líder como o discípulo são viajantes do mesmo caminho; a única diferença é que o líder tem não só um excelente conhecimento da estrada, mas também conhece o destino.

Para fazer uma peregrinação, precisamos primeiramente acreditar no destino. Neste caso, o destino último, como eu já disse, é o Ser. A fé pode ser descrita mais corretamente pela expressão *realidade virtuosa*. A fé tem o seu próprio tipo de lógica e sua própria realidade. De outro modo, como se explicaria o fato de as maiores e mais duradouras organizações do mundo terem todas como base a fé? É a busca por verdades constantes sobre nós mesmos que nos inspira a agir no reino da fé. Na fé obedecemos à nossa própria essência.

A segunda exigência para essa peregrinação de liderança é o caminho reto da disciplina. A pessoa precisa descobrir, por tentativas e erros, o esforço correto que permite que ela saiba lidar com os obstáculos que aparecem. O caminho do peregrino é cercado de dificuldades e tentações por todos os lados. É fácil desistir diante das dificuldades e ceder às tentações de se desviar do caminho. A jornada da conquista e da transcendência de nós mesmos é lenta. Ela exige paciência e perseverança. A luz aparece devagar, mas certamente virá.

A terceira dimensão é a presença de um mestre. O mestre é simplesmente uma presença. O mestre é como a luz da vela em cuja presença temos claridade e luminosidade na nossa jornada. Os mestres não estão interessados em partilhar informações. Seu interesse está na transformação. Eles próprios são seres transformados; portanto, podem realizar a transformação nos outros. Você pode acender muitas velas com a luz de uma única fonte. E quando você coloca muitas velas acesas numa mesma sala, elas fornecem a mesma luz. É impossível diferenciar a luz de uma vela da luz de outra vela. No fim da viagem, o mestre e o discípulo, o líder e o seguidor, tornam-se parte daquela mesma luz — a luz da consciência.

Nestas últimas páginas, apresento breves perfis de seis líderes do mundo que nos guiaram com a luz de sua consciência. Eles representam uma tradição da busca pelo sagrado. Suas peregrinações rumo ao domínio de si mesmo foram nada menos que heróicas. No decurso de suas jornadas, eles se converteram e converteram milhões de pessoas. Eles transformaram massas em instituições duradouras. Buda, Gandhi, Madre Teresa, Lao-tsé, Confúcio e Vivekananda, todos eles deixaram suas pegadas indeléveis na civilização.

Na virada do século, a verdadeira sustentabilidade do sistema Terra atingiu proporções críticas. Soa como um clichê falar da devastação ambiental, da má administração absoluta dos recursos naturais do mundo e do espectro de fome e miséria em meio à abundância. Para mim o maior paradoxo é o de sermos um mundo tão rico de pessoas pobres. Nossa pobreza é a pobreza da indiferença, da insensibilidade e da falta de atenção ao lidar com problemas que nós mesmos criamos.

A verdadeira crise que enfrentamos hoje é a crise da consciência. Aqueles de nós que mantêm posições de poder e privilégio nos negócios, na política, no meio universitário, nos esportes, na medicina e nas instituições religiosas têm simplesmente de despertar e lidar com essa crise. A liderança consciente não é uma fórmula esotérica para a salvação pessoal — é uma necessidade urgente e emergente da nossa própria sobrevivência como civilização. Os líderes de amanhã têm no seu destino a dívida de realizar os sonhos de personalidades como Buda, Gandhi e Madre Teresa. Para os líderes conscientes do próximo século, dedico o legado de nossos grandes mestres.

BUDA: APENAS DESPERTEI

Buda significa *o desperto*. Quando as pessoas, intrigadas com a sua identidade, perguntavam a Buda: "Quem é você? Você é um homem? Um Deus? Ou um anjo?" Buda dizia: "Eu apenas despertei." Nascido aproximadamente em 563 a.C., Buda abandonou uma vida principesca para acabar com o sofrimento humano. O budismo nasceu como uma religião de compaixão infinita. A mensagem de Buda aqueceu todo o subcontinente indiano e expandiu-se até a China, o Tibete, o Japão e acabou se espalhando por todo o mundo. A mensagem de Buda foi direta, simples e prática. Ele disse: "O que eu esclareci? Expliquei a causa do sofrimento, e a destruição do sofrimento, e o caminho que leva à destruição do sofrimento. Pois isso é útil" (Smith, 1991).

A liderança de Buda era evidente não apenas pela medida de seus discípulos e da expansão de sua ordem, mas também na perfeição de sua disciplina. Ele descobriu o *caminho do meio* da liderança, que é o caminho da sabedoria perceptível entre os extremos da austeridade e da indulgência. Buda demonstrou a virtude do intenso auto-esforço e autoconfiança, e proclamou: "Aqueles que, confiando somente em si mesmos, não procurarem pela assistência de ninguém a não ser eles mesmos, serão os que irão atingir a altura mais elevada." (Smith, 1991). As últimas palavras de Buda a Ananda, seu discípulo favorito, foram: "Sejam luzes para si mesmos. Não se atenham a quaisquer meios exteriores. Mantenham-se firmes como um refúgio à Verdade. Trabalhem em sua salvação com diligência" (Smith, 1991).

BUDA

GANDHI: MINHA VIDA É A MINHA MENSAGEM

Toda a vida de Gandhi foi uma experiência com a Verdade. Ele proclamou: "A Verdade é o meu Deus. A não-violência é o meio para realizá-Lo" (Radhakrishnan, 1956). Baseado apenas nesses dois princípios, esse messias desarmado enfrentou o poder de todo um império e libertou seu país. Depois de Buda, Gandhi foi a maior força espiritual da história mundial. Nenhum líder pode se descrever com exatidão; ele só pode revelar-se por meio de suas ações. Isto é verdade em Gandhi. Quando um jornalista lhe pediu uma mensagem para os Estados Unidos, Gandhi disse: "Minha vida é a sua própria mensagem" (Radhakrishnan, 1956).

Havia uma integridade fundamental entre a teoria e a prática da liderança de Gandhi. Ele demonstrou uma sincronicidade estupenda entre seu discurso, pensamento e ação. Gandhi foi a personificação do princípio fidedigno da liderança. Para ele, o líder é responsável por manter a confiança no poder que os discípulos lhe dão. Uma má utilização desse poder era para Gandhi uma traição à verdade. Albert Einstein, contemporâneo de Gandhi, comentou:

> A influência moral que ele exerceu sobre pensadores de todo o mundo civilizado deverá ser muito mais duradoura do que pode parecer na época presente, com sua força bruta exacerbada... Somos afortunados e deveríamos ser gratos pelo destino haver nos presenteado com um contemporâneo tão iluminado — uma referência para as gerações que virão.
>
> ... SARVEPALLI RADHAKRISHNAN, *Mahatma Gandhi*, 1956

Epílogo: O Caminho Sagrado da Liderança **199**

M. K. GANDHI

MADRE TERESA: UM TRABALHO PEQUENO FEITO COM GRANDE AMOR

Madre Teresa é o exemplo de uma líder cujo poder do amor triunfou sobre o amor ao poder. Abandonando sua carreira como professora escolar, ela respondeu ao chamado interior de servir aos mais pobres dos pobres nas favelas de Calcutá. Fundadora das Missionárias da Caridade, que oferece cuidados e serviços a pessoas miseráveis por todo o planeta, Madre Teresa foi descrita pelo Secretário Geral das Nações Unidas como "a mulher mais poderosa do mundo".

A liderança de Madre Teresa foi baseada nesta simples filosofia: trabalho pequeno feito com grande amor. Ela disse sobre a sua missão: "Nossa vocação não é o trabalho — a fidelidade a trabalhos modestos é o nosso meio de colocar o nosso amor em ação." Defensora incansável dos subprivilegiados do mundo, Madre Teresa guiou inúmeras pessoas no caminho do serviço e do amor. Respondendo a uma pergunta sobre o que sentia quando as pessoas a ela se referiam como uma santa viva, disse com sua humildade característica:

> Você tem que ser santo na posição em que está, e eu tenho que ser santa na posição em que Deus me colocou. Então, não há nada extraordinário em ser santo. A santidade não é um luxo de poucos. A santidade é simplesmente um dever, para você e para mim. Nós fomos criados para isso.

Epílogo: O Caminho Sagrado da Liderança **201**

MADRE TERESA

LAO-TSÉ: O TAO DA LIDERANÇA

"Para liderar, siga as pessoas", disse Lao-tsé, o mais reverenciado filósofo e sábio da China (*Tao Te King*). Lao-tsé significa literalmente "o antigo mestre". Segundo as tradições da China, Lao-tsé nasceu aproximadamente em 604 a.C. Figura lendária, este grande velho homem da China é tido como o escritor do *Tao Te King* (O Caminho e Seu Poder), o segundo livro mais traduzido no mundo, logo depois da Bíblia.

Lao-tsé foi um místico que passou a maior parte de seu tempo em quieta contemplação. Sua vida foi a personificação do princípio eterno e invisível que governa o mundo. Segundo Lao-tsé, a maestria vem da compreensão e da harmonização da vida com o *Tao*, que é a ordem inefável e espontânea da Natureza. A liderança, de acordo com Lao-tsé, é um estado de consciência. Nas palavras de Lao-tsé, a liderança eficaz vem do conhecimento e da conquista de si mesmo: "Aquele que conhece outros homens é discernidor; aquele que se conhece é inteligente. O que supera os outros é forte; o que supera a si mesmo é poderoso" (*Tao Te King*).

Epílogo: O Caminho Sagrado da Liderança **203**

LAO-TSÉ

CONFÚCIO: O LÍDER MORAL

Confúcio, que viveu entre 551 e 479 a.C., foi um filósofo, professor, fazedor de reis e reformador social. Com setenta anos de idade, ele disse sobre si mesmo: "Aos quinze anos comecei a estar seriamente interessado nos estudos. Aos trinta, formei o meu caráter. Aos cinqüenta, eu conhecia a vontade dos céus. Aos sessenta, nada do que eu ouvia me perturbava. Aos setenta, eu podia deixar meus pensamentos viajarem sem violar a lei moral" (Smith, 1991). Confúcio criou sozinho uma filosofia ética socialmente orientada, que dominou a civilização chinesa durante muitos anos. Dos *Analectos*, que contêm os diálogos de Confúcio, obtemos a sabedoria cristalizada do mestre e humanista mais influente do mundo.

Confúcio via o líder como um perfeito *gentleman*. Ele disse que os líderes são como "cavalheiros que jamais competem". Para ele, a liderança não é um produto da força bruta e da rivalidade competitiva, mas o fluxo espontâneo de uma força moral. Confúcio disse: "Encontrar a chave central de nosso ser moral, que nos une à ordem universal, é, na verdade, a mais elevada conquista humana."

Epílogo: O Caminho Sagrado da Liderança 205

CONFÚCIO

SWAMI VIVEKANANDA: LIDERANÇA SERVIL

"Todos podem desempenhar o papel do mestre, mas é muito difícil ser um servo", disse Swami Vivekananda. Ele era conhecido como o "monge ciclônico", que após trinta e nove anos de vida deixou um legado de serviço inflexível e construiu uma instituição. Nascido em 1863, Vivekananda foi o primeiro exemplo vivo para o Ocidente da sabedoria e do espírito da Índia. Dedicando-se ao seu mestre, Vivekananda fundou a ordem da Missão de Ramakrishna, que sobrevive por todo o mundo, aproximadamente cem anos depois de sua morte, como um testemunho de sua sólida liderança.

"É preciso ser servo dos servos e acomodar milhares de mentes. Não deve existir uma sombra de inveja ou egoísmo; e então você é um líder", disse Vivekananda, sobre as qualidades da liderança servil. Ele incorporou todos os três atributos de um líder servil: pureza de propósitos, perseverança no esforço e paixão pelo serviço. Swami Vivekananda disse: "Somente aquele que vive para os outros vive realmente. Os outros estão mais mortos do que vivos."

SWAMI VIVEKANANDA

208 *Liderança Consciente*

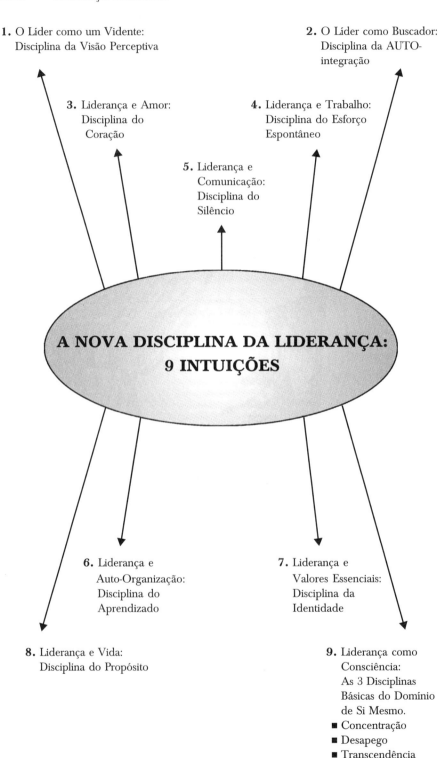

Paradigmas de Mudança da Liderança Consciente

DE:
- Capacidade
- Enriquecimento financeiro
- Círculos de qualidade
- Personalidade equilibrada
- Cultura intelectual
- Estratégia
- Liderança
- Realidade virtual

PARA:
- Confrontabilidade
- Enriquecimento de si mesmo
- Consciência da qualidade
- Personalidade integrada
- Consciência emocional
- Objetivo
- Discipulado
- Realidade virtuosa

Referências Bibliográficas

PREFÁCIO
TAGORE, Rabindranath. *Gitanjali*. Londres: Macmillan, 1913.

CAPÍTULO 1
BARKER, Joel Arthur. *Future Edge: Discovering the New Paradigms of Success*. Nova York: William Morrow, 1992.
BARKS, Coleman, trad. *The Essential Rumi*. Nova York: HarperCollins, 1995.
BRYNER, Andy e MARKOVA, Dawna. *An Unused Intelligence: Physical Thinking for 21st Century Leadership*. Berkeley: Conari Press, 1996.
CHOPRA, Deepak. *Quantum Healing: Exploring The Frontiers of Mind and Body Science*. Nova York: Bantam Books, 1989.
_____. *The Seven Spiritual Laws of Success*. Novato, Califórnia: Amber-Allen Publishing e New World Library, 1994.
GREENLEAF, Robert K. *Servant Leadership: A Journey into the Nature of Legitimate Power and Greatness*. Mahwah, Nova Jersey: Paulist Press, 1977.
GUENTHER, Hebert e LESLIE, Kawamura, trad. *Mind in Buddhist Psychology*. Emeryville, Califórnia: Dharma Publishing, 1975.
SENGE, Peter M. *The Fifth Discipline: The Art and Practice of Learning Organization*. Nova York: Doubleday, 1990.
SOBEL, Jyoti e SOBEL, Prem. *The Hierarchy of Minds: A Compilation from the Works of Sri Aurobindo and the Mother*. Pondicherry, Índia: Sri Aurobindo Ashram Publications Department, 1991.
YASUO, Yuasa. *The Body, Self Cultivation and Ki-Energy*. Nova York: State University of New York Press, 1993.

CAPÍTULO 2
ASIMOV, Isaac. *The Dialogues of Plato*. Oxford, Clarendon Press, 1953.
_____. *Words of Science: And The History Behind Them*. Nova York: New American Library, 1959.
_____. "Today's Leaders Look to Tomorrow", *Fortune*, 26 de março de 1990.
CAMPBELL, Joseph. *The Masks of God: Creative Mythology*. Nova York: Viking, 1968.

CAPRA, Fritjof. *The Tao of Physics*. Boston: Shambala Publications, 1975. [*O Tao da Física*, publicado pela Editora Cultrix, São Paulo, 1980.]
_____. *Uncommon Wisdom*. Nova York: Simon & Schuster, 1988. [*Sabedoria Incomum*, publicado pela Editora Cultrix, São Paulo, 1980.]
_____. *The Web of Life*. Nova York: Anchor Books, 1996. [*A Teia da Vida*, publicado pela Editora Cultrix, São Paulo, 1997.]
DALAI LAMA. *The Way of Freedom*. Nova Delhi: HarperCollins, 1995.
MERELL-WOLFF, Franklin. *The Philosophy of Consciousness Without an Object*. Nova York: Julian Press, 1973.
RANGANATHANANDA, Swami. *A Scientific Approach to Religion*. Nova York: State University of New York Press, 1991.
SHERMAN, Stratford. "Leadership Can Be Learnt", *Span*, abril-maio de 1996.
ORNSTEIN, Robert E. *The Psychology of Consciousness*. Nova York: Harcourt Brace Jovanovich, 1977.
MAHADEVAN, T. M. P. *Talks with Sri Ramana Maharshi*. Madras, Índia: Sri Ramana Sramam Tiruvannamalai, 1989.
PYARELAL. *Mahatma Gandhi: The Early Phase*. Ahmedabad, Índia: Navajivan, 1956.

CAPÍTULO 3

AUROBINDO, Sri. *The Message of the Gita*. Pondicherry, Índia: Sri Aurobindo Ashram, 1977.
BARKS, Coleman. *The Essential Rumi*. Nova York: HarperCollins, 1995.
BOLDT, Laurence G. *How to Find the Work You Love*. Nova York: Arkana, 1993.
LINDBERGH, Charles A. *Autobiography of Values*. Nova York: Harcourt Brace Jovanovich, 1978.
MADRE TERESA. *Total Surrender*. Ann Arbor: Servant Publications, 1985.
SOBEL, Jyoti e SOBEL, Prem. *The Hierarchy of Minds: A Compilation from the Works of Sri Aurobindo and the Mother*. Pondicherry, Índia: Sri Aurobindo Ashram Publications Department, 1991.
ROBERTSON, Ronald. *Globalization: Social Theory and Global Culture*. Londres: Sage Publications, 1992.
STARK, Eleanor. *The Gift Unopened: A New American Revolution*. Portsmouth, New Hampshire: Peter E. Randall Publisher, 1988.
WILSON, Andrew. *World Scripture: A Comparative Anthology of Sacred Texts*. Nova Delhi: Motilal Banarsidas, 1993.

CAPÍTULO 4

CANNON, Walter B. *Wisdom of the Body*. Nova York: W.W. Norton, 1963.
FISCHER, Louis, org. *The Essential Gandhi*. Nova York: Vintage Books, 1962.
JACOBI, Jolande, org. *Paracelsus: Selected Writings*. Princeton: Princeton University Press, 1969.
KRISHNAMURTI, J. *On Learning and Knowledge*. Nova York: HarperCollins, 1994.
MADRE TERESA. *Total Surrender*. Ann Arbor: Servant Publications, 1985.

REMDE, Harry. *The Art in a Craft*. Toronto: Traditional Studies Press, 1975.
RENESCH, John, org. *New Traditions in Business*. San Francisco: Sterling and Stone, 1991.
SENGE, Peter M. *The Fifth Discipline: The Art and Practice of Learning Organization*. Nova York: Doubleday, 1990.
TAGORE, Rabindranath. *Fireflies*. Nova York: Macmillan, 1955.
WILLIAMS, Charles. *The Place of the Lion*. Grand Rapids: William B. Eerdmans, 1965.

CAPÍTULO 5

ABRAM, David. *The Spell of the Sensuous*. Nova York: Pantheon Books, 1996.
AUROBINDO, Sri e A MÃE. *On Self-Perfection*. Pondicherry, Índia: Sri Aurobindo Ashram, 1973.
_____. *Parabola*, agosto de 1983.
BARKS, Coleman. *The Essential Rumi*. Nova York: HarperCollins, 1995.
KRISHNAMURTI, J. *On Learning and Knowledge*. Nova York: HarperCollins, 1994.
MAHADEVAN, T. M. P. *Talks with Sri Ramana Maharshi*. Madras, Índia: Sri Ramana Sramam Tiruvannamalai, 1989.
MADRE TERESA. *Total Surrender*. Ann Arbor: Servant Publications, 1985.
SWARUP, Ram. *The Word as Revelation*. Nova Delhi: Impex Índia, 1980.

CAPÍTULO 6

CHAKRABORTY, S. K. *Management by Values*. Nova Delhi: Oxford University Press, 1993.
CHAN, Wing-sit. *A Source Book in Chinese Philosophy*. Princeton: Princeton University Press, 1963.
DALAI LAMA. *The Way to Freedom*. Nova Delhi: HarperCollins, 1995.
FISCHER, Louis, org. *The Essential Gandhi*. Nova York: Vintage Books, 1962.
FUKUYAMA, Francis. *The End of History and the Last Man*. Nova York: Avon, 1992.
GIBRAN, Kahlil. *The Prophet*. Nova York: Alfred A. Knopf, 1970.
GRIGGS, Lewis Brown e LOW, Lente-Louise, orgs. *Valuing Diversity: New Tools for a New Reality*. Nova York: McGraw-Hill, 1995.
KURIEN, V. *Managing Socio-Economic Change: The Role of Professionals*. Ahmedabad, Índia: Indian Institute of Management Publication, 1978.
POLLAR, Odette e GONZALEZ, Rafael. *Dynamics of Diversity*. Califórnia: Crisp Publications, 1994.
RUSSELL, Bertrand. *The Scientific Outlook*. Londres: George Allen & Unwin, 1931.
SAINT-EXUPÉRY, Antoine de. *The Little Prince*. Nova York; Harcourt Brace Jovanovich, 1971.
SENGE, Peter M. *The Fifth Discipline: The Art and Practice of Learning Organization*. Nova York: Doubleday, 1990.
WALSH, James. "Asia's Different Drum", *Time*, 14 de junho de 1993.

CAPÍTULO 7

CHOPRA, Deepak. *The Path to Love*. Nova York: Rider Books, 1997.
GIBRAN, Kahlil. *The Prophet*. Nova York: Alfred A. Knopf, 1970.
KRISHNAMURTI, J. *On Learning and Knowledge*. Nova York: HarperCollins, 1994. [*Sobre a Aprendizagem e o Conhecimento*, publicado pela Editora Cultrix, São Paulo, 1996.]
MOIR, Anne e JESSEL, David. *Brainsex*. Nova York: Dell Publishing, 1989.
MADRE TERESA. *Total Surrender*. Ann Arbor: Servant Publications, 1985.
WILHELM, Richard e OSWALD, H. G., trad. *Lao-tzu*. Nova York: Penguin Books, 1995.

CAPÍTULO 8

DAUMAL, René. "Mount Analogue", citado em *Parabola*, novembro de 1988.
FISCHER, Louis, org. *The Essential Gandhi*. Nova York: Vintage Books, 1962.
FRAWLEY, David. *Wisdom of the Ancient Seers*. Salt Lake City: Passage Press, 1992.
HUGHES, Holly e WEAKLEY, Mark. *Meditations on the Earth*. Filadélfia: Running Press, 1994.
KRISHNAMURTI, J. *On Learning and Knowledge*. Nova York: HarperCollins, 1994.
MADRE TERESA. *Total Surrender*. Ann Arbor: Servant Publications, 1985.
TAGORE, Rabindranath. *Fireflies*. Nova York: Macmillan, 1955.
VOLKMAN, Arthur G. *Thoreau on Man and Nature*. Nova York: Peter Pauper Press, 1960.

CAPÍTULO 9

MADRE TERESA. *Total Surrender*. Ann Arbor: Servant Publications, 1985.
RADHAKRISHNAN, Sarvepalli. *Mahatma Gandhi*. Bombaim: Jaico Publishing, 1956.
SMITH, Houston. *The World's Religions*. Nova York: Harper, 1991.

Para maiores informações sobre seminários de Debashis Chatterjee sobre Liderança e Domínio de Si Mesmo, ou para contatar o autor, escreva para algum dos seguintes endereços:

Foundation for Leadership and Human Development
109 Gulliver St.
Milton, MA 02186 U.S.

Mrs. Arundahati Ghosal
130 Desborough Ave.
Highwycombe, Bucks
HP112SQ United Kingdom

Foundation for Leadership and Human Development
28, B. L. Hati Road
Burdwan 713101
India

Butterworth-Heinemann, Editorial Dept.
225 Wildwood Ave.
Woburn, MA 01801-2041 U.S. 1